KB234830

조현익의 액션

일러두기

이 책의 판형은 125*188mm이다.

표지와 내지의 재질은 각각 CCP 250g/m^2, 백색 모조 100g/m^{2}이다.

표지는 먹과 별색(PANTONE 137C)의 2도, 내지는 1도로, 오프셋 방식으로 인쇄했다.

표지는 유광코팅했으며, 무선 제본으로 제작했다.

서체는 주로 **아르바나**가 쓰였다. 이 밖에 Sandoll 그레타산스 등도 적재적소에 쓰였다.

우리의 자리

조현익의 액션: 디자이너인데, 정치합니다만?

2024년 11월 15일 초판 1쇄 발행

지은이: 조현익

기획총괄: 지다율

편집: 지다율, 김윤우

디자인: 기경란

발행처: 출판공동체 편않

등록일: 2022년 7월 27일

홈페이지: editorsdontedit.com

이메일: editors.dont.edit@gmail.com

인쇄: 세걸음

ISBN 979-11-988733-2-3 03070

책에 실린 원고 및 디자인의 저작권은 저자와 디자이너에게 있습니다.

잘못된 책은 바꿔 드립니다.

책값은 뒤표지에 있습니다.

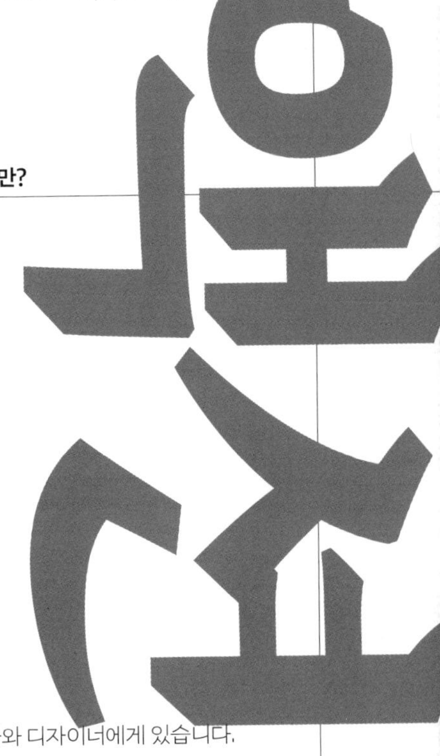

- 한글 맞춤법과 외래어 표기법을 웬만하면 지켰으나, "깝깝하다", "머리끄댕이", "라떼", "컨셉" 등 일부에 한해서는 지키지 않았다.
- 책 제목과 신문·잡지·학술지 등의 매체명은 겹낫표(『 』)로, 기사·논문·웹페이지 등의 제목은 홑낫표(「 」)로, 영상 프로그램·시리즈·예술 작품·디자인 작업·강연 등의 제목과 법명은 홑화살괄호(〈 〉)로, 전시회는 겹화살괄호(《 》)로 묶었다.
- 삽입된 이미지는 모두 원래 총천연색이었음을 감안하여 읽어 주시고, 원본 이미지가 궁금한 분은 스튜디오 하프-보틀 홈페이지(https://half-bottle.studio)를 통해 문의하시거나 포트폴리오를 참고하시기 바란다.

• 저자와의 협의에 따라 본문 인용에 대한 개별 허락 절차는 생략합니다. 다만, 인용 시 출처(저자, 출판사, 발행 연도, 쪽수 등)를 명확히 표기해 주시기 바랍니다.

차례

O. 에필로그

편집자 코멘터리

5. 프롤로그 | 이 험난한 내용의 원고 쓰기를 마무리하며
(2024년 10월 7일)

이 프롤로그는 2024년 10월 6일부터 7일 사이의 기간에 쓰였다. 제일 먼저 쓴 에필로그와 나머지 본문의 모든 내용 초고를 완성한 뒤에야 마지막으로 프롤로그를 쓰고 있다.

이 책은 그래픽 디자인과 (진보)정당정치활동을 잘 모르는 사람들에게 각 분야의 속성과 각 분야에서 일하는 과정이 어떤지 설명하려는 마음을 담았다. 우리의 일상생활 어디에서든 그래픽 디자이너가 만든 창작물이 곳곳에서 보이기 마련이다. 또 우리는 모바일 화면과 식당 TV에서 정치와 정당의 행보 관련 뉴스를 계속 접하고, 일상생활 곳곳에서 진보정당의 공로로 만들어진 여러 정책을 체감하고 진보정당이 제시하는 주장을 접하곤 한다. 하지만 우리에게 이처럼 익숙한 분야이면서, 동시에 그 작업물/정당을 만드는 사람들이 어떻게 일하고 행동하는지를 알기는 쉽지 않다. 그래픽 디자이너나 정당활동가와 교류하며 지내는 사람들은 많지 않으니까. 이 책을 통해 나의 경험과 생각을 독자분들께 공유하는 것으로, 그 교류의 경험을 조금이라도 제공해 드리고 싶다.

이런 내용의 책을 쓰면서 느낀 어려움은 두 가지였다. 먼저, 디자인에 대한 이야기가 그저 조현익과 스튜디오 하프-보틀의 디자인 작업을 자랑하는 것에 머무르지 않도록 하는 것이 어려웠다. 각자 나름의 직업적 사명감을 가지고 일하는 전 세계 수많은 디자이너들의 의지와 고민을 포괄하여 담아내고 싶었고, 그 과정에서 '그런 디자이너들 중 한 명'인 나의 고민과 작업 방식을 설명하고자 했다. 그러다 보니 그래픽 디자인이 사회에 끼치는 영향, 사회가 그래픽 디자인에 끼치는 영향을 설명할 다양한 방법과 예시를 찾아서 책에 담았다. 이 과정에서 수많은 내용을 자세한 설명이 생략된 채로 중구난방으로 제시하여 독자 여러분에게 혼란을 드리지 않을까, 그런 걱정이 많았다.

또, 진보정당(특히 내가 몸담은 진보정당인 정의당)의 역사 그리고 진보정당에서 활동한 당원과 정치인들의 입장을 내가 함부로 평가할 수밖에 없다는 점이 어려웠다. 정의당은 10여 년 동안 많은 사람들이 거쳐 간 공간이고 같은 기간 동안 한국 사회와 정치의 변화가 그대로 투영된 공간이기도 하다. 진보정당의 정치 이야기를 나의 경험과 관찰을 중심으로 풀어낸다고는 하지만, 그 이야기 속에 등장하는 (정의당을 거쳐 간) 다른 사람들은 다들 각자의 주변을 둘러싼 상황과 맥락이 다르고, 각자의 관점과 활동방식이 다르기 마련이다. 조현익이라는 한 명의 개인이 이들을 모두 대변할 수도 없으려니와, 독자 여러분에게 나의 입장을 설명하기 위해서 정의당과 각 사람들에 대한 (나의 관점에서의) 비판적인 평가와 토론거리를 소개할 수밖에 없다. 그 때문에 내용 중에 사실관계의 오류나 과도하게 불합리한 평가는 없는지 계속 확인했고, 글을 써 내려가기를 주저하곤 했다. (출판공동체 편않에 가장 죄송한 점이 이것이다. 이것 때문에 원고가 너무 많이 늦어졌어요, 죄송합니다…….) 이번 집필 과정은 조현익 개인 그리고 정의당이 어떤 부분에서 잘못했는지 돌아보는 아주 고통스러운 일이기도 했다.

출판공동체 편않의 지다율 편집자는 처음 이 책의 원고를 제안하면서, "디자인과 정치활동을 같이 하는 사람의 이야기가 궁금하다"고 했다. 2024년 3월 당시의 나의 상황을 떠올려 보면 이러했다.

먼저, 마포구청장 박강수의 무리한 용도변경 시도로 인해 파행운영 및 폐관 위기에 처했던 플랫폼P(PLATFORM P, 마포출판문화진흥센터)를 지키기 위해 입주사들과 출판인들의 모임으로 시작한 '모두의플랫폼P'(당시 이름 '플랫폼P 입주사협의회')"를 1년여간 함께 운영하면서 플랫폼P 운영을 불완전하게나마 재개시키는 데 성공했다. 하지만 그 기간 동안 모두의플랫폼P 활동에 필요한 조직 운영, 집회·연대 조직, 구청과의 대화와 단체 구성원들끼리의 내화에 몰입하느라, 본업인 스튜디오 하프-보틀의 디자인 작업과 출판 작업에 매진하기가 어려웠다. 클라이언트가 의뢰하는 디자인 작업을 거의 맡지 못했다. 그나마 전국 단위 공직선거 때마다 스튜디오 하프-보틀이 냈던 단행본 시리즈 〈전국투표전도〉의 2024년 총선판올 발행하고 핀매하는 직업에 매진했다. 3월은 그 작입이 가장 몰아치던 시기였다.

때마침 내가 조합원으로 있었던 '홍우주사회적협동조합'(이하 '홍우주')에서, 반상근(주 18시간 근무)의 사무국장 자리를 제안받은 것은 아주 다행스러운 일이었다. 홍우주는 2014년에 설립된 지역 기반 문화예술인·예술향유인 단체로, 홍대앞(서울 마포구의 홍대입구, 합정, 상수, 연남, 망원 등 일대) 지역의 자본으로부터 독립적인 문화예술 생태계를 지속·확산시키는 사회적 경제 사업을 하면서 동시에 문화예술인들의 정책적·사회적 목소리를 표출하는 단체다. 많은 사회적 경제 조직과 사회운동 결사체들이 2024년에 어려움을 겪던 상황에서, 홍우주 역시 사무국 규모를 줄이되 사회운동단체의 속성을 이미 잘 알고 있고 운영의 경험, 정치적 목소리를 내어 본 경험이 있는 사람을 필요로 했다고 한다. 나의 입장에서도, 안정적인 수입원이 생기면서 동시에 스튜디오 하프-보틀의 디자인 작업을 할 시간도 어느 정도 확보할 수 있는 것이 아주 좋았다. 그렇게 2024년 2월부터 홍우주의 반상근 사무국장 일을 시작하고 인수인계를 열심히 받고 있었다.

이렇게 여러 가지로 바쁜 상황에서 정의당(당시 '녹색정의당') 서울 마포구지역위원회 활동에 집중하기란 불가능했다. 그것도 정의당 입장에서 가장 중요한 4월 총선을 앞두고! 그나마 다행이었던 것은 진보정당의 일반적인 선거캠프와 달리, 당시 마포구 을지역구에서 정의당 후보로 출마한 장혜영이 현직 국회의원이었기에 선거를 준비할 캠프 인원들을 당 내외에서 충분히 모아 꾸릴 수 있었던 것이다. 나는 캠프 정책팀에서 마포구 지역 현안 관련 질의

응답이 들어올 때 답변을 도와주는 수준의, 최소한의 기여를 하는 데 그쳤다. 본업인 그래픽 디자인으로 선거 캠페인에 기여해야 맞았겠으나 그럴 시간도 마음의 여유도 없었다.

독자 여러분들도 이제는 눈치를 채셨으리라. 마치 2024년 3월 당시 나의 앞뒤 상황처럼, "디자인과 정치활동을 같이 하는 사람의 이야기"의 실상은 매 순간 그때그때 몰아닥치는 일을 쳐 내는 정신 없는 상황의 연속이다. "디자인과 정치를 연계하고 융합해서 어떤 특별한 활동을 한다"느니 하는 그런 대단한 것은 없다! 그러니 이번 책을 통해서 어떤 특별한 이야기를 전달할 수 있을지, 특히 그래픽 디자인과 진보정당의 정치활동을 어떻게 하나의 책으로 엮어야 할지 고민이 될 수밖에.

이 책의 본론을 구성하는 4개 장의 이름은 그런 고민의 산물이었다. "그래픽 디자인은/(진보)정당정치는 사회를 바꿀 수 있을까?", "사회는 그래픽 디자인을/(진보)정당정치를 바꿀 수 있을까?" 그래픽 디자인을 만들고 정당정치활동을 하는 사람으로서, 두 종류의 작업에서 공통적으로 던지는 질문이 바로 이것이다. 그래픽 디자인과 정당정치활동은 둘 다, 다른 사람을 설득하거나 다른 사람에게 특정 행동을 하도록 유도하는 재미가 있는 작업이다. 그렇기에 또한 그래픽 디자인과 정당정치활동은 내 잘못이 아니더라도 사회환경이 격변함에 따라 내 활동의 결과물이 폭삭 망할 수도 있는 위태로운 작업이다. 이런 공통점이 있는 분야에 대해서, 디자인과 정치라는 두 가지 수난, 두 가지 산업, 두 가지 업계를 가지고 한 사람이 어떻게 행동하고 살아가는가? 이 질문에 대한 나름의 답을 드리는 내용을 원고에 담기 위해서 노력했다.

원고 작업을 한 지난 6개월간 이런 고민을 했다는 것을 프롤로그에서 미리 알려 드리면, 독자 여러분이 이 두서없는 글을 읽으며 스스로 정돈하시는 데 조금이라도 실마리가 되지 않을까 한다. 우으, 부디 이 책이 조금이라도 덜 중구난방이기를. 그리하여 여러분이 이 책을 중간에 덮어 버리지는 않기를 바란다.

1.

그래픽 디자인은

사회를 바꿀 수

있을까?

　　내가 조현익을 소개할 때 보통 쓰는 호칭은 "스튜디오 하프-보틀의 그래픽 디자이너"다. 이 표현만 들으면 사람들의 반응이 제각각이다. 어떤 것을 만드는 것이냐, 사진 찍는 스튜디오냐, 돈은 벌리냐, 등등. 여러 설명이 필요한 순간이지만 특별히 피곤하거나 무례하다고 느끼지는 않는다. 오히려 더 많은 이야기들을 풀어내고 싶은 마음이 든다. 사실 많은 사람 머리에는 '디자인'이 아름답고 멋있는 분야라는 막연한 느낌이 있을 뿐, 그 아름다움과 멋이 만들어지기까지 어떤 과정과 고민을 거치고 어떤 제반 환경이 작업에 영향을 끼치는지에 대해서 알기는 쉽지 않다. 게다가 이런 내용은 디자이너마다 고유의 작업 스타일과 작업 습관에 따라서 각기 다르기 마련이다. 따라서 이 책에서 설명할 스튜디오 하프-보틀의 그래픽 디자인 작업 방식은 이 땅의 수많은 그래픽 디자이너 중 한 명의 사례일 뿐임을 먼저 밝히고 싶다.

　　그럼에도 불구하고 스튜디오 하프-보틀이 생각하는 그래픽 디자인 작업 과정의 대원칙을 꼭꼭 강조하고 싶다. 스튜디오 하프-보틀은 그래픽 디자인을 통해 사회를 바꿀 수 있다는 생각에서 출발했다. 하프-보틀을 가장 잘 설명하는 스튜디오 소개 문장을 다음에 가져온다. 이번 장에서는 이 문장의 배경과 실천 방법을 이야기할 것이다.

사람들은 같은 세상을 살아가지만 "물이 겨우 반병 / 반병이나 남았다"며 서로 엇갈린 입장을 가집니다. 우리는 이들이 서로 연대하고 경쟁해서 더 좋은 세상을 만들기를 바랍니다.

스튜디오 하프-보틀Studio Half-bottle은 2018년부터 활동한 작은 그래픽 디자인 스튜디오이자 독립 출판사입니다. 우리는 클라이언트의 입장을 드러내는 그래픽 디자인을 만들고, 우리의 관점을 공유하는 저널리즘과 출판 콘텐츠를 만듭니다. 스튜디오 하프-보틀은 사람들의 서로 다른 생각, 경험, 감정을 소재로 하는 작업을 즐깁니다. 우리는 매체의 종류(포스터, 책자, 브랜딩 아이덴티티, 웹페이지, 전시 등)를 넘나들며 소재를 가장 잘 드러낼 수 있는 디자인과 출판물을 기획하고 제작합니다.

사실 '그래픽 디자인graphic design'을 사전적으로 정의하기란 아주 어렵다. 일단 표준국어대사전에 실린 정의는 이렇다. "여러 가지 인쇄 기술의 특성을 이용하여 시각적 표현 효과를 꾀하는 디자인. 또는 그런 인쇄물." 하지만 이 정의는 인쇄를 거치지 않는 작업물이 너무 많아진 현대에 맞지 않는다. 시각(눈이 인식하는 감각)을 이용한 표현물이라는 점에서 '시각 디자인visual design'이라고 표현하기도 하지만 그렇다면 일반 미술 작업과의 차이가 무엇인지, 또 세부적으로 결이 다소 다른 일러스트레이션(이하 '일러스트'), 사진, 영상 등의 작업과는 어떻게 구분할지 애매하다. 또 한편에서는 시각을 통해 의미를 전달하거나 의사소통을 한다는 목적에 초점을 맞추어 '커뮤니케이션 디자인communication design'이라고 표현하기도 하지만 그렇다면 의사소통의 목적이 뚜렷하지 않은 작업물을 배제해야 하느냐는 질문을 마주하기도 한다.

그래서 책의 본 내용에 들어가기에 앞서서 '그래픽 디자인'의 정의를 명확하게 내리지는 못하는 점을 양해해 주기 바란다. 일단, 이 책에서 말하는 '그래픽 디자인'이라는 표현은 앞의 스튜디오 하프-보틀 소개글에 나온 것처럼 (1) 도형이나 글자나 색상이나 패턴 등을 이용하여 만들어진 시각적인 표현물로서 (2) 포스터, 책자, 브랜딩 아이덴티티, 웹페이지, 전시 등의 형태로 발행되는 것을 통틀어 말하고자 한다. 그리고 책의 내용을 전개하면서, 특히 스튜디오 하프-보틀의 그래픽 디자인 작업물을 보여 주면서 이 개념의 맥락을 파악하는 데 도움이 되기를 바란다.

1.1. 어쩌다 되어 버린 그래픽 디자이너

1.1.1. 이공계 학생에게 처음 스며든 '아름다움'

우선 흔히들 가진 편견 한 가지를 깨자. 디자인을 배우거나 디자이너로 살아가는 사람들은 어릴 때부터 그림을 많이 그렸고 지금도 그림을 잘 그릴 것이라는 선입견이 많은 사람에게 있다. 나는 그 어느 쪽도 아니었다. 고등학교 1학년 1학기 중간고사부터 대학수학능력시험까지 일관되게 이공계열 과정을 밟은 학생이었다. 대학교의 미술 관련 전공과정에 들어가기 위한 소위 '입시미술'을 경험한 적은 없고, 미술학원을 가장 마지막으로 다닌 것은 초등학교 1, 2학년 때였다. 8절 스케치북 위에 크레파스로 뭔가를 그렸던 것 같다. 미술 관련 실기교육을 받은 기억이 잘 안 난다는 뜻이다. 지금도 직접 손을 써서 그리면 간단한 스케치조차 삐뚤빼뚤 엉망이어서 남들 보여 주기가 겁난다. 심지어 악필이다.

하지만 미술 실기에 얼마나 일찍 입문했느냐와는 완전히 별개로, 사람은 누구나 '아름다움'을 느끼곤 한다. 세상이 굴러가는 이치를 더 간명하게 설명할 수 있는 수학/과학의 법칙. 나의 일상과 감정 상태를 훌륭하게 압축한 멜로디와 가사. 기술적 한계로 도저히 실현할 수 없던 과제를 돌파하는 새로운 기법. 자기 직업에 애정을 가지고 몇십 년씩 집중하는 사람들이라면 누구나 자기 분야에서 이런 아름다움을 처음 경험했던 순간을 떠올릴 수 있을 것이다.

내가 디자인이라는 분야를 처음 알게 되고, 디자인의 아름다움과 경이로움을 처음으로 느낀 순간을 기억한다. 고등학교 1학년이었던 2007년, 루머로만 떠돌던 애플의 휴대전화(아이폰 오리지널 모델)가 처음 공개됐을 때다. 스티브 잡스(당시 애플 CEO)가 직접 등장하는 '맥월드 키노트Macworld Keynote' 행사가 열렸는데, 나는 애플 제품의 팬이었던 몇몇 친한 학교 선배와 친구들을 통해서 100분짜리 전체 영상✌을 볼 수 있었다.

✌ 워낙 역사적인 발표라서 여러 유튜브 채널에 온갖 축약본과 해설판 영상이 게재되어 있긴 하다. 그런데 애플은 팟캐스트 서비스를 통해 지금도 이 이벤트의 고화질·고음질 원본 방송 영상을 제공하고 있다. 고음질로 담긴 청중들의 감탄사를 들으며, 당시 실시간으로 충격받던 사람들의 감정을 느껴 보길 추천한다. https://podcasts.apple.com/kr/podcast/macworld-san-francisco-2007-keynote-address/id275834665?i=1000026524322

20여 년이 지난 지금도 당시의 발표는 애플과 잡스가 보여준, 이른바 '혁신'을 상징하는 사건으로 널리 회자되고 있다. 그러나 그 '혁신'의 내용이 무엇이라고 생각하는지 물어보면, 마치 많이 팔린 것이 대단하다는 양 두루뭉술 넘어가는 사람들이 너무 많다(나는 '혁신'이라는 단어를 이런 태도로 써먹는 허세 가득한 경영 컨설턴트들을 너무 싫어한다!). 내가 느꼈던 아이폰의 혁신을 근원적으로 파고들어 보면, 당시 발표의 핵심은 두 가지 속성을 통해 드러나는 아름다움이었다.

첫째는 제품 인터페이스의 아름다움이었다. 아이폰 이전에도 여러 휴대전화 제조사들이 '스마트폰'이라는 이름으로 휴대전화 기능(통화, 문자/음성메시지 등)과 간단한 인터넷 기능(웹사이트 접속, 이메일 전송 등)을 탑재한 제품을 생산하고 있었다. 그러나 이 모델들은 모두 물리적 버튼으로 작동하는 키보드를 탑재했고, 그러면서도 당대의 비-스마트폰 휴대전화처럼 작은 크기를 유지하기 위해서 디스플레이의 크기를 줄였다. 아무리 기능이 많더라도 그 기능을 보여 줄 화면이 작다면 사용자들은 기능을 충분히 활용할 수 없다.

아이폰 오리지널 모델은 물리적 입력 버튼 없이 전면 정전식 터치스크린을 적용한 최초의 휴대전화 기기였다. 사실 소프트웨어의 기능으로만 따지면 아이폰은 음악 플레이어로서의 기능이 조금 더 강화되었을 뿐(애플이 자사 MP3 플레이어인 아이팟의 기능을 이식했기 때문이다), 기존 스마트폰과 크게 다르지 않았다. 그러나 같은 기능을 전면 터치스크린에 이식하여 구현하자 기능의 효용성이 폭발적으로 커졌다. 이용자는 스크롤을 위해서 아래(↓) 버튼을 수없이 누르는 대신 손가락으로 화면을 위로 튕겨 내면 되었고, 사진과 웹브라우저를 확대할 때도 확대(+) 버튼 대신 두 개의 손가락을 화면 위에서 벌리면 되었다. 기존 스마트폰보다 화면이 2~3배 넓어지자 이메일, 웹페이지, 통화 목록, 지도를 확인하기가 훨씬 편리해졌다. 똑같은 소프트웨어 기술을 가지고도 인터페이스 하나 바꿨더니 답답한 기능의 한계를 순식간에 돌파해 버리는, 아름다운 모습이었다.

둘째는 스티브 잡스를 통해 전달되었던 제품 발표 시나리오와 그 발표 자료의 아름다움이었다. 발표에서는 아이폰이라는 새로운 물건을 소개할 때 핵심적으로 짚어야 하는 자랑거리가 무엇인지, 그리고 그 자랑거리를 100분 동안 무대를 바라볼 청중들에게 어떤 키워드와 스토리를 바탕으로 흡인력 있게 전달할지 고민한 흔적이 보였다.

- 아이폰을 처음 접하는 사람들이 받아들이기 쉽도록, 이 제품의 속성을 기성 제품 3가지에 빗대어 소개하고 그 순서에 맞게 제품 시연하기: 와이드스크린 터치 아이팟(MP3 플레이어), 휴대전화, 모바일 인터넷 접속 기기
- 손가락을 사용하는 전면 터치스크린을 채용하기로 한 이유를 설명하기: 기존 물리적 버튼 스마트폰의 불편함 지적, 컴퓨터에서 그래픽 인터페이스와 마우스를 도입했던 역사 회고, "터치스크린 쓸 때 스타일러스를 원하는 사람이 누가 있느냐"는 질문 제기 등
- 각 기능을 가장 극적으로 보여 주기 위한 대본과 화면 구성: "버튼이 없는데 화면을 아래로 내리려면 어떻게 해야 할까요? 이렇게 손가락을 내밀고, 스크롤하면 됩니다", 지도로 찾아낸 스타벅스에 전화를 걸어서 카페라떼 4,000잔 주문하기 등

이러한 내용을 흡인력 있게 전달하기 위해서 발표 자료(시각 자료)에는 더더욱 단순한 디자인이 사용되었다. 한 화면 안에는 자

질구레한 줄글 설명 없이 키워드 한두 개와 제품 사진만 사용했고, 글자는 한 화면에서 단 1가지 타입페이스typeface✌로 굵기와 색상

> ✌ 이 책에서는 일반적으로 글꼴을 나타낼 때 쓰는 단어인 '서체'와 '폰트' 대신 '타입페이스'로 칭하려고 한다. 서체는 본디 붓으로 직접 그린 글씨의 양식을 표현하는 말이므로, '가'에서 '힣'까지 모든 글자를 마치 활자처럼 미리 제작해서 사용하는 현대의 글꼴을 지칭하는 단어로는 적합하지 않다. 또한 폰트는 같은 스타일 안에서도 특정한 굵기나 크기를 가진 글자들만 지칭하는 표현이다. 따라서 디자이너가 만든 특정한 글자군 전체의 모양 특성을 아우르는 표현은 '타입페이스'가 되겠다. "굵기에 따라 7종의 폰트가 있는 격동고딕2 글꼴의 타입페이스" 같은 표현이 가능한 셈이다. 이 책에서는 하나의 타입페이스를 고안하여 여러 굵기와 크기의 폰트를 제작하는 타입 디자이너의 입장을 존중하여, 타입페이스라는 표현을 꼬박꼬박 쓰겠다.

만 달리했다. 지금은 인스타그램에 게시할 평범한 홍보물을 제작할 때조차도 누구나 정해진 템플릿 안에서 손쉽게 단순한 디자인의 설명자료를 제작할 수 있지만, 2007년 한국에서는 그런 미감이 담긴 '작품'을 일상생활에서 접하기 어려웠다.

당시 나는 대학에 가면 전자공학, 컴퓨터공학 계열에 진학하고 싶다는 막연한 바람을 가지고 있었는데, 그 근원에는 전자·컴퓨터 분야 제품을 개발하는 기술 연구가 재밌겠다는 막연한 추측이 있던 것 같다(그리하여 실제로 컴퓨터공학을 디자인과 함께 전공하기도 했다). 그런데 아이폰 발표 장면을 보면서 그 바람은 엉뚱한 방향으로 구체화되었다. 어쩌면 제품을 개발하는 데 기술 연구보다 더 중요한 것이 '아름다움'이지 않을까?

아이폰은 기존에 존재했던 소프트웨어·하드웨어 기술을 그대로 활용, 재조합하여 만든 제품이었다. 물론 그 활용과 재조합 과정에서 발생하는 세부적 문제를 해결하려면 기술 연구가 필요했겠지만, 그럼에도 제품의 주요 컨셉이 기존에 이미 실용화된 기술들에 기반한다는 사실은 분명했다. 아이폰이 사람들에게 선사

한 충격은 기술적인 내용보다는 아름답다는 느낌으로부터 나타난 것이었다. 제품 그 자체에 담긴 인터페이스의 아름다움, 그리고 제품을 설명하는 방식의 아름다움.

'이런 아름다움을 연구 개발하는 게, 기술 연구 개발하는 것보다 더 재미있겠는데?' 이때부터 나는 디자인이라는 영역에 부쩍 관심을 가지게 되었다. 학교 도서관에 있던 『20세기 디자인 아이콘 83』✌ 같은 디자인 관련 교양서적들을 읽으며 관련 지식을 쌓

✌ 폴커 알부스·레이어 크라스, 『20세기 디자인 아이콘 83』, 조원호·조한혁 옮김, 미술문화, 2008.

기 시작했고, 스티브 잡스가 대학생 시절 타이포그래피 수업을 청강했다는 사실(잡스가 2005년 스탠퍼드 대학교 졸업식 연설에서 밝힌 내용)을 알게 된 이후에는 문서 작업(학교 과제)에 써먹을 아름다운 타입페이스들을 찾아 오랫동안 웹서핑하기도 했다. 전혀 상관없게 느낄 수도 있으나, 가수 서인영이 카이스트에 입학하여 대학 생활을 한다는 내용의 예능 프로그램 〈서인영의 카이스트〉(Mnet, 2008)도 열심히 봤다. 당시 설정상 서인영이 선택한 전공이 산업 디자인이었고, 그래서 종종 산업 디자인 학과 수업 장면을 볼 수 있었기 때문이다.

하지만 디자인 '덕후'가 되는 것과 디자이너가 되는 것은 분명 다르다. 사실 한국의 대학 입시와 대학교 학제 안에서, 이공계열 고등학생이 대학교 입학 후 미술대학을 기웃거리다가 디자인을 전공한다는 것은 상상하기 어려운 일이다. 이 점에서 나는 운이

정말 좋았다. 내가 대학에 입학했던 2009년에 고등학교의 배경과 무관하게 디자인을 공부할 수 있는 길이 새로 열렸기 때문이다.

여기에는 두 가지 '대학 입시적' 배경이 있다. 먼저 2000년대 후반 들어서 여러 미술대학이 입학 정원의 일부를 별도의 실기 전형 없이 학생부나 포트폴리오만 보고 선발하는 '무실기 전형'을

과거 미술대학 입시에서는 모든 지원자가 한날한시 고사장에 모여서 정해진 시간 동안 주어진 주제/사물을 두고 작품을 만드는 실기 전형 시험을 필수적으로 통과해야 했는데, 실기 전형을 준비하면서 익히는 소위 '입시미술'은 미술 작업의 기본기(사물의 양감·질감 표현, 투시와 빛 관찰 등)를 학습하기엔 좋지만 똑같은 그림체와 기법을 양산하여 예술 창작에 적합한 신입생을 뽑기에 부적절하다는 비판을 받아 왔다. 2024년 현재에는 학교마다 전형 방식도 다양해지고 실기 전형에 등장하는 문제 양식과 평가 요소도 다양해져서 이런 현상이 다소 완화되었다고 한다.

도입했다. 또 일부 대학교에선 로스쿨 도입/약학대학 학제 개편에 따라 발생한 학부 입학 정원의 잉여분을 이용하여 통칭 '자유(자율)전공'이라고 불리는 학부 제도를 도입했다. 해당 입학생들은 고등학교 출신 배경이나 학부 성적과 관계없이 1~2년 후에 전공 분야를 자유롭게 선택할 수 있는 제도였다. 이 두 가지 배경으로 보건대, 당시 많은 대학은 미술(뿐만 아니라 다른 여러 분야에서도)을 배우고 작업할 사람들을 여러 배경에서 발굴하고자 했던 것 같다. 덕분에 나는 자유전공학부로 입학한 후, 미술대학 소속 전공을 선택할 때도 별도의 실기 전형 없이 전공 학생으로 무난히 인정받을 수 있었다.

1.1.2. 제품 디자인에서 그래픽 디자인으로

대학교에서 가르치는 디자인 교육 과정과 학풍은 학교마다 상당히 다르다. 예를 들어 '나는 앞으로 일러스트 작가가 되겠다'고 마음먹고 입학한 신입생 A가 있다고 하자. 어떤 학교에서는 A가 창작 경험과 실무적 기술을 쌓을 수 있도록 1학년 1학기부터 3학년 2학기까지 매 학기 일러스트 실기 과목을 1개씩 꼭 들을 수 있도록 교육 과정을 운영한다. 또 어떤 학교에서는 일러스트 실기 과목은 4년 과정 통틀어 1개만 개설하고 그 외에는 일러스트와는 직접 연관이 없는 다른 분야의 실기 과목(예를 들면 사용자 인터페이스, 사진, 공간 인테리어, 서양화 스케치 등)도 자유롭게 수강할 수 있도록 풀어놓는다. 내가 공부했던 미술대학의 교육 과정은 후자에 가까웠는데, '조금이라도 관심이 가는 모든 디자인 영역을 3년 동안 전부 경험해 보고, 4학년 졸업 전시 준비를 시작할 때 너의 전문 영역을 결정해라!' 하는 취지가 짙게 반영되었던 것 같다. 이 교육 취지가 지금의 내 진로에 큰 영향을 주었다.

디자인 전공 과정을 처음 시작할 때 나는 제품 디자인, 즉 물리적인 형체가 있는 실용 제품의 시안을 디자인하는 것을 전문 영역으로 배우려고 했다. 특정 제품(이이폰)의 디자인에 매혹되어 진로를 선택했던 만큼 제품을 디자인하는 것에 동경심이 들었고, 또 과거에 배웠던 이공계열 지식과 공학 기술에 대한 이해를 유용하게 활용할 수 있는 영역이 제품 디자인일 것이라고 기대했다. 그리하여 전공 과정 첫 학기 때 수강한 전공 과목은 두 가지였다. 하나는 제품 디자인 시안을 스케치하고 간단한 프로토타입을 제작하는 수업이었고, 또 하나는 타이포그래픽 기초원리를 배우는 수업이었다. 전자는 제품 디자인 전공 과정의 첫 번째 과목이었기에 나에게는 반드시 들어야 하는 과목이었다. 타이포그래픽 수업은 어떤 분명한 목적의식을 가지고 수강했던 것은 아니었다. 학창 시절 청강했던 타이포그래픽 수업이 제품 개발에 도움이 되었다던 스티브 잡스의 발언, 그리고 예쁜 타입페이스를 알아보는 걸 좋아했던 성향 때문에 가벼운 마음으로 신청했던 것 같다.

그런데 시간이 지날수록 제품 디자인 수업에서 벽에 부딪혔다. 이 수업은 학기 말에 실물 형태의 제품(프로토타입) 하나를 만드는 것이 목표였다. 그런데 당시 이 수업은 한 제품의 컨셉을 구체화하기 위해서 수백 수천 번의 다양한 아이디어 스케치를 반복하고 교수에게 피드백을 받아야 하는, 전통적인 제품 디자인 방법론에 충실한 교과과정을 따르고 있었다. 물론 이런 디자인 방법은 제품의 형태에 집중해야 한다는 기초적 원칙에 충실하면서도 훌륭한 아이디어를 꾸준히 뽑아낼 수 있는 좋은 방법이다. 하지만 입체적인 제품의 아이디어를 평면 위에 스케치 시안으로 표현하는 것에 전혀 익숙하지 않았던 나에게는(아차, 나 미술 배운 적 없지!!) 시작부터 거대한 벽처럼 느껴졌다. 아이디어 컨셉을 실물처럼 스케치하지 못하고, 스케치를 하지 못하니 아이디어를 발전시킬 수 없었던 악순환에 빠졌던 나는 해당 수업에서 엉망인 성적을 받았고, 제품 디자인에 대한 재능이 없다고 스스로 판단하여 이 분야 공부를 그만두기로 했다. 이 선택은 지금도 아쉬움으로 남아있다. 만약 내가 제품의 컨셉을 리서치하고 기획하는 수업, 또는 제작 공정이나 재료 소재에 대해 배우는 수업을 먼저 수강했다면 어땠을까? 이런 내용들을 잘 기획하고 구현하기 위해서라도 스케치를 잘해야겠다고 동기부여가 되어, 스케치를 비롯한 제품 디자인 공부에 좀 더 매진할 수 있었을 것 같다.

제품 디자인 수업에서 느낀 막막함을 뚫어 준 것은 타이포그래픽 수업이었다. 타이포그래픽는 디자인 요소 중에서도 글씨를 다루는 영역으로, 글씨(타입페이스)를 제작하거나 (글의 요소 또는 그래픽의 요소로서) 글씨를 배열하는 작업을 일컫는다. 타이포그래픽는 그래픽 디자인의 가장 기초적인 분야로 일컬어진다. 색상을 배제한 채로 흑백 환경에서 (글자의) 조형 형태와 여백의 관계, 그것을 인지하는 사람의 시각에 대해 배우기 때문이다.

나는 타이포그래픽 수업을 두 번 수강했는데(한 번은 첫 번째 전공 과목으로, 또 한 번은 4년 뒤 청강으로), 각 수업의 두 은사에게 그래픽 디자인의 본질적인 속성을 배울 수 있었다. 첫 번째 수강 때의 은사 김경선 선생님은 로만 알파벳 타입페이스의 세밀한 활용 방법을 중심으로 수업을 진행했다. 1,000pt 크기로 출력한 글씨를 모눈종이 위에 잉크펜으로 그대로 똑같이 따라서 그리는 과제, 출력한 영어 문장의 낱글자를 하나씩 오려서 직접 손으로 움직이며 가장 적절한 자간과 줄 간격에 따라 배열하는 과제가 특히 기억에 남는다. 이런 과제를 통해서 두께·곡률·간격의 미세한 차이가 만드는 미묘하게 다른 느낌들을 익힐 수 있었고, 눈으로 들어오는 감각을 더 예민하게 받아들일 수 있었다. 두 번째 수강 때의 은사 유지원 선생님은 각자의 특색 있는 한글 타입페이스 한 벌을 만드는 것을 목표로 수업을 진행했는데, 이를 위한 이론 수업에서 여러 타입페이스 모양이 형성되었던 역사적 메커니즘을 배웠다. 예를 들어 글자를 그리던 도구(붓, 깃펜, 쐐기 등)에 따라 글씨 획의 끝이 어떻게 만들어지는지, 전통적인 글자 형태가 몇천 년 뒤 현대인이 글씨 형태를 시각적으로 인식하는 데 어떤 영향을 미쳤는지(어떤 형태를 더 자연스럽다고 인식하는지)를 배웠다. 특정한 형태가 그래픽 디자인 작업물로 만들어지고 시각적으로 받아들여지는 데에는 사회적인 맥락과 인식이 동반된다는 것이었다.

두 차례의 타이포그래피 수업을 통해 배우고 실습한 것을 한 문장으로 축약하면, 디자이너가 만든 타이포그래피 작업은 사람들이 글자의 형태와 글의 내용을 인지하는 과정에 깊숙이 개입하게 된다는 것이다. 이게 꽤나 재밌는 작업이었다. 마치 아이폰이 제시한 새로운 인터페이스가 사람이 휴대전화를 다루는 행동 방식을 바꾸고, 아이폰 발표 현장에서 쓰인 발표 자료가 새로운 제품의 내용을 습득하는 청중의 이해와 반응을 조정하는 것과 유사하다고 느껴졌다. 어떤 물리적인 제품을 디자인해서 사용자의 행동을 직접 다루는 일도 재미있겠다만, 타이포그래피와 그래픽 디자인 작업을 통해서 그 작업물을 바라보는 사람들의 인지와 행동을 다루는 것도 재미있지 않을까? 게다가 그래픽 디자인은 특정한 제품뿐만 아니라 책, 광고, 영상, 웹페이지, 브랜드 로고, 건물 간판 등등 온갖 매체를 만드는 데 활용되는 작업이니까, 제품 디자인을 할 때보다 더 다양한 분야에서 온갖 재미있는 일을 할 수 있지 않을까?

　　이런 생각 끝에, 나는 그래픽 디자인을 깊이 공부하기로 결정했다. 특정한 디자인 전문 분야뿐만 아니라 관심 가는 다양한 디자인 분야를 두루 공부할 수 있었던 교육 과정 덕분에 이런 놀라운 기회를 가질 수 있었다. 이처럼 유연한 교육 과정 안에서 나는 그래픽 디자인의 여러 세부 분야(사진, 브랜드 아이덴티티, 정보 인터랙션, 유저 인터페이스 등) 및 연관된 다른 분야 디자인(디자인 철학, 공간 디자인 이론)에 대한 공부도 넓게 체험할 수 있었다. 이때 배운 내용들이 훗날 스튜디오 하프-보틀의 디자인 작업에 대한 철학과 방법론에 큰 영향을 끼쳤다고 생각한다.

1.1.3. "내가 직접 작업을 기획하고 발행해도 괜찮은데?"

　　대학교 졸업 이후 스튜디오 하프-보틀의 이름으로 사업자 등록을 하기까지는 3년의 시간 간격이 있다. 그 기간에 나는 세 곳의 회사에서 그래픽 디자이너로 일했다. 'inspire/d'는 NGO와 소셜 벤처 기업 그리고 일반 기업의 사회공헌 활동의 캠페인을 기획하고 진행하는 마케팅·디자인 에이전시다. '공공공간'은 한국의 봉제공장 밀집 지역에서 마을 커뮤니티를 활성화시키는 공공 디자인 작업을 하면서, 그 일환으로 제로웨이스트 패션을 개발해서 생산·판매하는 사회적 기업이다. 그리고 '일상의실천'은 상업 작업뿐만 아니라 사회운동 조직의 디자인 작업을 많이 의뢰받는 '순수'(?) 디자인 스튜디오다.

　　세 회사에서 일한 경험은 좋은 기억으로 남아 있다. 모두 각자의 방식으로 각자의 사회적 가치를 실현하는 곳이었고 나 역시 동의하는 바가 컸다. 회사에서 업무 가치관과 실무에 대해 배운 것도 많았고 사내 구성원들이 함께 일하는 분위기도 꽤 괜찮았다. 하지만, 안타깝게도 세 회사 모두 인연을 오래 이어가지는 못했다. 각 회사가 기대하는 업무 분야와 내가 기대하는 업무 분야가 많이 달랐기 때문이다.

inspire/d에서 나는 캠페인을 홍보하는 원-페이지one page 웹사이트와 카드뉴스 디자인 작업을 전담하다가, 새로운 직무를 제안받았다. 마케팅 기획에 필수적인 그로스 해커growth hacker✌, 그

✌ 그로스 해킹growth hacking 또는 그로스 마케팅growth marketing이라고 불리는 개념은 웹페이지와 소셜 미디어 채널을 통한 마케팅이 부각되면서 나타난 개념이다. 각 채널에 유입되는 방문자, 팔로워 숫자와 '구매하기/후원하기' 버튼을 클릭하는 횟수를 증가시킬 마케팅 방법을 기획하기 위해서, 유입자들의 특성과 행동 패턴을 파악할 수 있는 데이터를 수합하고 실험하고 분석하는 것을 뜻한다. 예를 들어 '후원하기' 버튼을 맨 처음에 보여 주거나 본문 중간중간에 보여 주는 것 중에서 어느 쪽이 더 많은 클릭을 유도하는지 검증하는 작업, 홍보물마다 유입되는 방문자의 특성이 어떻게 다른지 측정하는 작업 등이다.

중에서도 데이터 분석 직무였다. 아마도 디자인 작업의 세부 요소를 이것저것 실험하는 모습을 보고 이런 태도가 적합한 직무로서 그로스 해커를 제안한 것 같다. 공공공간에서는 내가 전담했던 커뮤니티 공공 디자인 사업 분야를 급격히 축소하는 과정에서 패션 디자인 홍보물 제작 업무로의 이동을 제안받았다. 일상의실천은 다양한 분야(포스터부터 웹페이지까지)의 작업을 의뢰받지만 내부에서 작업할 때에는 작업 분야에 따라 전담하는 디자이너를 나누었는데, 인턴 기간이 끝났던 나에게는 웹페이지 개발과 디자인 직무를 전문적으로 맡을 것을 제안했다.

모두 고맙고 흥미로운 제안이었지만, 나의 강점은 다양한 매체의 디자인 작업을 모두 다루면서 사람들의 생각과 행동을 바꾸는 데 있다고 생각했다. 한 가지 디자인 직무에만 집중하거나 데이터 분석 업무를 맡으면 금방 지쳐 버릴 것이 걱정되었던 나는 이 제안들을 모두 사양했다.

누구나 퇴사할 때는 타당한 이유가 있기 마련이지만 그래도 퇴사는 무서운 일이다. 다행히 바로 이 시기에 지금의 스튜디오 하프-보틀을 만들 계기가 되는 작품을 만들 수 있었다. 2015년에 나의 졸업 전시 출품작* 중에는 공직선거 개표 결과와 당선 결과를 표현하는 새로운 방식을 제안하는 인포그래픽 포스터가 있었다. 퇴사 후 이직을 준비하는 동안 2018년 전국동시지방선거가 치러졌는데, 이 기회에 졸업작품 인포그래픽 디자인을 살짝 손봐서 상품 또는 서비스로서 판매하고 수익을 창출하기로 했다.

이런 고민으로 만들어진 책이 『전국투표전도 2018』이다. 지방선거에 이떻게 투표할지 고민하는 유권자는 점점 많아지는데, 사는 지역의 정치 쟁점과 주목할 이슈를 알아볼 기회는 많지 않았다. 이런 정보를 나름대로 정리해서 선거 결과 인포그래픽 디자인과 함께 멋진 모양의 책으로 정리해서 크라우드펀딩을 통해 소개하면, 사람들이 많이 후원하지 않을까?! 지금 보면 참 순진한 생각에 무턱대고 시작한 프로젝트였다. (지세한 작품 소개는 스튜디오 하

* 대학교마다 학부 학생들의 졸업 요건으로 졸업 논문을 쓰거나 졸업시험을 통과할 것을 요구하듯, 대부분의 미술 실기 전공에서는 매년 하반기에 졸업 전시를 개최한다. 4학년 졸업 예정자들은 졸업 전시에 출품할 자기 작품 한두 점을 만들기 위해 1년간 집중적으로 작업한다.

프-보틀의 디자인 활동을 설명할 때 같이 이야기하겠다.)

선거 직전인 2018년 5월까지 책이 나와야 한다는 제약이 있다 보니 연초부터 여러 협업자를 찾기 시작했다. 먼저 같은 대학교를 다녔고 당시 졸업 전시를 준비하고 있던 학부생 그래픽 디자이너 송수영을 만났다. 타이포그래피 수업에서 만났던 그는 디자인 작업물에서 글씨의 쓰임에 관심이 많았던 후배였다. 정보성 글과 인포그래픽 디자인을 한정된 지면 안에 압축하는 『전국투표전도 2018』을 디자인하는 데 적격이었다. 그에게 "졸업 전시에 쓸 재료비를 마련할 수 있게 하겠다!"고 꼬드겼고, 송수영은 책의 편집 디자인과 펀딩 후원자에게 줄 굿즈의 디자인을 함께 맡아 주었다. 나는 글의 원고를 쓰고 책 표지 디자인, 원고와 함께 들어갈 인포그래픽 디자인 작업을 맡았다. 이 밖에도 처음으로 할 일이 많았다. 굿즈(에코백, 금속뱃지 등)를 생산하는 업체를 찾고, 책을 대량 생산하는 인쇄업체를 찾고, 택배를 대량으로 배송하는 서비스도 처음으로 알아보았다. 이 모든 준비를 마치고 『전국투표전도 2018』을 크라우드펀딩 플랫폼인 텀블벅에 게재했다. 이때 창작자(팀) 이름으로 '스튜디오 하프-보틀'을 처음 내걸었다.

처음에는 학교 친구들과 동료 정당활동가 몇 명의 후원을 받아서 목표치였던 후원금 200만 원을 금세 달성했다. 그다음부터 문제였다. 텀블벅의 뉴스레터에 '주목할 만한 프로젝트'로 소개되고, 그 소개를 본 디자인 전문 웹진과 전국 단위 일간지에서 '선거를 다루는 새로운 시도'라면서 이 책을 기사화했다. 처음에는 지방선거를 단순 이슈로 소비하는 짧은 기사로 작성되었으나, 그 기사를 보고 더 많은 사람이 후원하기 위해 찾아오고, 후원이 쇄도하자 다시 여러 언론사 기자로부터 자세한 인터뷰 요청이 들어오면서 송수영 디자이너와 함께 몇 차례의 인터뷰에 응했다. 45일간의 펀딩 기간 동안 600명의 후원자로부터 약 1,400만 원의 후원금이 모였다. 이와 별도로 여러 독립서점의 입고 요청에 따른 물량도 있었다. 너무 많은 물량에 기겁했던 나는 급히 택배 포장 아르바이트를 할 친구들을 모았고, 5명이 밤새 온종일 포장하여 간신히 우체국 택배로 보낼 수 있었다.

내가 기획하고 제작한 작업물을 나의 이름을 걸고 발행해도 사람들이 호응을 보내고 돈을 준다니?! 이 경험은 대단했다. 『전국투표전도 2018』 작업이 끝난 직후에는 스튜디오 하프-보틀 팀이 자연스레 해산되었고 송수영 디자이너도 자신의 진로를 찾아 떠났다. 하지만 나의 새로운 취업 시도가 잘 되지 않던 와중에도 『전국투표전도 2018』을 읽었다며 웹페이지, 로고 디자인 등 여러 종류의 디자인 작업 의뢰가 계속해서 들어왔다.

여러 훌륭한 디자인 회사에서 일할 때에도 '다양한 분야의 디자인 작업을 포괄해서 작품 만들기'를 하기란 쉽지 않았는데, 지금처럼 사람들이 먼저 나에게 여러 분야의 작업을 의뢰하다니. 언젠가 독립 디자인 스튜디오를 차릴 수도 있겠다고 생각했지만, 그 순간이 어쩌면 지금 아닐까? 이런 생각 끝에 결국 스튜디오 하프-보틀을 '창업'하기로 결정했다. 사업자등록증에 적힌 사업 개시일은 2019년 5월 20일이다.

1.2. (시각적) 감각이 어떻게 사회를 바꾸는가?

1.2.1. 감각은 생각과 감정과 행동을 일으킨다

내가 일하는 회사 스튜디오 하프-보틀의 이름은 "물이 반병이나 남았네 / 반병밖에 없네"라는 고전적인 표현처럼, 동일한 상황을 다르게 받아들이는 사람들의 모습에서 착안한 이름이다. 많은 어른들이 이 문장을 말하면서 "반병밖에 없다는 부정적인 생각을 하지 말고, 반병이나 남아 있다는 긍정적인 태도로 삶을 살아가자"고 말한다. 하지만 이처럼 조언하는 것은 그래픽 디자이너의 작업에 별로 좋은 태도가 아니다. 작품 안에서 긍정/부정적인 태도를 가지자는 내용을 직접적으로 언급하는 것보다는, 독자의 (시각적) 감각을 일으켜서 긍정/부정적인 태도가 자연스럽게 끓어오르도록(?) 하고 독자가 행동하도록 하는 것이 디자이너가 진정으로 보여 줄 수 있는 능력이라 하겠다.

사람의 감각(적인 것)과 이성(적인 것)이 서로 대립한다고 생각하는 사람들이 있다. 감각을 마치 '생각을 거치지 않은 날것'처럼 취급한다거나, 이성적으로 판단하기 위해서 내 안의 감정이나 내가 느끼는 감각을 억눌러야 한다거나. 하지만 실제로는 그렇지 않다. 사람은 감각을 느낌으로써 이성과 감성과 행동을 일으킬 수 있다. 더 나아가 사람이 어떤 감각을 느끼느냐/받아들이느냐에 따라서 사람의 생각과 감성과 행동에도 큰 변화가 생길 수 있다.

이런 주장을 '이성적'으로 설명하기 위해, 사람 몸이 받아들이는 '감각'의 과정을 생물학적으로 바라보자. 사람의 몸에는 감각을 받아들이는 신경계가 있다. 신경계 기관은 머리뼈 안쪽(뇌)과 척추 안쪽(척수)에 집중되어 있는데, 두 기관으로부터 신경계가 온몸 곳곳의 끝부분으로 퍼져서 말초신경을 이룬다. 사람은 말초신경의 끝부분의 끝에서 감각을 받아들인다. 눈(시각), 귓구멍 안쪽 고막 주변(청각), 피부(촉각), 콧구멍 안쪽(후각), 혀(미각) 곳곳에서 감각을 받아들이고 그 정보를 척수와 뇌로 전달한다. 이 감각이 없다면 우리는 몸 주변, 몸 바깥의 상황이 어떤지 정보를 파악할 수 없다. 빛이나 소리를 느낄 수 없음은 물론이고, 내가 먹는 음식의 유해성 여부(미각)나 주변 온도의 뜨겁고 차가움(촉각)조차도 알 수 없다. 감각이 없다면 우리 몸 바깥 세계, 나와 다른 개체들과 주변 환경을 인식할 수 없다. 다시 말해 인류는 감각을 느낄 수 있기에 나라는 생명체 바깥의 환경을 인식할 수 있고, 감각을 느낄 수 있기에 다른 개체의 존재를 인정하고 '사회'를 이루며 살아갈 수 있다.

감각이 없다면 사람은 생각도, 감정도 느낄 수 없을 것이다. 생각과 감정을 일으키는 기관은 두뇌인데, 두뇌는 마치 골방에 갇혀 저술 작업에 매진하는 옛날 녹일 철학자들마냥(?) 머리통 안에서 조용하게 꾸물꾸물 대며 혼자만의 힘으로 생각하고 감정을 일으키는 듯 보인다. 하지만 온몸 끝부분에 퍼진 말초신경이 받아들이는 감각 정보가 실시간으로 집중되는 곳이 바로 두뇌다. 생물학적 메커니즘으로 볼 때, 뇌 조직 세포들이 서로 연결되어 정보를 기억하고 생각과 감정을 일으키는 과정과, 말초신경 세포가 신체 바깥으로부터 받아들인 감각 정보를 뇌로 전달하는 과정은 똑같은 원리로 이뤄진다. 게다가 두뇌는 말초신경으로부터 여러 감각을 끊임없이 받아들이며 성장한다(두뇌 발달에 좋다며 아기들에게 손바닥 쥠쥠 시키고 아기들이 뜻을 알기 어려운 그림책을 계속 보여 주는 것을 떠올려 보라!). 그러니까 사람이 감각을 받아들이는 과정은 곧 사람이 생각과 감정을 만들어 가는 과정과 다를 바 없는 셈이다.

그러고 보면, 인간의 생물학적 신체 구조는 사람의 감각, 이성, 감정, 행동이 하나의 메커니즘으로 연결되어 작동하도록 설계되었다고 할 수 있다. 감각을 받아들이고 전달한 후(말초신경) 감각을 전달받아서 기억하고 생각하며(두뇌) 생각에 따라 근육을 움직이도록 전기 자극을 전달하는(운동신경) 역할을 모두 하나의 신경계에서 처리하고 있으니까. 그래서 당신이 사람들의 생각과 감정과 행동을 바꿔서 사회를 바꾸고 싶다면, 당신은 사람들이 감각을 받아들이는 것에 대해 공부할 필요가 있다.

생물학에서 다시 그래픽 디자인, 즉 시각적 감각에 대한 이야기로 돌아오자. 물론 모든 그래픽 디자이너들이 언제나 '세상을 바꾸겠다'며 작업을 하지는 않는다. 하지만 그래픽 디자이너들은 사람들에게 전달할 시각적 감각(디자인 작업물)을 제작하는 것을 업으로 한다. 따라서 내가 표현한 작업물이 사람들에게 어떤 감각으로 전달되는지, 그리고 그들이 어떻게 생각하고 행동할지에 대해서 무의식적으로 늘 고민하게 된다. 그래서 그래픽 디자이너들은 작업물 제작 또는 실습만 하는 것에 머무르지 않고 감각에 대해 부지런히 공부한다. 사람이 색상이나 형태를 어떻게 바라보고 인식하는지에 대해서 색채학, 인지학 등을 공부하기도 한다. 또 인류가 여태껏 어떤 디자인 작업물을 만들었는지, 그걸 사람들은 어떻게 인식하고 어떤 생각으로 받아들였는지에 대해 디자인 역사학, 디자인 철학을 공부하기도 한다.

이 모든 학문적 내용을 다루다 보면 대학교 교재 분량의 책이 될 것이다. 따라서 이 책에서는 지금부터, 디자이너가 전달하는 시각적 감각(디자인 작업물)이 사람들의 사회 속 생활이나 사회에 대한 생각·감정에 어떻게 개입하는지, 역사적이고 대표적인 사례들을 꼽아서 설명하고자 한다. 여기서는 꼭 그래픽 디자인의 사례에만 한정하지 않고, 사진, 영상, 건축 디자인, 제품 디자인 등 시각적 감각을 활용하는 여러 디자인 분야의 사례들도 등장할 것이다.

1.2.2. "이것이 중요하다!"고 정의하기

그래픽 디자인을 처음 배울 때, '중요한 요소'를 설정하고 그것이 정말로 중요해 보이게끔 시각적으로 보여 주는 실습을 많이 한다. 이것은 단순히 중요해 보이는 단어의 크기를 300pt로 키우고 빨간색, 볼드, 이탤릭, 밑줄 효과까지 모조리 적용시키는 것과는 다른 작업이다(무엇보다도, 이따위로 하면 단어가 전혀 눈에 들어오지 않는다). 우리가 일상적으로 접하는 가장 쉬운 예시로는 종이신문 1면이 있다. 어제 일어난 똑같은 일을 다루더라도 신문사마다 중요하다고 여기는 내용이 다르므로 1면 배치와 디자인도 다르기 마련이다.

물론 종이신문 1면은 어찌 되었든 기자와 편집부가 미리 구성한 글과 사진 이미지를 전달한다는 역할이 분명하므로, 그래픽 디자이너가 작업을 통해 스스로 "내가 보기에 이것이 중요하니 이 요소를 강조해야지!"라고 판단할 여지가 적은 편이다. 하지만 적은 글자로 핵심 정보를 전달해야 할 때에는 디자이너의 판단이 중요하게 개입한다. 도로의 교통표지판, 간판, 방향을 나타내는 지시 사인이나 순간순간 지나가는 버스 외벽에 부착된 광고 같은 것들을 떠올려 보자. 읽는 사람의 시선이 어느 곳에 머무르게 하느냐, 원문에 담긴 정보의 내용이 어느 구역에 어떻게 배분되도록 조정하느냐, 어떤 정보와 의미를 독자에게 전달하느냐? 디자이너는 이런 질문에 스스로 답하면서 자기 작업에 들어갈 시각적 요소(도형이나 글자 등등)의 종류와 크기와 배치를 정한다. 특히 사회적으로 통용될 공공 성격의 그래픽 디자인에 이런 사례들이 많다.

그래픽 디자이너들이 학교에서 반드시 배우는 역사적인 작업으로, 1931년 해리 벡Harry Beck이 디자인한 런던 지하철 노선도가 있다. 런던 지하철의 애칭을 담아 '튜브 맵Tube Map'이라고도 불리는 이 노선도는 세계 최초로 다이어그램 형태로 그려진 지하철 노선도라고 알려졌다. 그는 본디 전기 회로 설계사로서 런던 전기

철도 운영사Underground Electric Railways Company of London에 입사했는데, 구조 조정으로 실직한 이후 남는 시간에 '잉여잉여하며' 지하철 노선도를 전기회로처럼 스케치한 것이 튜브 맵의 시초였다.✌ https:a//www.tandfonline.com/doi/full/10.1080/00087041.2021.1953765 참고.

　튜브 맵 이전까지의 지하철 노선도는 실제 축척대로 그려져서, 현대로 치면 마치 지상 공간을 그린 네이버 지도 위에서 대중교통 길 찾기를 할 때 볼 수 있는 구불구불한 경로 노선도처럼 생겼다. 그러나 지하철 노선도에 표시할 노선과 역의 숫자는 점점 많아졌고 그중에서도 대다수가 좁은 런던 도심에 몰려 있었기 때문에 서로 다른 노선이 뻗어 나가는 경로가 서로 꼬여서 보이고, 역의 위치나 환승 가능 여부를 분간하기도 어려웠다. 해리 벡의 튜브 맵은 모든 노선을 일직선으로 표시하고, 노선 선형이 꺾이는 각도도 45도 단위로 일정하게 유지하며, 서로 다른 노선 사이의 간격도 가급적 일정하게 두었다. 이런 형태를 만들기 위해서 튜브 맵은 런던을 상징하는 지형지물인 템스강마저 45도로 꺾어 대는 급진적인 방법을 채택했다. 이렇게 제작된 튜브 맵에서는 7~8개에 이르는 노선이 서로 다른 방향으로 뻗어 나가는 모습이 명확하게 보였다. 또한 많은 역이 다닥다닥 붙어 있는 도심에서도 환승역과 아닌 역을 구분하기가 쉬웠으며, 역 이름을 표기할 공간을 충분히 확보할 수 있었다.

　튜브 맵은 지하철 노선도가 갖출 중요한 요소를 새로 정의하였고, 그 정의에 맞게 기존의 지상 실측 지도를 시각적으로 재조정했다. 지상에서 길을 찾는 사람들에게는 거리와 방향을 정확하게 표시한 지도가 필요하다. 10차선 대로부터 골목에 이르기까지 오만 방향으로 뻗어 나가는 도로들 사이에서 나와 목적지의 정확한 위치를 찾은 뒤 내가 어느 방향으로 얼마만큼 가야 하고 어느 방향으로 꺾어야 하는지를 알아야 한다. 그리고 그로부터 대략적인 이동 시간을 파악해야 한다. 하지만 지하철 노선도는 그렇지 않다. 오히려 전기회로를 그릴 때 중요한 요소와 거의 비슷하다. 내가 직접 움직이는 것이 아니라 열차에 몸을 맡긴 채 지하를 움직이기 때문에 각 노선의 세세한 방위나 이동 시간을 생각할 필요는 없다. 내가 타는 역과 내릴 역은 정해져 있으니, 두 역 사이에 미리 주어진 7~8개의 경로(지하철 노선) 중에서 어떤 것을 골라서 어느 종점 방면으로 이동할지, 어디에서 환승할지만 파악하면 된다. 따라서 지하철 노선도에서 중요한 것은 정확한 방위·거리 표시가 아니다. 서로 다른 노선의 '줄기'를 명확하게 구분하고, 각 노선의 '줄기'가 어느 역 방면으로 뻗어 나가고 어느 환승역에서 교차하는지 보여 주고, 역과 역 이름이 잘 보이게 하는 것이 중요하다.

그리하여 해리 벡이 만든 다이어그램 형태의 지도는 1933년 런던 여객운수공사London Passenger Transport Board가 공식 지도로 채용한 이래 런던의 전철 노선이 개편될 때마다 꾸준히 리뉴얼되었고, 훗날 전 세계 도시에서 전철 노선도의 표준적인 형태로 자리 잡았다. 이는 한국 수도권에서도 마찬가지이다. 서울지하철 1~4호선이 모두 개통된 1985년부터 수도권 전철 노선도의 중심에는 늘 초록색 순환선인 2호선이 있었는데, 2023년에 이 노선도가 대대적으로 개편되었다. 좌우로 긴 사각형 형태로 표시하던 2호선을 원형으로 개편하고 그에 맞춰 노선도의 전체 판형 역시 좌우로 긴 직사각형에서 정사각형 판형으로 교체되었다.[※] 이를 두고 설왕설

[※] https://mediahub.seoul.go.kr/archives/2009054 참고. 개편 직전까지 쓰였던 지도는 공식적으로 남아 있는 것을 찾기 어려우나, 이 블로그(https://mmmin.tistory.com/entry/지하철노선도-서울-2022) 또는 2024년 현재 서울교통공사 사이버스테이션 서비스가 제공하는 지도(http://www.seoulmetro.co.kr/kr/cyberStation.do)가 제일 비슷한 것으로 보인다.

래가 있었는데, 특히 이번 개편으로 지도의 정중앙에 삼각지역이 위치하게 된 것이 가십거리였다. 2022년에 대통령실 청사가 종로구 청와대에서 용산구 삼각지역 근방의 (당시) 국방부 신청사 건물로 이전했는데, 이 때문에 대통령실을 지도의 중심으로 강조하기 위해 노선도를 개편한 것 아니냐는 말이 나왔던 것이다. 하지만 그런 억지스러운 의미 부여가 아니더라도, 수도권 전철 노선도 개편이 가지는 그래픽 디자인 측면의 의미는 크다.

　　기존의 노선도는 2호선의 순환선을 크게 그리고 그 안쪽과 주변부에 서울을 지나가는 다른 노선들이 그려지도록 배치했다. 서울의 지리적 중심지(한강 이북)에 몰려 있는 노선들은 비교적 넓은 면적을 차지하고, 서울 바깥으로 나가는 노선은 지도 귀퉁이에 작게 표시되기 마련이었다. 이런 배치는 노선 대부분이 서울에 집중되었고 전철의 역할이 서울과 위성도시 사이를 통근하는 데 치우쳤던 2000년대까지는 충분히 합리적이었다. 그러나 수도권에 인구가 집중되고 서울 바깥에도 업무지구가 형성되면서 서울 바깥을 지나가는 노선, 서울 이외의 도시에서만 다니는 노선이 점점 더 많이 생겼다. 그런 노선을 이용하는 승객에게 2호선(이 지나가

는 서울)을 비대하게 그린 노선도는 자신의 동선을 제대로 반영하지 않고 노선 파악을 어렵게 만드는 지도일 뿐이다. 2023년에 개편된 노선도는 서울 이외 지역의 노선을 여유 있게 표시하도록 영역을 충분히 확보하면서, 동시에 2호선 중심으로 시선을 모아서 지도가 무질서하게 보이지 않도록 했다. 이렇게 새로 개편된 노선도 디자인은 곧 수도권 전철이 서울뿐만 아니라 수도권 모든 지역의 교통을 제대로 포괄하겠다는 선언과도 같다. 이 과정에서 놓친 유일한 문제점은, 여전히 모든 수도권 주민에게 중요한 종로-을지로 도심권의 중요도가 저평가되어서 지도 중심에서 지나치게 멀어졌고, 같은 서울 도심권인 여의도, 강남에 비해서도 잘 보이지 않는다는 점일 테다.

또 다른 예시로 이야기할 수 있는 것은 올림픽에서 사용되는 각 스포츠 종목 픽토그램이다. 픽토그램은 어떤 단어나 개념을 도형적으로, 직관적으로 표시하는 그림을 뜻한다. 우리가 흔히 떠올리는 올림픽 픽토그램, 스포츠 각 종목 경기를 펼치는 사람의 모습을 표현하는 픽토그램은 1964년 도쿄 올림픽에서 처음 등장했다고 알려져 있다.[*] 이 올림픽은 유럽-미국 외 지역에서 열리는 최초의 올림픽이었고, 국제적으로 통용되는 문자 체계(로만 알파벳)와 해당 지역에서 통용되는 문자 체계(한자 및 가나)가 완전히 달랐으니 이 간극을 극복할 의사소통 체계가 필요했다. 따라서 종목을 표시할 때에도 '어느 문화권에서 보더라도 이 종목을 떠올리겠다'

[*] https://www.theolympicdesign.com/olympic-games/pictograms/tokyo-1964/ 참고.

고 할 만한, 종목을 상징할 몸짓과 도구를 정해서 시각화하는 것이 중요했다.

과거에도 올림픽 종목을 표현하는 그림(일러스트)은 많이 있었겠으나, 이목구비나 근육, '열정과 환호' 같은 활동적인 분위기를 나타내는 걸 중요하게 여겼던 것 같다. 예를 들어 육상 종목 그림을 보면, 1924년(파리)에는 도약하는 선수의 열정 넘치는 표정과 근육 결이 모두 표현되어 있으며, 1960년(로마)에는 선수의 환호하는 팔뚝질 모양 그리고 선수가 통과하는 결승선 끈이 그대로 담겨 있었다. 하지만 1964년의 육상 픽토그램은 그런 자세한 사항을 모두 제거하고, 엎드린 자세에서 달려 나가는 단거리 육상 선수의 옆모습을 팔과 다리와 얼굴 동그라미로만 표현했다. 근육의 결 같은 것은 찾아볼 수 없고, 오로지 뻗어 나가는 팔다리와 꺾이는 관절만을 기하학적 직선과 곡선으로 그려 냈다. 1964년 도쿄 올림픽의 디자이너들은 종목 설명에서 중요한 것이 환희와 열정이 아니라, 팔다리의 각도와 도구라고 정의 내린 것이다. 그리고 이렇게 정의된 픽토그램의 체계는 올림픽마다 픽토그램 형태만 달라질 뿐 60년을 이어 내려오며 확고부동하게 자리 잡았다.

이후의 올림픽 픽토그램은 두 번의 거대한 변화를 맞이한다. 첫 번째 변화의 계기는 1992년 바르셀로나 올림픽으로, 도형적인 직선과 곡선만 사용되던 픽토그램에서 벗어나 처음으로 '붓으로 그린 질감의 형태로' 팔다리를 표현했다. 도형의 표면이 매끈하지 않고 우둘투둘한 것은 물론이고 붓으로 곡선을 그릴 때처럼 팔다리의 두께도 들쭉날쭉했다. 이렇게 '기하학적이지 않은' 형

https://www.theolympicdesign.com/olympic-games/pictograms/barcelona-1992/ 참고.

https://www.theolympicdesign.com/olympic-games/pictograms/lillehammer-1994/ 참고.

https://www.theolympicdesign.com/olympic-games/pictograms/athens-2004/ 참고.

https://www.theolympicdesign.com/olympic-games/pictograms/beijing-2008/ 참고.

https://www.theolympicdesign.com/olympic-games/pictograms/pyeongchang-2018/ 참고.

https://olympics.com/en/paris-2024/the-games/the-brand/pictograms 참고.

태는 '사람이 직관적으로 인지하는 데 방해가 된다'는 이유로 현대 디자인의 픽토그램에서 금기시되었다. 그러나 사람 팔다리 동작의 한 순간을 사진처럼 포착하여 정적으로 전시하던 과거 픽토그램과 달리, 이번 작품은 거추장스러운 장식 없이도 오로지 붓 터치와 획의 두께를 활용하여 팔다리에 새로운 역동성을 부여했다는 참신한 평가를 받았다. 이때부터 정적이면서 직관적인 픽토그램 안에서 팔다리의 역동성을 부여하는 것이 스포츠를 표현하는 중요한 요소라고 새로운 정의가 내려졌다. 특히 역동성 표현 수단으로서 나라별 문화적 특징을 담아내는 것이 하나의 트렌드가 되었다. 자국의 역사적인 벽화(1994 릴레함메르 동계)나 고대문명 그림(2004 아테네), 고대 상형문자 체계(2008 베이징), 한글 자모의 곡선적 특성(2018 평창 동계) 등이 이용되었다.

　　두 번째 변화는 현재 진행 중인 논쟁의 한가운데에 있다. 이 글을 쓰는 지금 진행 중인 2024 파리 올림픽의 픽토그램은 역사상 처음으로 인간을 완전히 배제하는 혁명적인 변화를 일으켰다.🐰🐰🐰🐰🐰🐰 올림픽 세부 종목이 나날이 늘어남에 따라, 신체의 모양으로는 종목을 구별하기 어려운 사례도 생기고(배구와 비치발리볼, 스케이트보드와 서핑, 5인제 '풀코트' 농구와 3인제 '반코트' 농구를 어떻게 구분하느냐?) 신체의 모양을 픽토그램화 하는 것이 가능하기는 한지 의문스러운 사례도 생겼다(트램펄린, 스포츠 클라이밍 등). 그리하여 파리 올림픽의 픽토그램은 다음의 3가지 요소를 통해 종목의 특징을 표현했다. (1) 경기장의 모양을 픽토그램의 배경으로 깔고 (2) 경기에 쓰이는 주요 도구와 신체 부위를 가운데에 핵심 아이콘으로 배치하며 (3) 그것만으로 구분이 안 될 경우에는 경기 때 선수들이 입는 복장(도복, 수영모 등)을 마찬가지로 핵심 아이콘으로 부여한다. 이 픽토그램은 지금까지 선수들의 몸동작이라고 정의되었던 스포츠의 의미를 더욱 확장하여, 종목마다 특색 있는 재미를 만들어 내는 원천인 규칙과 도구 그 자체를 스포츠의 중요한 요소라고 새로이 정의한 것이다. 이 새로운 픽토그램은 스포츠의 특징을 새로 발견해서 참신하다는 호평, 그리고 기존과 너무 달라져서 의미를 알기 어렵다는 악평을 함께 받고 있다. 이 픽토그램이 앞으로 계속 이어지느냐 아니냐에 따라서 우리가 각 스포츠 종목을 인식하는 방법, 올림픽과 스포츠에 부여하는 의미 역시 그게 달라질 것이다.

1.2.3. 인간과 제도 사이의 '사회적 인터페이스(사용자 경험)'

앞서 아이폰의 사용자 인터페이스User Interface, UI에 대해서 여러 번 이야기했다. 인터페이스는 사용자와 제품(특히 기계로 된 제품)이 상호작용하도록 하는 장치를 의미한다. 마우스와 키보드와 버튼과 다이얼처럼 사용자가 제품에 입력하는 장치, 디스플레이와 스피커처럼 제품이 사용자에게 정보를 전달하는 장치를 아우른다. 제품과의 상호작용 과정에서 사용자가 받아들이는 시각 정보(버튼의 배열, 디스플레이에 표시되는 정보 등)가 영향을 미치므로 인터페이스는 그래픽 디자인의 영역에서 다뤄진다.

현대에는 사용자 인터페이스의 개념이 좀 더 확장되어, 사용자 경험User Experience, UX이라는 개념이 쓰인다. 사용자와 제품의 상호작용을 '사용자가 겪는 경험'이라고 좀 더 넓게 해석하여, 제품을 사용할 때 사용자가 어떤 것을 인지하고 어떤 행동을 하는지, 어떤 사건을 겪고 어떤 감정을 느끼는지를 종합적으로 분석하는 것이다.

사용자 경험의 개념을 이해하기 쉬운 일상적인 예시를 들어보자. 우리가 식음료점에서 음식을 주문할 때 일상적으로 경험하던 메뉴판과 종업원이 디스플레이 키오스크로 바뀌었을 때의 편리함이나 당황스러움을 기억할 것이다. 종업원의 방해 없이 혼자서 메뉴를 사려 깊게 고민하고 싶어 하는 사람에게는 키오스크가 혁명적인 발명이다. 그러나 키오스크 화면에 들어간 버튼 배치가 엉성하면 주문을 넣기까지 얼마나 힘든지 모두 기억할 것이다. 뒤에서 기다리는 다른 손님들의 눈치를 보는 것도 당혹스러운 경험이다. 게다가 특정한 높이에서 화면 속 작은 글씨를 보고 손으로 버튼을 눌러야 하는 키오스크의 특성상 이동장애인, 시각장애인, 노인, 어린이가 모조리 배제될 수 있다는 문제점도 있다.

키오스크의 태생적 한계에도 불구하고 그래픽 디자이너들은 이런 불편부당('不偏不黨'이 아니라 '不便不當')함을 극복할 수 있도록, 최대한 누구도 배제하지 않으면서 누구나 편리하게 이용할 수 있는 인터페이스를 디자인하기 위해 노력한다. 또한 그럼에도 불구하고 디자이너는 메뉴판과 종업원을 통해 주문하던 기존의 '사회 제도'가 무인 시스템 '제도'로 바뀌었을 때, 제아무리 뛰어난 그래픽 디자인으로 사용성을 높인다고 하더라도 어떤 이용자들은 키오스크가 온전히 포괄하지 못한 채 배제될 수밖에 없다는 것을 사용자 경험 차원에서 반드시 이해하고 작업해야 한다.

사용자 경험이라는 개념의 핵심은 이처럼 제품과 서비스 등을 통해 이뤄지는 인간과 인간 사이의 상호작용, 그리고 인간과 사회 제도 사이의 상호작용을 파악하는 데에 있다. 그리고 그 상호작용이 잘 이뤄질 수 있도록 '그래픽 디자인 요소를 어떻게 활용하느냐?'라는 질문으로 이어진다. 이 질문에 해법을 제시하는 것이 사용자 경험(을 만드는 그래픽) 디자이너의 역할이다. 그래픽 디자인이 잘/잘못 적용된 사회 시스템은 좋은/나쁜 사용자 경험을 제공하고, 이는 사회 시스템이 잘/잘못 작동하도록 하는 중요한 요소라고 할 수 있겠다. 이런 것을 '사회적 인터페이스', '사회적 사용자 경험'이라고 부르고 싶다.

전국의 수많은 지방정부에서 시도하는 공공자전거 대여 시비스가 잘 운영되려면 예약 애플리케이션의 인터페이스가 편리해야 함은 물론이고, 자전거 차체, 자전거 대여·주차 장소 등의 물품과 장소가 눈에 잘 들어오도록 일관된 디자인을 세심하게 적용해야 한다. 모든 시민과 사업자의 납세업무를 매일같이 처리하는 창구인 홈택스 홈페이지 디자인을 잘못 개편하면 "멀쩡히 쓰던 세금계산서 발행 메뉴가 어디로 사라졌느냐?" 같은 항의가 쏟아져서 국세청 업무가 마비된다. 모바일 전용 은행들이 자사 대출 상품을 쉬운 언어로 설명하고 간편한 인터페이스로 가입할 수 있도록 하는 것은 과연 좋은 디자인 작업일까? 당장 대출을 주고받는 은행과 고객 입장에서는 분명 좋은 일이다. 그러나 만약 이로 인해 신용대출을 이용하기가 너무 쉬워져서 높은 이자에 허덕이는 사람들이 많아지고 금융시장의 안정성이 무너지면, 인터페이스가 나라 경제를 망친다고 해도 과언이 아닐 테다.

우리가 당연하다고 생각하는 '사회적 사용자 경험'의 그래픽 디자인이 살짝만 달라져도, 세상의 많은 부분이 변화할 수 있다. 사회적 사용자 경험이 바뀌면 사용자가 사회 구조에 대해 다르게 인식하고 다르게 행동하도록 만들 수 있다. 특히 사회적 사용자 경험을 바꿔서 사용자들이 인간으로서 권리를 다시 확인하고 권리를 제대로 행사하게 된다면 그것만큼 뿌듯한 일이 또 있을까.

디자인스튜디오 '오늘의풍경'은 2017년, 주택세입자(인 청년)의 권리 증진을 위한 사회운동 단체 '민달팽이유니온'과 함께 새로운 주택임대차계약서 표준 디자인 양식을 제안하는 작업을 했다. 현재 한국공인중개사협회가 사용하는 부동산임대차계약서

✌ https://tumblbug.com/oneroom_union(텀블벅 펀딩), https://minsnailunion.net/checklist/?q=YToxOntzOjEyOiJrZXl3b3JkX3R5cGUiO3M6MzoiYWxsIjt9&bmode=view&idx=802722&t=board(민달팽이유니온 자료실), https://helloinah.github.io(오늘의풍경 아카이브) 참고.
✌✌ https://blog.naver.com/plena1492/222980964134 참고.

표준양식(공인중개사를 통해서 전·월세 계약을 할 때 우리 모두가 받아 보는 바로 그 계약서 양식)✌✌은 A4 1페이지에 건물 주소부터 임대 가격, 계약조건, 특약사항, 계약당사자 정보까지 모조리 기입하게 되어 있어서 매우 빡빡한 느낌을 준다. 글씨는 작고 줄 간격은 엄청 좁고 굴림체로 되어 있어서 중요한 본문이 눈에 잘 안 들어오는 그래픽 디자인의 총체적 난국이다. 이런 디자인의 계약서는 인생 첫 월세 원룸을 계약하는 사회초년생에게 어마어마한 장벽이 된다. 집주인이 계약 조건에 뭔가 '장난질'을 쳐도 알아채기 힘들고, 빡빡한 문서 속에 자기 권리를 지키기 위한 특약 문장 하나 집어넣기도 겁이 나기 마련이다.

오늘의풍경과 민달팽이유니온이 제안한 계약서 양식은 이런 문제를 고쳤다. A4 8페이지 분량 안에 계약 조건에 해당하는 항목마다 소제목(임차목적물, 보증금, 월세, 임차기간 등)을 큼지막하게 달고 실제 계약 내용("금 X원정은 계약 시에 지불하고 영수한다. 금 Y원정은 A년 B월 C일에 지불한다" 같은 것)에 해당하는 부분과 구분되도록 레이아웃을 분리했다. 계약자 입장에서는 소제목을 따라 읽으면서 단계별로 세로로 읽어 내려가며 중요한 계약조건을 확인할 수 있다. 부가 설명에 해당하는 본문에는 넓은 여백과 넉넉한 줄 간격을 배정하고, 내용의 위계에 따라 돋움과 바탕 타입페이스를 적절히 혼합해 사용해서 처음 계약하는 사람이라도 마음의 여유를 두고 편안하게 꼼꼼히 읽을 수 있도록 했다. 그 와중에 세입자가 계약하며 확인해야 할 사항(건물 등기부등본, 건축물대장, 건물주의 국세 미납 여부 확인 등)도 본문에 꼬박꼬박 적는 세심함까지 들어갔다. 이 디자인 작업은 민달팽이유니온이 발표한 크라우드펀딩 '독립하는 청년들을 위한 원룸 상식 사전' 프로젝트의 일부로 포함되었고, 펀딩 후원자들에게 배포되었다.

오늘의풍경과 민달팽이유니온은 주택임대차계약(서 양식)의 사회적 사용자 경험을 고치기 위한 의미 있는 제안을 던졌다. 계약서를 쓰는 것은 분명 계약자끼리 상호 신뢰를 만들기 위한 장치일진대, 한국에서는 특히 주택 임대계약에서 계약자가 서로 꼼꼼하게 계약 내용을 설명하고 확인하게 하는 문화가 정착되지 못했다. 부모님 같은 어른에게서 '이런저런 서류를 꼭 확인하라'는 정도의 이야기를 몇 마디 주워들을 수 있으면 다행일 지경이다. 심지어 통용되는 계약서 양식은 중요한 계약 내용과 조건을 읽기가 어렵게끔 디자인되어 처음 계약하는 사람의 혼을 빼놓는다. 그런 분위기 속에서 계약을 잘못 맺어 세입자의 권리를 손해 보더라도, 주변 사람들은 되레 세입자에게 "그러게 왜 계약할 때 계약서를 꼼꼼히 읽어 보지 않았느냐"는 핀잔을 주기 바쁘다. 표준계약서가 제공하는 '사회적 사용자 경험'에 대한 문제 제기는 쉽게 찾을 수 없다.

이런 나쁜 사용자 경험 속에서는 악덕 집주인이나 사기꾼들이 사회초년생을 속여 먹고 '눈탱이' 치기도 쉽다. 그리고 그런 분위기는 점점 대담해져서, 2024년 현재에는 '바지 사장' 한 명에게 전국의 빌라 수백 수천 채의 명의를 등록해 놓고 보증금을 대놓고

안 돌려주는 배 째라 전세 사기 사건이 한 달에도 몇 번씩 들려오는 실정이 되었다. 오늘의풍경과 민달팽이유니온이 제안했던 새로운 주택임대차계약 디자인을 보급했다면 전세 사기를 막을 수 있었다……고 주장하는 것은 비약이 너무 심하다고 여길 수 있다. 하지만 이 새로운 계약서 디자인은 주택임대차 시장에 세입자 중심의 사용자 경험을 정착시키려는 디자인 철학적 시도이자 시장 질서를 건드리려는 시도였다. 이러한 사회적 사용자 경험이 주택임대차 시장에 자리 잡았더라면 어쩌면, 한국 사회는 주택임대차 시장 전체가 붕괴될 수도 있는 지금의 신뢰 위기 상황을 피할 수도 있지 않았을까?

1.2.4. 생각과 정체성을 드러내는 상징

개인이 자신에 대해 스스로 정의하는 '정체성'이라는 개념이 마치 최근에 개발된 것처럼(그리고 각자 자기 정체성에만 매몰되어 정치와 사회가 망가진 것처럼) 호도하는 사람들이 있다. 하지만 사회에서 디자인이 쓰인 역사를 돌이켜보면 이 말은 새빨간 거짓말임을 알 수 있다.

디자인 작업물이 '디자인'이라는 이름을 부여받기 한참 전부터 디자인 작업물은 나 자신의 생각, 나의 정체를 드러내는 중요한 수단이자 기호로서 사용되어 왔다. 관공서와 전쟁과 국제 스포츠 경기에서 쓰이는 국기는 개인의 정체성을 그 국가, 민족의 일원으로 설정하기 위한 디자인 작업물로서 개발되었다. '국가라는 것'

이 중요하지 않던 중세 유럽과 일본에서는 국기가 있기 한참 전부터 (귀족) 가문을 상징하는 문양이 개발되기도 했다. 빨간색은 평등한 사회를 바라는 모든 사람의 사상[사회주의, 사회민주주의, 아나키즘(검은색과 함께 사용), 민주적 사회주의 등]의 상징처럼 사용되었고, 환경과 생태를 중시하는 사람들을 상징하는 초록색, 페미니즘과 성평등을 추구하는 사람들을 상징하는 보라색도 그러하다. 자신의 (성소수자로서의) 성 정체성을 드러내는 6색 프라이드 무지개 색상, 자신의 종교 정체성을 드러내는 십자가와 초승달 같은 것도 있다. 이런 사례를 늘어놓자면 끝이 없을 테다.

사회 속 사람들이 클라이언트로서 디자이너에게 요구하는 사회적 역할이란 결국, 클라이언트 자신의 생각과 정체성을 드러내는 도구(디자인 작업물)를 만들어서 감상자의 생각과 행동을 바꿔 달라는 것 아닐까? 감상자의 정치적 지지와 후원을 얻어 내려는 정치적 프로파간다 홍보물. 감상자가 제품의 필요성에 동의하여 돈을 지불하도록 하는 ‘순수 상업 광고’. 감상자의 흥미를 돋워서 문화예술행사에 참여하도록 유도하는 행사 홍보물 작업까지. 모두 클라이언트의 정치적 정체성, 생산품의 정체성, 행사의 정체성을 드러내는 일이다.

클라이언트에게는 디자인 작업물 제작을 의뢰하고 작업물을 게재하는 일이 자기 생각과 정체성을 드러내기 위한 행동이고, 더 나아가서 ‘내 생각과 정체성이 남들보다 더 돋보이고 인정받겠다는’ 투쟁의 일환이라고 할 수 있겠다. 투쟁이라는 표현은 결코 과장이 아니다. 내 유튜브 채널 영상이 더 많은 유저들의 추천 목록에 올라가서(다시 말해, 다른 채널 영상이 올라갈 자리를 뺏어 와서) 더 많은 수익을 창출하게끔, 영상 썸네일을 자극적으로 만드는 디자인 작업은 얼마나 치열한 투쟁인가. 또 독일의 나치당이 자신의 위대함을 온 세상에 알리겠다며 집권하자마자 거리와 건물 곳곳에 하켄크로이츠를 비롯한 정권 상징 조형물을 설치한 것, 그리고 그들이 절멸시키려는 유대인에게 다윗의 별(유대인의 상징인 6각형 별)을 꼭 패용하도록 강요한 것은 자기 딴엔 얼마나 치열한 투쟁이었던가. 그 잔혹한 투쟁은 독일을 점령한 연합군이 직접 마무리 지었다. 온 독일의 나치 상징물을 최우선적으로 죄다 때려 부순 것. (사족이지만, 2024년 현재의 이스라엘 극우 정권이 팔레스타인 민중들에게 나치 독일과 유사한 험악한 '투쟁'을 펼치는 것은 아주 잘못된 일이라는 건 꼭 언급하고 싶다.)

사실 앞에서의 사례는 모두 '클라이언트가 원하는 상징을 디자이너가 창조하고 사회가 퍼뜨리는 것'에 가깝다. 하지만 디자이너도 자기 나름의 생각과 정체성이란 것을 가진 사람 아니겠는가! 그래서 디자이너들이 직접 생각과 정체성의 상징으로서의 그래픽 요소를 만들면서 '대결'하는 일도 많다. 물론 클라이언트가 개입하는 앞 사례들만큼 '상징'으로서의 역할이 노골적이지는 않으나, 디자인 철학이나 인문사회적 사상의 바탕에서 놓고 보면 아주 첨예한 '대결'이라고 할 수 있다.

1920년대 독일에서는 이런 대결이 아주 치열하게 일어났다. 당시에는 독일뿐만 아니라 서구권 전체에서 구성주의Constructivism, '데 스틸De Stijl 운동', 모더니즘Modernism 등으로 불리는 디자인 사조가 유행했다. 이는 장식을 배제하고 모든 시각적 표현을 단순한 선과 도형으로 추상화시키는, 요즘 표현으로 말하면 "단순하고 심플한 디자인"의 원형에 해당하는 스타일이다. 가구를 만들 때 나무 소재 위에 화려한 장식 무늬를 조각하는 고전적인 디자인에서 탈피하고 금속으로 된 직선적 뼈대 위에 원색 페인트칠로만 꾸미는 가구 디자인이 등장한다거나, 글자 획 끝에 나타나는 뾰족뾰족한 부분(세리프serif)도 필요 없는 장식이라며 세리프를 떼어 낸 산세리프sans-serif 타입페이스가 유행한 것이 대표적인 사례다.

지금은 평범해 보이는 이런 디자인 사조는 1920년대 독일에서 어마어마한 대결을 일으켰다. 1920년대 독일 디자이너들에게 모더니즘 디자인은 과거의 전통적 디자인과의 단절을, 더 나아가 권위주의적이고 민족주의적이었던 제1차 세계대전 이전 독일 사회의 과거와 결별하고 새로이 출발하려는 의지를 상징하는 것이었다. 물론 모더니즘 디자인을 받아들인 디자이너 모두가 이런 생각을 공유했던 것은 아니겠지만(단지 '이뻐서' 사용했을 수도 있지만), 나라의 진로를 놓고서 전체주의, 민족주의, 보수주의, 자유주의, 사회민주주의, 공산주의 등 여러 정치사상이 복잡하게 얽혀서 갈등했던 1920년대 독일에서 모더니즘 디자인은 그 자체로 정치적 생각과 정체성을 대변하는 상징처럼 여겨질 만했다. 1933년 나치 정권이 집권하자마자 모더니즘 디자인 운동을 주도하던 독일 내 디자인 학교들(대표적인 곳이 바우하우스Staatliches Bauhaus였다)은 모조리 폐쇄되었다.

반대로, 1920년대 독일에서 국가와 민족주의가 투영되어야 하는 디자인 작업물에는 '독일의 전통과 민족성을 대변하는' 디자인 사조가 적극적으로 반영되었다. 이때 자주 소환된 것이 프락투어Fraktur 타입페이스다. 15~16세기 잉크와 납작펜을 이용해서 그리던 글씨 서체로부터 탄생한 프락투어는 다른 언어권에서는 오래 쓰이지 못했으나 독일어권에서 제목과 본문용 타입페이스로 꾸준히 사용되었다. 이 때문에 프락투어는 1920년대부터 독일의 전통과 민족성을 대변하는 타입페이스처럼, 일종의 모더니즘 디자인에 대한 대항마로 사용되었다. 물론 프락투어를 사용하는 디자이너 모두가 민족주의나 전체주의를 지지했던 것은 아니다. 그러나 1933년에 집권한 나치 정권은 1941년까지[*] 프락투어를 각

[*] 1941년 나치 정권은 뜬금없이 프락투어를 "유대인의 문자"로 지목하며 사용을 금지했다. 통설에는 당시 독일이 전쟁으로 새롭게 점령했던 유럽 대부분의 지역 주민들에게 프락투어가 너무 낯설었던 탓에, 프락투어를 사용한 문서가 정권의 통치력을 약화시킨다는 판단 아래 프락투어를 금지했을 것이라고 추측하고 있다.

종 정치적 홍보물, 공문서 등에 거의 의무적으로 사용했다.

한국에서 그래픽 디자인이 생각과 정체성의 상징으로 부각되었던 사례로 떠오르는 것 역시, 글씨와 관련이 있다. 2000년대 후반, 2010년대 초반 들어서 '청년세대'의 마음을 대변하는 비상업적 레터링(타입페이스를 쓰지 않고 직접 글씨를 그리는 작업) 작업물이 인터넷과 소셜 미디어를 통해서 컬트적인 인기를 얻으며 퍼져나갔다. "오늘 할 일을 내일로 미루자", "싫은데요", "이번 생은 망했어", "폭망!!" 등의 문장이 그것이다. 1960~1980년대의 공공포스터나 간판에서 볼 법한, 손으로 그린 듯한 레트로 양식의 글자

를 써서, 당시의 사회적 상식에 해당했을 가치(근면 성실, 더 나은 세상에 대한 희망 등)를 뒤집는 저항적 느낌의 문장을 표현한 것이다. 이런 작업을 종종 발표했던 레터 디자이너 김기조(기조측면)와 현승재(ZESS TYPE), 그리고 이런 레터링의 느낌이 가득 담긴 타입페이스를 제작하는 함민주 등의 타입 디자이너가 등장하여 후배 디자이너들에게 크나큰 영감을 남겼다.

2013~2014년 한국 사회를 뒤흔들었던(뒤흔들 뻔했던?) "안녕들 하십니까?" 손 글씨 대자보 운동도 이런 레터링의 시각적 감각과 경험의 영향을 받지 않았을까? 2013년 당시 고려대학교 학부생 주현우가, 박근혜 행정부의 철도노조 파업 강경 진압을 목격한 것을 계기로, 사회 전반에서 자행되는 저항운동에 대한 탄압의 답답함을 토로하는 손 글씨 대자보를 게재했다. 바로 다음 날부터 손 글씨로 쓰인 다른 사람들의 '답글 대자보'가 대학가 곳곳에 붙었는데, 그 대자보는 모두 "저는 XXX(특정 사회문제) 때문에 안녕하지 않습니다"라는 제목을 달고 있었다.

"안녕들 하십니까?"라는 제목이 토로하는 호소력과 손 글씨가 풍기는 저항적이고 절망적인 느낌은 뭇사람들에게, 마치 "이번 생은 망했어", "폭망!!", "싫은데요" 레터링 작품을 처음 보았을 때처럼 강력한 울림을 주었던 것 같다. 이때부터 전지 종이에 쓰인 손 글씨는 강력한 저항정신을 표현하는 상징처럼 쓰여서, 몇 개월에 걸쳐서 다양한 주제의 사회문제를 비판하고 개인의 저항적인 마음을 표현하는 손 글씨 대자보가 대학교, 각급 학교, 직장과 길거리, 소셜 미디어 담벼락 등등에 게재되었다.

1.2.5. 새로운 세상을 조그맣게 구현하는 수단

앞서 살펴본 디자인 예시들("생각과 정체성을 드러내는 상징")은 이미 그 사회에 퍼져 있는 생각과 정체성을 시각적으로 표현한 것이라 말할 수 있겠다. 소설 문학 사조에 빗대면, 사회 현실을 그대로 드러내며 창의적인 소설을 써 내려가는 사실주의 소설 같다고 할까.

그런데 모든 소설이 그저 사실주의적일 필요는 없다. 앞으로 인류가 만들 세상을 예측(또는 '인류가 만들어야 할 세상을 제시')하면서 그 안에서 벌어질 사건을 창의적으로 적어 내려가는 소설도 있다. 소설가가 소설 안에서 새로운 세상을 조그맣게 구현하는 것처럼, 디자이너 역시 자신의 디자인 작업물 안에서 새로운 세상을 조그맣게 구현하기도 한다. "세상은 평등해져야 합니다!!!"라고 주장하는 프로파간다 포스터를 만들기는 상대적으로 쉬우나, '모두가 평등해진 세상을 구현하는' 디자인 시스템을 만들기란 훨씬 어려울 것이다. 이런 '실천적인' 사례들을 2가지 갈래에서 살펴보자.

첫 번째 갈래는, 다양한 생각과 속성을 가진 존재들이 모두 함께 감상하고 이용할 수 있는 그래픽 디자인이다. 이런 개념을 표현하는 용어로 포용적 디자인inclusive design, 유니버설 디자인universal design 등이 있다. 한국에서 이런 표현은 보통 (장애 유무, 나이 등) 신체적으로 또는 물리적으로 다른 여건에 처한 사람들이 모두 이용할 수 있는 디자인 작업을 말할 때 쓰인다. 글씨 크기를 키우거나 줄일 수 있도록 한 홈페이지와 키오스크 모니터. 색상 구분 능력이 떨어지는(색약) 사람들도 잘 읽을 수 있는 지도. 점자와 글씨가 같이 자연스럽게 읽힐/느껴질 수 있도록 디자인이 배치된 점자책과 점자 명함. 노인과 어린이와 휠체어 이용자도 횡단보도 건널 때를 알기 쉽도록 바닥에서 점등하는 신호등. 이런 작업들을 먼저 떠올릴 수 있다.

포용적이고 유니버설한 디자인이란 그저 '모두를 포괄해야 한다'는 정치적이고 도덕적인 규범 때문에 어쩔 수 없이 해야 하는 거추장스러운 것일까? 그렇지 않다. 상업적인 이유에서 이런 디자인이 아주 중요하게 쓰이는 영역이 있으니, 바로 누구나 사용하는 가정용 제품에 동봉되는 사용 설명서다. 누구든 내용을 쉽게 이해하고 주의 사항을 놓치지 않도록 설명서를 만드는 것은 기업의 이익에 직결되는 과제다. 설명서가 잘 되어 있지 않아서 제품을 제대로 쓸 수 없다는 입소문이 퍼지거나, 고객센터에 사용법을 문의하는 전화가 계속 몰려들거나, 설명서를 잘 이해하지 못한 사용자에게 안전사고가 일어나서 회사가 거액의 배상을 하는 상황을 떠올려 보라. 설명서의 그래픽 디자인이 포용적이거나 유니버설하지 못하면 기업의 매출 하락과 비용 급증으로 이어진다.

집에 있는 여러 가전제품(이왕이면 디자인 업무에 많은 자원을 투입할 수 있는 대기업 제품의) 설명서를 찾아보자. 행동 단계를 지시하는 본문 글자의 크기와 줄 간격, "주의", "경고" 같은 표시의 타이포그래피, 설명 삽화로 들어간 일러스트의 톤과 채색까지도 모두 정교하게 계산되어 있음을 알 수 있다. 회사가 전달하려는 지시 사항이 설명서를 읽는 모든 사람(나이와 지능 발달 정도와 무관하게)에게 한 치의 오차도 없이 그대로 받아들여지도록 하기 위함이다.

특히 다국적 기업은 여러 나라의 언어로 설명서를 따로 만들지도 않은 채 오로지 그림으로만 이뤄진 설명서를 통해 모든 조립·사용·관리 방법을 설명하는 기적(?)을 보여 주기도 한다.

이처럼 다양한 종류의 제품을 생산하는 기업들에는 고유의 설명서 디자인 양식, 설명서 제작 가이드라인이 마련되어 있다. 대기업 제조사에서는 이 가이드라인과 양식을 개편하는 작업을 아주 중요한 디자인 프로젝트로서 정기적으로 공들여 진행하기도 한다. 그래서 같은 회사에서 발행한 설명서라면 (전혀 다른 종류의 제품을 다룬다고 하더라도) 일관된 디자인 형태를 유지하기 마련이다. 다국적 가구 제조사 이케아IKEA의 가구 조립 설명서는 첫 페이지에 공통적으로 등장하는, 멍청하게 생긴(?) 캐릭터와 부품 그림 특유의 톤이 워낙 유명해서, 인터넷 커뮤니티에서 일종의 패러디 양식으로 널리 사랑받기도 한다. 이는 시각적으로 드러나는 기업 브랜드 아이덴티티(정체성)를 일관되게 유지하려는 노력이기도 하지만, 모든 독자에게 포용적이고 유니버설하게 설명을 전달하도록 하려는 노력이기도 하다.

두 번째 갈래는, 사회가 아직 '미개'하여 드러나지 못한 생각과 존재들을 적극적으로 드러내는 그래픽 디자인이다. 한국에서 이와 관련하여 가장 많이 알려진 디자인 사례로는, 아무래도 2020년부터 시작된 '온라인 퀴어퍼레이드'(이하 '온라인퀴퍼')를 짚어야 하지 않을까.

성소수자의 존재와 자부심을 드러내며 행진하는 퀴어퍼레이드 행사는 여러 정치·사회적 억압에도 불구하고 매년 전국 각지에서 진행되며 점점 참가자와 지지자의 규모를 불려 나갔다. 그러나 코로나-19 바이러스가 크게 유행하며 모든 종류의 집회가 금지되던 시기에 거리 행진과 축제를 진행할 수는 없었다. 이런 상황에서, 소수자의 이야기를 자주 다루는 저널리즘 스타트업 '닷페이스'가 기획하고 디자인 스튜디오 '스투키 스튜디오'가 함께 제작하여 2020년 6월 첫 번째 온라인퀴퍼 웹페이지(「우리는 없던 길도 만들지」)가 발행되었다. 한국 최대 퀴어퍼레이드 행사인 서울퀴어퍼레이드가 통상 개최되던 6월경에도 개최 여부가 불투명했던 상황에서, 퍼레이드 재개 소식을 기다리던 많은 사람이 온라인퀴퍼의 등장에 커다란 호응을 보였다.

온라인퀴퍼 웹페이지의 기능적 내용은 어떻게 보면 매우 단순하다. 사용자가 이름을 입력하고 인상착의를 골라서 내 이름으로 된 아바타를 완성하면, 아바타가 행진하듯 걷는 모습의 이미지를 화면에 출력한다. 끝.

…… 그러나 이 간단한 기능이 그래픽 디자인과 함께 폭발적인 시너지를 방출한다. 아바타는 퀴어퍼레이드의 취지에 맞게 각자의 개성을 최대한 드러낼 수 있는 다양한 머리 모양, 다양한 의상(특히 퀴어퍼레이드에서 흔히 보는 화려하고 파격적인 의상들이 구현되어 있다!), 풍선과 휠체어와 스케이트보드를 비롯한 다양한 아이템을 조합하여 만들 수 있다. 특히 핵심 디자인 요소는 아바타 이미지의 배경이 되는, 보라색으로 된 도로(차선)다. 웹페이지의 지시대로 사용자가 이벤트 해시태그 "#우리는없던길도만들지"와 함께 이미지를 인스타그램에 게시하면, 짜잔. 해시태그 피드를 통해

서 3차선 보라색 도로를 행진하는 수천 명의 거대한 행렬이 이어진다. 사회적 억압과 전염병으로 인한 대면 접촉 제한의 이중고에 사라질 뻔한 퀴어퍼레이드 지지자와 퀴어 당사자의 존재가, 그래픽 디자인이 만든 새로운 (인스타그램 피드 위의) 조그만 세상을 통해 드러날 수 있었다.

이 놀라운 모습에 감탄하여 수만 명이 행렬에 참가한 이후, 웹페이지를 통한 온라인퀴퍼는 2024년 현재까지도 이어지고 있다. 2021년에는 닷페이스와 후원자들을 통해 서울, 대구, 부산 등지의 지하철역과 광고판에도 온라인퀴퍼 영상을 게재하여 더 많은 곳에 행진을 전시할 수 있었다. 2022년에 사업 활동을 종료한 닷페이스는 온라인퀴퍼의 기획·주최 권한을 서울퀴어문화축제조직위원회에 기증했고, 초기 기획·제작자였던 스투키 스튜디오와 김헵시바 디자이너(당시 닷페이스 소속)는 조직위원회의 주최하에 공동주관 단위로서 계속해서 작업에 참여하고 있다.✌

✌ 닷페이스가 운영하던 온라인퀴퍼 웹페이지는 https://pride.dotface.kr로 아카이빙되어 있으며, 서울퀴어문화조직위원회가 운영하는 온라인퀴퍼 웹페이지는 https://online.sqcf.org이다.

사실 그래픽 디자인을 통해서 숨겨진 생각과 존재를 드러내며 새로운 세상을 구현하려는 시도는 오랫동안 꾸준히 작업해야 실효를 거둘 수 있다는 점에서 실천하기가 아주 어렵다. 온라인퀴퍼처럼 한순간에 큰 주목을 받고 몇 년째 이어질 동력을 얻는 경우는 매우 드물다. 게다가, 온라인퀴퍼의 성공은 그 전 20여 년간 이어졌던 한국 퀴어퍼레이드의 역사에 빚을 지고 있음을 기억해야 한다.

한국의 초·중·고등학교 교과서에 들어가는 사진과 삽화에는 이제 등장인물의 성별, 인종(다문화), 장애-비장애 여부에 따른 안배가 (부족하게나마) 정착되고 있다. 이것은 몇십 년에 걸쳐서 언

한국교육과정평가원이 제시한 『2022 개정 교육과정에 따른 검정도서 개발을 위한 편찬상의 유의점 및 검정기준』은 교과서가 검정받기 위해서 "특정 지역, 국가, 인종, 민족, 문화, 계층, 성, 종교, 직업, 집단, 인물, 기관, 상품 등을 비방·왜곡 또는 옹호하지 않았으며, 집필자 개인의 편견 없이 공정하게 기술할 것"과 "남녀의 역할, 장애, 직업 등에 대한 편견을 조장하는 내용이 없을 것"을 요구하고 있다. 또한 이 기준에 따라 검정교과서의 사진과 삽화에 들어가는 인물의 성별, 인종, 장애-비장애 여부 비율을 연구하는 교육학 논문도 계속해서 축적되고 있다.

론과 사회운동 단체가 계속해서 지적하고 요구하며, 소신 있는 교과서 편집자와 일러스트레이터가 '더 평등한 디자인'을 지속적으로 시도했기에 가능했다. 노동조합 등에서 전국 단위로 이뤄지는 노동운동의 홍보물 디자인에서도, 고전적인 '중년 남성 공장 노동자'를 표현하는 것뿐만 아니라 다양한 연령, 성별, 직군의 노동자를 같이 표현하여 모든 노동자, 모든 일하는 사람들을 포괄하려는 시도가 계속되고 있다.

이런 디자인 작업은 그간 존재했으나 숨어 있던 사람들을 시각적으로 드러내어, 작은 단위에서부터 더 많은 사람을 포괄하는 사회를 시범적으로 보여 주려는 디자이너들의 꾸준한 실천 결과물이다. 물론, 이런 작업을 하는 디자이너들은 '자잘한 내용을 가지고 트집 잡으며 붙잡고 앉아 있다'는 비난까지 감당해야 한다.

1.3. 스튜디오 하프-보틀이 만드는 그래픽 디자인

나는 사람들에게 시각적 감각을 전달하여 사회를 변화시키는 게 가능하다고 믿는다. 스튜디오 하프-보틀은 그런 역할을 하는 그래픽 디자인 작업을 하는 곳이다. 이런 생각은 스튜디오 하프-보틀의 소개문 첫머리에도 나와 있다. "사람들은 같은 세상을 살아가지만 '물이 겨우 반병 / 반병이나 남았다'며 서로 엇갈린 입장을 가집니다. 우리는 이들이 서로 연대하고 경쟁해서 더 좋은 세상을 만들기를 바랍니다." 스튜디오 하프-보틀이 지금까지 남긴 작업물을 돌아보면서 그 역할을 소개하고자 한다.

1.3.1. 사회운동을 특별하게 드러내는 창구

2019년, 스튜디오 하프-보틀을 처음 시작했을 때의 주요 클라이언트는 사회운동 단체들이었다.

지금 와서 2010년대를 돌아보면, 이 시기는 한국 사회운동의 새로운 전기가 될 수 있었다. 이 시기에는 청년 담론, 페미니즘,

수도권-비수도권의 격차를 다루는 지역 담론, 기후위기에 대한 경각심 등 사회운동의 새로운 사상적 기반이 될 담론들이 활발히 논의되었다. 또 대학교 학생운동과 사회운동의 활동가로서 처음 입문한 이들은 다양한 방면에서 새로운 운동 방식을 시도했다. 관심 있는 시민들을 규합할 새로운 방식의 행사를 고민하는 활동가들, 활동 홍보 방식을 새롭게 개발하려는 활동가들이 많았다. 사회운동활동가로 역량을 쌓기 위해 자발적으로 홍보물 디자인 툴(어도비의 디자인 프로그램, 카드뉴스 제작 툴 등등)을 배우는 사람도 많았다. 이에 대한 자세한 이야기는 곧, 2장에서 나의 진보정당정치 경험을 이야기할 때 더 자세히 말할 수 있을 것이다.

이처럼 새로운 사회운동을 만드는 활동가가 많아지면 그래픽 디자이너들에게도 새로운 기회가 생긴다. 새로운 사상 담론, 새로운 활동 방식을 잘 반영하는 색다른 그래픽 디자인 작업물을 시도할 기회가 되기 때문이다. 안목 있는(!) 활동가들은 자신의 활동이 큰 파급력을 발휘하려면 좋은 그래픽 디자인과 함께해야 한다며 디자이너들에게 프로젝트를 의뢰하기도 했다. 앞서 소개한 오늘의풍경과 민달팽이유니온의 새로운 주택임대차계약서 제작 협업도 그런 예시라고 하겠다. 나는 정당활동을 오래 하면서 이런 고민을 하는 '잠재적 클라이언트'(사회운동활동가)들과 지속적으로 교류할 기회가 있었고, 또 『전국투표전도 2018』를 만들었다는 경력을 가지고 '사회운동 분야의 배경을 어느 정도 이해하고 있다'는 어필을 할 수 있었다. 덕분에 스튜디오 하프-보틀은 작업 활동 초기부터 이런 활동가들을 고객으로 맞이하는 행운을 얻었다.

'젠더정치'라는 개념 드러내기

그중에서도 제일 오랫동안 꾸준히 협업했던 단체는 '젠더정치연구소 여.세.연'(이하 '여.세.연')이다. 1999년 여성의 정치적 대표성 확대를 위한 성별할당제 도입 운동 단체 '여성정치세력민주연대'로 시작한 '여.세.연'은 시간이 흐르며 정치 제도 전반의 성평등 실현, 여성의 정치 참여 확대, 여성 정치인 성장 촉진 등의 내용으로 활동 범위를 확장했다. 2014년부터 연구소 체제로 전환한 '여.세.연'은 젠더정치 관련 활동, 연구, 교육 프로그램을 여럿 진행했는데, 스튜디오 하프-보틀은 2019년부터 '여.세.연' 프로그램의 홍보물, 연구 결과 자료집 등의 디자인을 의뢰받았다.

'여.세.연'의 다양한 활동을 포괄하는 개념은 '드러내기'다. 정치 분야 곳곳에서 활약하지만 여전히 충분히 대변되지 못하고 드러나지 못하는 여성 정치인과 여성 유권자. '여의도 정치' 바깥 사회에서는 주목받는 주제이지만 유독 제도권 정치에서 충분히 논의되지 못하는 페미니즘 담론과 성평등 정책. '여.세.연'은 이들을 연구하고 드러내는 공론장의 역할을 한다. 따라서 '여.세.연'과의 프로젝트 작업물에서는 늘 '드러내기' 활동을 시각적으로 '드러내기' 위한 고민이 이어졌다.

이 고민은 당시 클라이언트로서 실무를 같이했던 '여.세.연' 사무국원들도 공유하던 것이었고, 마음이 잘 맞아서 깊은 이야기를 나누며 사무국원들과 인간적으로 가까워지기도 했다. 그중 한 명과는 지금까지도 서로 사랑하고 같이 생활하며 동고동락하는 사이가 될 정도로(?!) 말이다.✌

'여.세.연'과의 첫 번째 작업물인 〈페미정치유람단〉(2019)은 젠더정치 담론을 기반으로 정치활동을 하는 (서로 다른 당적의) 여성 정치인 4명을 2020년 국회의원 총선거를 앞둔 잠재 국회의원 후보로서 초대하여 이야기를 나누는 연속 토크 콘서트였다. 정치인을 잠재 후보로서 초대하는 것이니 이들을 드러낼 때 후보로서, 정치인으로서 보여 주는 것이 무척 중요했다.

그리하여 완성된 홍보물 디자인은 선거철에 보이는 후보 선거벽보와 종이신문 레이아웃의 속성을 모두 담은 특색 있는 모습이 되었다. 포스터의 중심에는 후보자의 프로필 사진을 크게 배치하고, 행사 일정 정보와 연사를 소개하는 긴 텍스트 그리고 (마치 행사 로고처럼 쓰일) "페미-정치-유람단"이라는 글자를 후보 얼굴 주변에 균형 있게 배치했다.

하지만 선거벽보의 느낌을 그저 똑같이 가져와서는 안 되었다. 자칫 잘못하면 행사에 대해 식상하고 딱딱한 인상을 남길 수 있기에, 변주가 필요했다. 정보 텍스트가 들어갈 사각형(얇은 테두리) 레이아웃을 쓰되 규칙적이면서 동시에 자유분방하게 배치했다. 그리고 돋움 형태면서도 손글씨의 느낌이 있는 '펜바탕' 타입페이스(양희재, 장수영 제작)를 본문으로 사용해서 딱딱함을 더욱 줄였다. 서로 다른 정치인임을 드러내면서 동시에 '페미정치유람단' 행사라는 일관성을 드러내야 한다는 과제도 있었다. 글자와 사진은 흑백을 사용하되 사진의 배경을 각 정당 색상으로 단색 처리하여 일관된 톤과 강렬하게 다른 색상을 동시에 취할 수 있었다.

〈슬기로운 정치생활〉(2020)과 〈돌봄 민주주의×페미니즘 기획단 모집〉(2021) 홍보물은 '여.세.연'이 드러낼 대상을 '숨겨진 도형'으로 상징하여 표현했다. '슬기로운 정치생활'은 여성 청년 정치인, 여성 청년 당직자, 페미니스트 (정치부) 기자를 각각 초청하여 활동하며 겪는 어려움과 생각을 듣는 공개 집담회였다. 하나의 군집으로 도매금 취급되기 십상이지만 한 명씩 뜯어서 살펴보면 각자의 장점과 개성이 넘치는 사람들이다. 이 느낌이 마치 다이어리나 노트북 표면을 꾸미는 데 쓰이는, 다닥다닥 붙여지는 스티커들 같다는 생각이 들었고, 각 스티커(초청 연사)들을 서로 다른 모양, 하지만 하나의 색상으로 이루어진 도형으로 표현하여 숨겨진 그들을 드러내는 표현을 했다.

'돌봄 민주주의×페미니즘'의 기획단을 모집하는 홍보물을 의뢰받을 때에는, '여.세.연'으로부터 전달받은 기획단 활동 내용 문장이 가장 인상 깊었다. "여성의 책임으로만 구성되어 있는 돌봄을 민주주의와 페미니즘의 관점에서 논의해 보고자 합니다. 특히 돌봄 논의에서 비가시화된 청년의 삶을 중심으로 돌봄의 민주적·페미니즘적 재구성을 시도해 보고자 합니다." 이 문장 자체를 잘 드러내고, 또 이 문장을 구성하는 제목의 3개 단어(돌봄, 민주주의, 페미니즘)을 잘 드러내는 것이 필요했다. 단지 단어의 글씨를 크게/굵게 보여 주는 것으로는 그 염원을 드러내기에 턱없이 부족했다. '여.세.연'이 드러내려는 그 단어를 강렬한 색상으로 그린 동그라미, 세모, 마름모의 기호로 치환해서 '단어를 숨기는 듯 대놓고 드러내는' 시도를 했고, '여.세.연' 담당자들이 모두 크게 만족하였다.

과학적인 생태 연구를 멋있게 보여 주기

정부 기관이나 기업의 연구비 지원을 통한 연구활동만 익숙한 한국의 환경에서, "과학 연구를 위한 펀드레이징 파티의 홍보물과 굿즈를 디자인해 달라"는 요청은 아주 생소했다. 하지만 이 작업을 의뢰한 ESC(변화를 꿈꾸는 과학기술인 네트워크)는 과학기술인의 사회 참여적 활동과 과학문화의 대중화를 중요하게 여기는 곳이고, 이들이 펀드레이징 대상으로 선정한 연구단체 MARC(해양동물생태보전연구소)는 수년째 직접 배를 타고 나가서 해양동물 행동과 생태를 독립적으로 연구하는 곳이었다(이들의 연구는 훗날 제주도 해양생태보전운동의 대중화에 크게 기여한다). 그러니까 '팬시'하게 돈을 벌어 보려고 과학 연구를 허울처럼 앞세우는 그런 건 아니었다. 스튜디오 하프-보틀은 ESC의 의뢰에 응해서, 2019년 9월에 열린 펀드레이징 파티 '돌고래, 울림'의 홍보 포스터와 굿즈 디자인 작업을 맡았다.

이 프로젝트의 목표는 복잡했다. 주요 연구 대상인 제주남방큰돌고래의 행동·생태 연구에 관련된 내용임을 보여 줄 것. 돌고래를 인간의 관점에서 대상화하여(예를 들어 무작정 귀엽게) 표현하지 말 것. 그러나 포스터 전체 모습은 파티답게 멋있고 '힙'해 보일 것. 그렇다면 방법은 딱 한 가지뿐이다. 돌고래의 행동 패턴과 형체를 추상화하여 아주 '뭉쳐 브리게' 표현하는 것.

그것이 나에게는 새로운 도전이었다. 돌고래의 행동 패턴과 형체를 추상화하려면 꼬리, 지느러미, 몸에 난 상처 등을 표현할 곡선을 아주 정교하게 계산해서 그려야 했다. 꼬리 흔드는 각도나 지느러미의 날카로움 정도가 조금만 달라져도, 돌고래가 아니라 참치나 상어처럼 보이기 마련이다. 이전까지 나는 손으로 그리는 그림 작업을 디자인에 넣을 엄두를 내지 못했는데(다시 강조한다. 손으로 그림 그리는 실기를 거의 경험하지 못했다), 이 작업은 곡선을 마우스가 아닌 손으로 정교하게 직접 그려야만 했다. 큰마음을 먹고 태블릿 입력기기를 구매했다. 그다음부터는 섬세한 작업의 연속이었다. 돌고래의 모습을 모두가 알아볼 수 있도록, 어떤 각도에서 어떤 포즈로 담을까? 그걸 어떤 형태로 그려야 할까? 이런 것들을 고르고 그려 내기 시작했다. MARC 연구원들의 피드백을 받아서, 제주남방큰돌고래의 특징에 맞게 입을 더 튀어나오게 그리거나, 꼬리를 짧게 그리는 등 세세한 차이도 신경 썼다.

돌고래의 행동 방식을 구현하는 가장 좋은 방법은, 돌고래의 몸체와 움직임을 오로지 선으로 간명하게 표현하는 것이다. 선에서 느껴지는 힘찬 꼬리 흔들기와 날아오르는 듯한 몸짓, 돌고래에게서 나오는 음파와 지느러미의 상처. 이런 것들은 비록 돌고래를 귀엽게 표현하지는 않았으나, 돌고래의 모습과 행동 그 자체에서 드러나는 아름다움, 신비로움과 호기심을 자아낼 수 있었다. 이는 돌고래의 있는 그대로의 모습과 행동을 궁금해하는 과학자들의 마음을 대변하는, 과학 연구 펀드레이징 파티에 가장 적합한 모습이라 하겠다.

사회운동의 새로운 특징 찾아내기

사회운동과 관련한 디자인 작업을 하기 위해서는 클라이언트인 단체가 지금까지 쌓아 온 활동과 그 맥락을 파악해야 하고, 그러기 위해서는 작업 기간이 길어야 좋다. 하지만 앞의 두 사례와 다르게, 모든 클라이언트와의 디자인 작업이 수개월의 장기적인 협업으로 이뤄질 수는 없다. 그럴 때 디자이너가 인상적인 그래픽 디자인을 만들려면, 부족한 시간 안에서 클라이언트와 오래 대화하는 대신, 클라이언트가 요청한 내용을 낯선 시선으로 바라보면서 새롭게 정의하는 것이 좋다. 그러면 지금까지 클라이언트에게 익숙했던 문법과 다른 이미지를 만들 수 있다. 그런 사례를 간단히 몇 가지 살펴보자.

광주청년유니온과 광주 비정규직 지원센터가 방송작가유니온 활동가를 모시고 진행하는 강연 〈방송작가로 살아남기: 우리는 노동자일까?〉(2019)에는 평범하게 떠올리는 노동자 또는 '노동하는 모습'을 사용하기 어렵다. 사람들이 평소에 떠올리기 어려운 방송작가라는 직업, 그리고 방송작가의 혼란스러운 정체성(회사에 고용된 노동자는 아닌데 회사와 동등한 입장에서 계약하는 사업자라고 할 수도 없는 상황)을 대변하기 어렵기 때문이다. 사람들에게 익숙한 것은 TV, 라디오라는 방송 매체이고 거기에서 나오는 화면과 목소리 뒤에 다른 노동자가 있으리라고 생각하기는 어렵다.

그래서 이 강연의 포스터는 그 차단된 벽의 이미지를 극단적으로 사용하기로 했다. 옛날 TV의 브라운관 화면(화면 뒤쪽이 뚱뚱하게 튀어나온 모니터)을 아주 가까이 다가가서 보면, 빨강/녹색/파랑의 작은 세로선이 하나로 묶여서 하나의 화소를 이루는 문양을 확인할 수 있다. 어린이 시절 집에 브라운관 TV를 가까이 다가가서 본 적 있는 사람이라면 누구나 익숙할 것이다. 이 화면 앞의 사람들(감상자)과 화면 뒤의 노동자(방송작가) 사이의 거대한 벽, 그 벽에 그려진 화소들의 규칙적이면서 익숙지 않은 모습. 이것이 방송작가들의 심경을 대표하는 이미지일 것이다.

서울 마포구 노동자종합지원센터는 2020년부터 마포구 내 아파트 경비노동자의 권리 찾기 모임을 진행했다. 당시에는 아파트 경비관리업체의 불합리한 노동계약, 입주민의 가혹한 처사를 견디지 못하고 스스로 목숨을 끊는 경비노동자가 속출하여 이에 대한 대책이 필요했다. 센터는 이 권리 찾기 모임으로 최대한 많은 관내 경비노동자를 초청하여 교류를 만들고, 장기적으로 경비노동자 노동조합 조직의 기반을 만들기를 원했다.

그렇다면 이 모임을 홍보할 때, 사람들이 죽어 나가는 마당에 '노동자끼리 모여서 힘내자!'며 마냥 밝게 표현할 수도 없고, 그렇다고 경비노동자들의 바닥난 자존감을 대변하겠다며 마냥 어둡게 표현해서도 안 되었다. 경비노동자가 모임 홍보 포스터를 보았을 때, (1) 자신의 축 처진 심정을 그대로 담아내서 공감의 마음을 끌어내는 동시에 (2) 이대로 죽을 수 없다는 내재된 결기를 북돋아야 한다.

그리하여 그 결과물은 이렇게 나왔다. 경비노동자를 추상화된 도형으로 표현한다. 감정이 너무 직접적으로 드러나는 표정은 아예 제거한다. 약간 구부정한 포즈와 검은색 배경(그림지)에서 축

처진 심정을 표현한다. 대신 원색에 가까운 노란색과 파란색과 흰색의 경쾌함을 더하고, 구부정한 등에도 뭔가 꼿꼿이 튕겨 올라올 것 같은 척추 선을 넣고, 암울하지만 결기 있는 문장("죽지 말고 모입시다!")으로 표정을 대신한다. 이 이미지가 노동자들의 마음을 움직이는 데 도움이 되었는지, 2020년 6월의 권리 찾기 모임에는 30명이나 되는 마포구 아파트 경비노동자가 모였다.

1.3.2. 사회를 인식하는 새로운 방법 제안

주어진 정보를 시각적으로 의미 있게 보여 주기 위해 그래픽 요소를 추가하고 편집하고 재배열하는 작업을 인포그래픽 디자인infographic design이라고 한다. 그리고 주어진 글·그림의 내용을 시각적으로 의미 있게(또는 보기 편하게) 보여 주기 위해 편집하고 재배열하는 작업을 편집 디자인editorial design이라고 한다. 똑같은 내용의 기사를 쓰더라도 편집부의 배열 작업에 따라 그 의미와 맥락이 완전히 달라질 수 있듯, 똑같은 정보와 글·그림이 주어지더라도 인포그래픽/편집 디자인에 따라 독자가 그 내용을 다르게 받아들일 수 있다.

이런 점에서 인포그래픽 디자인과 편집 디자인은 모두 '디자이너가 독자에게 사회를 인식하는 방법을 새롭게 제안하는' 그래픽 디자인 작업이라고 할 수 있다. 어찌 보면 스튜디오 하프-보틀의 이름에 가장 걸맞은, 그래서 스튜디오 하프-보틀이 즐기는 종류의 작업이기도 하다. "물이 반이나 남았다 / 반밖에 남지 않았다”라는 두 가지 인식 중 어느 쪽을 독자에게 제안할 것인지 선택하여 보여 주는 그래픽 디자인 말이다.

역사적 사건을 의미 있게 재배열하기

스튜디오 하프-보틀을 만들기 이전에 발표한 작품이지만, 디자이너 조현익의 작품으로서 발표한 웹페이지 「여성혐오 타임라인」(2017)✌은 인포그래픽 디자인의 사례로 소개할 만하다. 이 작업은 20대 독립 웹진 매체를 표방한(동아리와 스타트업의 중간 정도의 조직 형태로 운영되었다) 『20's Timeline』에서 활동하던 시절에 제작한 작업이다. 당시에는 2016년 강남역 공중화장실 살인사건✌✌ 등의 사건을 계기로 '여성혐오'에 대한 담론 논쟁, 젠더 차이에

✌ http://20timeline.com/oversmart/misogyny-timeline

✌✌ 2016년 5월 서울 서초구의 강남역 사거리 인근의 한 공중화장실에서 한 명의 여성이 살해된 사건. 현장 CCTV 촬영 내용을 보면 화장실 주변을 서성이던 범인이 화장실 이용자 수 명을 방관하다가 마지막에 입장한 피해자를 살해했는데, 앞선 이용자가 전원 남성이고 첫 번째 여성 이용자가 살해되었음이 밝혀졌다. 이 때문에 이 사건의 성격을 두고 '여성이면 누구든 살해하려는 여성혐오 살인사건'이냐, '성별 무관하게 그저 아무나 살해하려는 이상 동기 살인사건'이냐는 논쟁이 거세게 일어났다. 강남역 10번 출구에서는 여성으로서 피해자에게 공감하거나 사회에 분노하는 대규모 인파가 추모 메모와 집회를 몇 주간 이어갔으며, 이 인파에 불만을 표출하거나 위협하는 인물도 현장에 간간이 등장했다.

따른 위계와 폭력을 고발하는 일이 폭발적으로 일어났다. 하지만 이에 대한 반동으로 논쟁과 고발에 나선 이들을 집요하게 괴롭히는 사례도 많았고, 많은 사람이 (악의적인 괴롭힘을 하지는 않더라도) 논쟁과 고발을 단지 유별나거나 불평이 많은 사람들의 치기 어린 행동쯤으로 넘겨짚기 일쑤였다. 「여성혐오 타임라인」은 그런 사람

여성혐오 타임라인 - 20's Timeline ×

Hyunik

localhost/misogyny_timeline/misogyny_timeline.html

TWENTIES  TIMELINE

여성혐오 타임라인

기획, 집필, 디자인, 개발: 조현익
집필검수: 허자인
개발검수: 김어진

오른쪽으로 이동하려면 →
마우스휠을 돌리세요.

권력/전쟁범죄	노동문제
일본 제국	각종 사회운동
강간/강제추행	언론매체
범죄	인터넷/소셜미디어
수사/판결	발언
법령	예술/대중문화
정치	연인, 가족관계
정당	태아, 임신중절

해시태그를 클릭하면 해당 내용의 단락이 하이라이트되고 화살표가 나타납니다. 아래 화살표를 통해 같은 해시태그의 이전/이후 사건으로 이동할 수 있습니다. 해시태그를 한 번 더 클릭하면 하이라이트와 화살표가 해제됩니다.

About hashtag

2002.

권력/전쟁범죄 · 강간/강제추행 · 범죄 · 수사/판결 · 법령 · 정치 · 정당

법령 · 정치 · 정당

비례대표 국회의원 후보의 절반을 여성으로 공천할 것을 의무화

한국 국회, 정당이 비례대표 국회의원 후보 중 50%를, 시·도의회 비례대표의원 후보 중 30%를 반드시 여성으로 추천하도록 하는 내용(제31조)이 포함된 <정당법> 일부법률개정안을 가결. (출석의원 190인, 이의 없음으로 만장일치 가결)
출처 1 출처 2

2002. 2. 28

권력/전쟁범죄 · 강간/강제추행

한국 육군 <후방전사>의 최초 발굴

김귀옥 경남대 북한전문대학원 객원교수(현 한성대학교 사회학과 교수), 강정숙 한국정신대연구소 연구위원에 의해 1956년 육군본부가 편찬한 <후방전사> 발굴. 한국군의 특수위안대 설치 및 운영 내용을 연구하고, 논문("한국전쟁과 여성 : 군위안부와 군위안소를 중심으로", 김귀옥, 2002) 및 언론기고를 통해 발표.
출처 1 출처 2 출처 3

2002. 2. 23

예술/대중문화 · 언론매체

<강안남자

소설가 이원호, 일…>를 <문화일보>에…트레이터 난나가…구체적인 성행위…이 소위 '성적으로…한다는 내용을 담…

2002. 1. 2

들에게 던지는 일종의 반박 자료 모음집으로 구상된 기사였다.

3명의 『20's Timeline』 에디터들(김어진, 조현익, 허자인)이 팀을 이루어 처음 구상했던 것은 비교적 단순한 구성이었다. 한국에서 있었던 주요 젠더 폭력 사례, 여성혐오가 반영된 사건 몇 가지를 모아서 짤막하게 소개하는 기사글을 구상했다. 에디터들은 한국 현대사에 기록된 (여성이기에 피해를 입었던) 잔혹 범죄, 여성을 억압하고 존재를 지워 버리는 사회 제도, 여성의 요구를 비하하는 어록 등을 조사해서 모으기로 했다. 이 자료들을 모아서 독자들에게 이렇게 말하며 납득시키려고 했다. "이 기사에서 모아 본 것처럼 지금까지 한국 사회가 계속해서 여성을 폄하하거나 여성이 위축되도록 위협했기 때문에, 그간 소리 없이 쌓였던 여성들의 분노가 지금 폭발하고 있다."

그런데 이 기사 기획은 금세 난관에 봉착했다. 조사 대상에 해당하는 사건들을 너무너무 많이 발견한 것이다. 한국사의 여러 장면 속에서 여성혐오는 전혀 예상하지 못한 순간에 뜬금없이 등장했다. 예를 들어 보자. 테러 단체 ISIL에 자진 입단한다며 행방불명되었던 한국인 청소년의 소셜 미디어에는 요즘 세상에 남성이 차별받고 있다는 뜻을 알기 어려운 절규가 적혀 있었다. 식민지 조선 학생들의 전국적 항일 봉기를 촉발한 1929년 광주학생항일운동은, 통학 열차 안에서 일본인 학생들이 여성 조선인 학생들을 성희롱한 사건에 대한 분노로부터 시작되었다. 숙종과 사대부들은 자신의 권력 투쟁을 위해 희빈 장씨와 인현왕후의 행동 하나하나에 트집을 잡고 혼인 생활을 파탄 냈다. 역사서에는 조정의 결정에 따라 '과부'의 재혼이 허용되었다가 금지되는 과정이 하나하나 적혀 있다. 조사하던 에디터들이 모두 머리를 싸맸다. 아니, 이 수많은 사건 중에서 무엇을 빼고 넣어야 하나? 이 다양한 사건들을 어떻게 하나의 기사에 묶어서 다루지?

이 고민을 거쳐 탄생한 결과물이 웹페이지로 만들어진 「여성혐오 타임라인」이다. 이 웹페이지에 2016년 12월부터 서기 400년까지의 기간에 한국에서 발생한 총 430여 건의 사건들을 아카이빙 했다. 이 숫자는 하나의 큰 사건에 연결된 부수적인 사건들을 모두 집계한 것이다. 예를 들어 광주학생항일운동과 연관된 사건은 광주에서의 성희롱 사건부터 '제2차 경성 학생 만세운동'까지 총 6건의 사건을 담았다.

「여성혐오 타임라인」 웹페이지는 3명의 에디터들이 처음 생각했던 기사의 주제의식(지금까지 한국 사회는 계속해서 여성을 폄하하거나 여성이 위축되도록 위협했다)이 독자에게 잘 전달되도록 430여 건의 사건들을 재배열하는 방법을 고민하며 만들어졌다. 이를 위해서는 그래픽 디자인의 도움이 필요했다. 각 사건을 배열하는 편집 디자인, 화면에서 웹페이지를 조종하는 인터페이스를 통해 독자들이 집중력을 잃지 않고 편집자의 의도에 따라 사건을 읽어 나갈 수 있도록 했다.

먼저 사건의 배열 순서를 조정했다. 웹페이지에는 두 가지 특징을 두었다. 첫째, 사건의 배열을 시간 역순으로 해서 2016년 12월의 사건을 맨 처음에, 서기 400년의 사건을 마지막에 읽도록 했다. 현재 독자들이 한 번쯤 들어 봤을 사건들부터 확인하며 고개를 끄덕인 후, 뒤로 갈수록 더욱 야만적이었던(하지만 현대인들이 잘 몰랐던) 과거의 사건들을 알게 되고 아주 먼 옛날부터 비롯된 여성혐오의 뿌리 깊은 존재를 확인할 수 있게 한다. 둘째, 일반적인 웹페이지처럼 위에서 아래로 스크롤 하며 읽는 방식이 아니라, 마우스 스크롤을 돌리면 화면이 왼쪽에서 오른쪽으로 넘어가면서 읽도록 했다. 이것은 독자가 평소의 습관대로 스크롤을 빠르게 내리면서 읽는 것을 방지하는 장치이다. 430여 건의 사건을 익숙하게 속독하지 않고 가급적 하나씩 천천히 읽도록 유도한다. 또한 각 사건이 좌우로 길게 이어지는 것을 계속 의식하게 되므로 시간 역순으로 배열된 사건들의 연속성을 놓치지 않게 된다.

사건의 양이 워낙 많기 때문에 사건을 단순히 나열하기만 하면 독자는 금방 지루하게 느낀다. 따라서 독자가 중간중간에 새로운 시각적 자극을 느끼도록 해야 한다. 「여성혐오 타임라인」에서는 서로 다른 사건의 '구분점' 역할을 할 그래픽 요소를 다채롭게 활용했다. 마치 버스 노선표의 정류장 표시처럼, 사건마다 큰 동그라미를 그리고 제목과 날짜를 굵은 글씨로 크게 써서 그 자체가 '또 하나의 사건이 시작된다'는 시각적 신호기 되도록 했다. 또한 전체 타임라인에 11개의 시대 구분을 두었다. 2016년 12월, 2016년 9월, …… 2015년, 2012년, 2002년, …… 1910년, 1300년, 400년을 기준으로 시대를 구분하고 기준점을 지날 때마다 '당신은 지금 2012년을 지나고 있다'는 식의 표시를 크게 적어 두었다. 독자들은 이런 표시들을 보면서 웹페이지 안에서 사건들이 연이어 흐른다는 것, 시간이 흐른다는 사실을 계속 자각한다.

마지막으로 필요한 것은 각 사건을 특징에 따라 묶어서 분류하는 것이다. 「여성혐오 타임라인」에는 16가지의 '해시태그' 분류가 마련되었다. 이 분류는 '권력/전쟁범죄', '정치', '노동문제', '인터넷/소셜 미디어', '연인, 가족관계' 등 각 사건이 일어나는 분야와 사건에 영향을 끼치는 요소를 보여 준다. 해시태그는 독자들이 430여 건의 사건을 쭉 읽어 가는 와중에 이 사건이 타임라인에 포함된 이유, 이 사건에서 특히 주목할 내용이 무엇인지 제시하는 역할을 맡는다.

 # 〈전국투표전도〉가 시각적으로 정치 평론하는 법

스튜디오 하프-보틀을 만드는 계기가 되었던 책 『전국투표전도 2018』은 지금도 〈전국투표전도 20XX〉(이하 〈전국투표전도〉)라는 단행본 시리즈로 그 명맥이 이어지고 있다. 주요 공직선거가 열리는 해(2020, 2021, 2024)마다 꾸준히 발행되었고, 스튜디오 하프-보틀을 대표하는 시리즈가 되었다. 〈전국투표전도〉 시리즈가 관통하는 주제는 "표심을 고민하는 유권자를 위한 투표 가이드북이 되자(가이드를 제공한다)"는 것이다.

그래픽 디자인 면에서 〈전국투표전도〉는 굉장히 섬세하게 접근해야 하는 도전과제다. 〈전국투표전도〉 책의 내용은 투표하기 위해 주목할 선거일 직전의 사회문제와 정세 분석을 다룬다. 그러니까 우리가 서점에서 흔히 접하는 정치평론 및 사회비평 책의 내용과 본질적으로 다르지 않다. 다만 공직선거철을 앞두고 엄청나게 쏟아지는 후보 홍보용 책자(설득력 있게 홍보하는 책이어야 그나마 소장 가치가 있다)라든가, 정치 국면 예측 책자(보통 글쓴이의 희망 사항을 팍팍 담아서 예측하는데, 그런 예측은 보통 틀린다)들과 경쟁해야 한다는 것이 문제다. 〈전국투표전도〉는 유권자들이 선거를 앞두고 새로운 사실을 알거나 더 깊이 고민하도록 쓰인 책인데, '정치' 분야 코너에 같이 놓일 책들은 하나같이 표심을 이미 확고하게 정한 사람들의 마음만 현혹하게끔 쓰일 것이다. 이 혼탁한 틈바구니에서 〈전국투표전도〉가 고민하는 유권자들, 잠재적 독자들에게 가닿으려면 어떻게 해야 할까? 〈전국투표전도〉 시리즈가 정치와 선거를 바라보는 새로운 관점을, 그래픽 디자인을 통해 바로바로 전달할 수 있어야 한다. 그래야 〈전국투표전도〉를 집어 들고 훑어보는 독자가 책의 글자를 읽기도 전에 이 책의 속성을 알 수 있을 테다.

〈전국투표전도〉의 시각적인 첫 번째 특징은 개표 및 당선 결과를 시각화하여 보여 주는 인포그래픽 디자인이다. 우리는 보통 선거 당일 개표방송이나 그다음 날 언론 보도에 실리는 인포그래픽을 통해서 누가 당선되었다, 누가 낙선되었다, 어느 지역에서 누가 앞섰다, 몇 %를 득표했다는 식의 정보를 얻는다. 마치 스포츠 경기 중계하듯 개표 현황을 보여 주려면 어쩔 수 없이 인포그래픽을 많은 고민 없이 빠르게 만들어야 한다. 실측 지도 위에 1위 후보(의 정당) 색상을 표시한다든가, 득표율 차이를 단순하게 막대그래프 또는 원그래프로 그린다든가.

〈전국투표전도〉는 그렇지 않다. 독자들에게 몇십 년간 쌓인 과거의 선거 결과를 한꺼번에 보여 주고 그 안에서 추세와 의미를 찾도록 해야 한다. 똑같은 선거 결과를 재료로 써서 그런 의미를 만들 수 있는 인포그래픽 디자인 방법을 찾아야 한다. 이 책 앞부분에서 언급했던 나의 대학 졸업 전시 작품이 바로 이 인포그래픽 디자인 방법을 제안하는 내용이었다. 2015년 미술대학 졸업 전시에는 2012년 국회의원 총선거 결과를 재료로 만든 인포그래픽 지도 포스터를 출품했고, 컴퓨터공학 졸업 논문은 이 지도를 자동으로 만드는 프로그램 알고리즘을 제안하는 내용이었다.

〈전국투표전도〉의 인포그래픽 디자인은 6각형을 기본 요소로 사용했다. 실측 지도에서 하나의 구역으로 그려질 선거구를 하나의 6각형으로 치환하는 것이다. 지도의 쓰임에 따라서 6각형의 면적은 (1) 모두 똑같게 하거나 (2) 선거구에서 선출하는 당선인 숫자✌에 비례하거나 (3) 선거구에 속한 인구수에 비례하도록 한다. 당선인의 숫자가 중요한 지도에서는 (1)번이나 (2)번으로, 개표 결과를 알려 줄 때처럼 인구수가 중요한 경우에는 (3)번의 형태를 따른다. 실측 지도에서는 인구가 적더라도 면적이 넓은 농어촌 지역의 결과(색칠)가 과도하게 커 보여서 실제 선거 결과를 왜곡해서 느끼게 한다. 이를 6각형으로 조정하고 당선인 수 또는 인구수에 맞춰 면적을 조정하면, 민주주의 작동 원리(유권자 1명의 표의 가치, 당선된 의회 의원 1명의 의결권의 가치)에 좀 더 부합하는 '실효성 있는' 선거 결과 인포그래픽 디자인이 된다.

✌ 한국의 공직선거는 보통 한 선거구에서 최다 득표자 1인만 당선되는 방식이지만, 꼭 그렇지는 않다. 자치구·시·군의회 지역구의원 선거에서는 몇 개의 읍·면·동을 묶어서 하나의 선거구를 만드는데, 인구수에 비례해서 하나의 선거구마다 당선인 정원을 2~4인으로 정해 놓는다. 예를 들어 '3인 당선 선거구'에서는 최다 득표 1, 2, 3위인 후보가 함께 당선되고 의회에서 똑같은 1표의 의결권을 행사한다.

이처럼 지도 위 도형의 면적을 기준 데이터 값에 맞게 조정하여 실제 지형과 다르게 왜곡시킨 지도를 카르토그램cartogram이라고 부른다. 6각형 카르토그램 자체가 새로운 개념은 아니지만(다른 나라의 선거 인포그래픽에서는 과거에도 종종 발견된다), 한국의 행정구역 지형에 맞게 섬세하게 조정해서 만든 지도는 졸업 전시 당시에는 없었다. 공교롭게도 바로 1년 뒤의 2016년 국회의원 총선거 때부터 몇몇 언론사에서 모든 지역구 크기를 똑같이 맞춘 6각형 카르토그램을 쓰는 사례가 나타났다(아깝다, 내가 5년만 일찍 태어났더라면!).

6각형 카르토그램에서 선거구 색상을 당선인 소속 정당에 따라 색칠하는 것은 비교적 간단한 작업이다. 그런데 이왕 6각형 카르토그램을 쓰기로 했다면 좀 더 나아가서, 선거구별 득표수를 표기하는 것도 6각형 안에서 함께 표시할 수 있으면 좋겠다. 그래서 〈전국투표전도〉는 기표용구 모양(한자 점 복卜 자 모양, 이하 '卜')을 따서 후보별 득표수를 표시하는 인포그래픽 디자인 방법을 새롭게 고안했다. 선거구별 인구수에 비례하게 6각형을 표시하고, 그 6각형 안에 인구수에 비례한 숫자만큼 卜을 그린다. 이렇게 되면 전체 지도에서 하나의 卜이 특정한 인구수(예를 들어 卜 1개 = 인구 3,000명)를 나타내게 된다. 그리하여 특정 정당의 득표수만큼 卜을 색칠하여 선거구별 득표수를 표시할 수 있다.

한 선거구의 득표율을 표기하려면 원그래프나 막대그래프가 훨씬 편리할 테다. 그럼에도 불구하고 굳이 卜을 이용해서 득표율을, 아니 엄밀히 말해서 득표율이 아닌 득표'수'를 표현하려는 것에는 두 가지 이유가 있다.

첫째는 각 지역의 인구수를 분명하게 보여 주기 위함이다. 인구가 9,000명대(ㅏ 3개)인 경상북도 울릉군과 1,200,000명(ㅏ 400개)에 육박하는 경기도 수원시는 법적으로 똑같이 '도' 단위 아래에 속한 시·군으로서 동등한 크기로 표기되어야 할 때도 있겠지만, 인구수의 격차와 그에 따른 정치환경의 차이를 드러내야 할 때도 있다. 인구 3,000명(ㅏ 1개)의 지지를 얻어 낸다는 것이 울릉군에서, 수원시에서 어떤 의미인지 보여 주면 각 지역에서 이뤄지는 정치의 형태를 이해하는 데 도움이 될 것이다. 온종일 온 동네를 돌아다니며 사람들을 만나도 3,000명을 만나기 어려운 지역이라든가, 기차역 입구 한 곳에서 터를 잡고 거리 인사를 하기만 해도 한 시간에 3,000명을 마주칠 수 있는 지역이라든가.

둘째는 사람의 존재를 통해 소수 의견의 존재를 드러내는 것에 있다. 예를 들어서 1명이 당선되는 한 선거구에서 12만 명(ㅏ 40개)이 투표해서 득표율이 60%:35%:5%로 갈렸다고 하자. 득표율만 보면 60% 후보의 압승, 35% 후보의 참패, 낙선할 줄 알면서 출마한 바보 같은 5% 후보…… 같은 내용으로 정리될 수 있다. 원그래프나 막대그래프에서도 비율상의 차이만 두드러지기 마련이다. 하지만 선거구의 ㅏ 40개 중에서 24개를 차지한 후보, 14개를 차지한 후보, 2개를 차지한 후보로 바라보면 느낌이 달라진다. ㅏ 24개와 ㅏ 14개와 ㅏ 2개의 인구는 (분명 격차가 많이 나지만) 민주주의 사회에서 정치적으로 영원히 상대방을 압도하거나 상대방에게 억눌리는 집단이 아니라, 서로 존중하며 공존해야 할 사람들임을 감각적으로 생각할 수 있다. 특히 5% 후보를 지지한 인구를 떠올려 보자. 원그래프에서 보면 5% 인구는 '20등분한 피자 조각 중에서 겨우 하나'에 해당하는, 무시해도 될 크기이지만, 40개의 인구 중 2개의 존재는 어딘가 두드러져 보이고 이들이 어떤 생각으로 이런 투표를 했는지 궁금증을 가지게끔 만든다.

〈전국투표전도〉의 시각적인 두 번째 특징은, 이번 선거에서 중요하다고 생각하는 책의 주제 의식을 목차 구성과 편집 디자인을 통해 드러내는 것이다. 선거운동 기간에 선거를 다루는 책을 읽는 독자들은 투표하러 가기 전에 자기에게 당장 급하게 필요한 내용, 요컨대 자기 거주지역(선거구)이나 자기가 관심 있는 분야의 정책에 대한 내용만 속독하고 말 가능성이 높다. 따라서 책 제작자 입장에서 독자에게 책 전체의 주제 의식을 전달하려면 책 내용을 잘 짜는 것만으로는 부족하다. 독자가 책을 처음 집을 때부터 그래픽 디자인을 통해서 주제 의식을 느낄 수 있도록, 주제 의식을 '회피할 수 없도록' 하는 편집 디자인을 짜야 하겠다.

『전국투표전도 2018』은 2018년 전국동시지방선거를 앞두고 나온 책이다. 지방선거는 전국에서 약 4,000명의 지방정부 수장, 지방의회 의원, 시도교육감을 선출하는 선거다. 하지만 2018년 지방선거를 앞두고는 그로부터 몇 달 전에 있었던 평창 동계올림픽, 남북 정상 회담 등의 이야기가 회자되느라 지역 정치의 이야기는 거의 나오지 않았고, '(올림픽과 정상 회담을 잘 치러서 압도적인 지지를 얻던) 집권당 더불어민주당이 얼마나 많이 당선될 것이냐?'라는 것만이 정치 뉴스의 주목을 받고 있었다. 그나마 주목받는 선거 역시 '대통령 선거로 가는 지름길'이라고 평가받는 서울시장 선거뿐이었다. 지방선거에서 각 지역의 이야기가 선거 이슈로 다뤄지지 않고, 또 전국 정치 중에서도 외교 이야기만 가득하고 지방자치와 깊은 연관이 있을 분야(교육, 복지, 교통, 행정 등)에 대한 이야기는 거의 다뤄지지 않는 기현상이 나타난 것이다.

『전국투표전도 2018』의 편집 디자인은 이렇게 사라진 지역(의 정치)을 대놓고 드러내고 독자들이 신경 쓰게끔 하는 역할을 했다. 우선 서울특별시에서 경상남도까지 전국 17개 시·도를 하나씩 개별 절section로 설정하고, 각 절마다 일률적으로 12페이지의 분량을 배정했다. 역대 선거 결과와 이번 선거의 의미를 개괄적으로 설명하는 4페이지, 이번 선거에서 주목할 지역별 정치/사회 이슈를 정리한 3페이지, 선거 결과를 주목할 직책과 선거구를 선정한 5페이지, 도합 12페이지. 각 절마다 일률적인 분량, 일률적인 편집 디자인을 적용하여 이들 지역이 모두 동등함을 보여 준 것이다. 이 엄격한 분량 제한과 디자인 틀에 맞추어 본문의 글 내용을 구성하게 되었다.

여기에 더해서 250여 페이지의 책 전체 분량을 '전국 개괄', '수도권 & 강원도', '충청권', '전라권 & 제주도', '경상권'의 5장으로 다시 묶어서, 1장마다 1권의 책으로 제책製冊했다. 5권의 한 세트를 비닐백에 같이 넣어서 실질적인 한 권의 단행본으로 판매했다. 5권의 표지마다 각 지역을 드러내서 지역별 내용 비중이 동등함을 다시 보여 주는 한편, 내가 사는 지역의 내용만 보려는 독자들이라도 다른 지역의 존재를 반드시 인지하게끔 만드는 효과가 있었다.

이처럼 그래픽 디자인을 이용해서 책의 구성과 내용을 독자들에게 '강제로' 보여 주는 방식은 이후에도 이어지는 〈전국투표전도〉 시리즈의 특색이다. 2020년 국회의원 총선거를 앞두고 발행한 『전국투표전도 2020』에서는 지역이 아닌 전국 단위의 정당 정치와 정책 이야기가 훨씬 중요하므로, 책을 제책하는 구성이 바뀌었다. 총 6권으로 제책하면서 개괄 소개에 1권, 정당 소개에 1권, 사회 각 분야를 다루는 국회 상임위원회❀❀별로 주목할 소속 의원 선거구 소개에 2권, 권역별 정치 구도 소개에 2권을 배정했다. 2021년 서울·부산시장 보궐선거를 앞두고 발행한 『전국투표전도 2021』은 코로나-19 팬데믹, 기후위기에 따른 폭염과 자연재해, 정치권 내 성폭력❀❀❀이 얽힌 시점에서 단순한 시장 선거가 아니라

❀ 한자 뜻 그대로 종이를 모으고 묶어서 한 권의 책冊으로 만드는製 작업. 시중에서는 '제본製本'이라는 표현이 많이 쓰이나, 이는 일본어에서 한 권의 책을 뜻하는 한자어 '본本'을 사용한 일본식 한자어가 그대로 굳어진 것이다. 최근에는 한국어 단어 사용에 맞는 표현인 '제책'이 인쇄 업계와 그래픽 디자인 업계에 정착되고 있다.

❀❀ 국회에는 (2024년 현재) 17개의 상임위원회가 있고, 각 상임위원회가 행정부 부처를 한두 개씩 맡아서 부처 소관 법률안 심사, 예산안 심사, 인사청문회, 행정정책 검토와 토론을 진행한다. 예를 들어 기획재정위원회에서 기획재정부를, 외교통일위원회가 외교부와 통일부를, 환경노동위원회가 환경부와 고용노동부를 맡는다.

❀❀❀ 두 시장 보궐선거는 시장의 성추행 범죄와 관련이 있었다. 오거돈 부산시장이 2020년 4월 시청 직원을 성추행했음을 밝히며 시장직을 사퇴했고, 박원순 서울시장이 2020년 7월 시청 직원 성추행 사실이 공론화되기 직전 스스로 목숨을 끊었다.

전국 단위 정치 이야기가 얽힌 선거였다. 따라서 이때는 이 전국적인 사안을 깊게 다루는 편, 부산·서울시의 시정을 다루는 편으로 2권의 책을 따로 제책하여 하나로 이어 붙이는 방식으로 두 사안의 중요성을 동일하게 놓치지 말라는 구성을 취했다.

1.3.3. 간접 체험과 상호작용을 촉발하기

한 사람의 개인이 일상을 살아가다 보면 다른 영역에서 살아가는 다른 사람의 일상을 경험하기 쉽지 않다. 다른 사람의 생각을 알기도 쉽지 않고, 다른 사람이 하는 노동의 어려움이나 사회에서 겪는 차별과 배제를 경험하기도 쉽지 않다. 사회가 어떻게 바뀌어야 할지 함께 고민하려면 이 문제를 돌파해야 한다. 다른 사람의 삶을 간접적으로나마 체험하고, 다른 사람과 상호작용할 기회를 가져야 한다.

어떻게 간접 체험과 상호작용을 할 수 있을까? 예전에는 다른 사람의 이야기를 들으려면 대면하여 대화하거나 그의 이야기를 담은 책, 영화를 보는 방법이 있었다. 하지만 그래픽 디자인을 이용해서 더 많은 방법을 제시할 수 있다. 백문이 불여일견이라는 말이 있듯, 잘 만들어진 디자인 작업물을 한 번 보는 것이 백 번의 대화와 독서보다 더 효과적일 수 있다.

약자, 소수자와 간접적으로 만날 수 있는 예술 전시

스튜디오 하프-보틀은 미술 전시에 작가로서 참여한 적이 몇 번 있다. 인포그래픽 디자인이나 설치 미술 작업을 통해서 사회 현상을 있는 그대로 보여 주고 관객들이 체험할 수 있도록 하는 작업을 만들었다. 그 사례 2가지를 소개하고자 한다.

서울 을지로 시청 지하상가에 위치한 전시 공간 '스페이스 mm'은 2019년 《제7의 인간》이라는 연속 전시를 진행했다. 이 전시는 존 버거John Berger와 장 모르Jean Mohr의 사진집이자 기록집인

『제7의 인간』[✌]을 바탕으로 했다. 서독과 튀르키예 정부의 협약을 통해 1970년대 튀르키예인들이 서독의 노동자로 이주하고 일하고 귀향하는 과정을 담은 책이다. 《제7의 인간》 전시는 서로 다른 미술 작업을 하는 네 작가(팀)에게 각각 『제7의 인간』을 읽게 하고, 그것을 주제로 각자 작품을 만들어 전시하도록 했다. 스튜디오 하프-보틀도 작가로 섭외되었다.

스튜디오 하프-보틀이 『제7의 인간』에서 가장 인상 깊게 보았던 장면은 서독으로 이주할 튀르키예 노동자들을 선발하는 과정이었다. 튀르키예 정부가 보낼 노동자의 숫자는 정해져 있었고, 튀르키예인 지원자들은 신체검사를 통해 자신의 노동 능력(신체의 건강함)을 증명해야 했다. 그렇게 정해진 숫자에 맞춰 선발된 튀르키예인들만 서독으로 이주하고 취직할 수 있었다. 이 심사의 과정이 마치 한국 사회의 모습과 비슷했다. 2019년 당시 한국에서는 여성, 청소년, 외국인(특히 난민), 장애인이 사회 속에서 문화적으로 차별받는 상황에 대한 고발과 논쟁이 활발했다. '한국에서 외국인은 일자리를 뺏는 존재라며 혐오스럽게 인식된다', '한국에서 청소년으로 살려면 하루 10시간 이상 학원에 다닐 체력이 있어야 한다'는 등의 이야기가 터져 나오던 시절. 이것을 한국 사회에 살아가기 위한 '입국 조건'으로 설정하고, 그 입국심사를 시각화하여 보여 주자고 생각했다.

그리하여 《제7의 인간》 연속 전시의 2번째 순서로, 스튜디오 하프-보틀은 〈Papers, Please〉[✌✌]라는 이름의 전시를 진행했다.

[✌] 존 버거·장 모르, 『제7의 인간: 유럽 이민노동자들의 경험에 대한 기록』, 차미례 옮김, 눈빛, 2004.

❀❀ ‘Papers, Please’는 2013년 루카스 포프Lucas Pope가 제작한 인디게임의 이름이기도 하다. 이 게임에서 플레이어는 국경 입국심사관이 되어 사람들의 여권과 증빙서류를 보면서 입국 허가 또는 추방을 결정한다. 시간이 지날수록 입국 정책이 변덕스럽게 강화되어 플레이 난이도가 높아진다.

전시장에는 단출하게 마련한 책상과 바리케이드를 설치하고, 벽면에 지시 사항을 부착하여 입국심사소를 재현했다. 여기에는 ‘여성’, ‘청소년’, ‘외국인’, ‘장애인’의 4개 카테고리를 나누어 심사대를 마련했고, 각 심사대에는 카테고리별 ‘입국신고서’를 배치했다. 입국신고서에는 “귀하는 한국인의 일자리를 뺏지 않을 것입니까?”, “귀하는 하루 10시간 이상 공부할 체력이 있습니까?” 같은 질문이 들어 있고, 그 질문에 대한 해설(한국에서의 비인권적이고 차별

사진 촬영=조영하(Photo Look)

대한민국 입국신고서 / ARRIVAL CARD
청소년용 / for AGE under 19
출입국관리사무소 / Republic of Korea. Immigration Service

한글성명 / Surname	Given names	국적 / Nationality	성별 / Sex
			남 / MALE
			여 / FEMALE

생년월일 / Date of Birth — 년 / Year — 월 / Month — 일 / Day

직업·직장명 / Occupation

다음 질문에 답하십시오. PLEASE CHECK YOUR ANSWER CORRECTLY.

	예 YES	아니오 NO
귀하는 현재 대한민국 교육부가 인정한 중등교육기관(학교)에 속하고 있습니까? I am a secondary school student, which is permitted by Ministry of Education.	☐	☐
귀하는 귀하를 낳아주고 키워준 부모에게 그 은혜를 느끼고 있습니까? I have a strong sense of duty to my parents, who gave birth to and raised me.	☐	☐
귀하는 초등학교 입학 이전에 영어, 한국어 및 수학 교육을 이수했습니까? I completed English, Korean and Mathematics course before I attend primary school.	☐	☐
귀하는 귀하의 가정에서 대학 입학전형에 유리하게 사용할 수 있는 요소를 최대한 활용하고 있습니까? I can bring every resources that my family have for my college admission process.	☐	☐
귀하는 학업과 연애를 병행하며, 하루 평균 3시간 이상 잠을 잡니까? I go on a date with my darling and sleep 3 hours or longer a day, even if I am a student.	☐	☐
귀하는 특정 정당, 정치인, 교육감 등을 지지하고 이를 표명한 적이 있습니까? I have expressed my support of a party, politician, or educational superintendent.	☐	☐
귀하는 6.25 동란이 북침으로 시작되었다고 생각하십니까? I believe that "War of 25th June" arose from the invasion of North Korea.	☐	☐
귀하는 자유롭고 정의로운 대한민국의 무궁한 영광을 위하여 충성을 다할 것을 굳게 다짐합니까? I solemnly swear that I will royally serve for the grand honour of liberal and righteous Republic of Korea.	☐	☐
귀하는 22:00부터 익일 오전 06:00 사이에 온라인 게임을 하지 않습니까? I DO NOT play any online video game between 22:00 and 06:00 of the next day.	☐	☐
귀하는 학생다운 단정한 옷차림과 용모와 머리 길이를 가지고 있습니까? My hair and fashion style is fit for sprit and attitude of a student.	☐	☐

본인은 이 신고서를 사실대로 성실하게 적었습니다.
I HAVE MADE A TRUTHFUL DECLARATION ON THIS CARD.

서명 / Signature

적인 상황)을 같이 나열했다. 관객들은 입국신고서의 질문에 직접 "예/아니오"를 표시한 후 벽면에 붙여서 자신의 상황을 다른 관람객에게 공유할 수 있다. 전시에서 가장 두드러지는 요소는 입국심사 없이 프리패스 하는 통로로, 이곳은 "만 19세 이상이며 장애가 없는 남성 내국인"이 지나가는 곳이라고 표시하였다.

또 다른 전시 작품으로 2022년에 제작한 〈사람에게는 얼마만큼의 잠잘 땅이 필요한가?〉✌가 있다. 이 작품을 처음 선보인 곳은 '문화역서울284'의 2022년 기획 전시 《나의 잠My Sleep》이었는데, '잠'이라는 키워드 아래에서 19명(팀)의 작가가 각자의 생각과 방식대로 작품을 만들 수 있었다. 스튜디오 하프-보틀은 잠을 통해 나타나는 사람들의 사회적·경제적·계급적 차이를 드러내려고 했는데, 여러 조사 끝에 '잠을 자는 공간'을 나타내자는 결론을 내렸다. 사람은 잠잘 때 가장 취약해지기 마련인데, 그중에서도 가장 취약한 상황, 열악한 공간에서 잠을 자는 사람들의 상황을 조명하기로 한 것이다.

✌ 이 제목은 레프 톨스토이Lev Tolstoy의 단편소설 제목「사람에게는 얼마만큼의 땅이 필요한가?」를 비틀어서 만들었음을 밝힌다.

먼저 전시를 통해서 보여 줄 잠자리를 먼저 선정했다. 정치적인 상황에 따른 열악한 잠자리(서대문형무소, 단식 농성 공간 등), 경제적 불평등에 따른 열악한 잠자리(화물트럭 운전석, 공중화장실 변기 칸 등), 여러 문제로 인해 자연환경의 위험에 노출된 잠자리(지진 대피소의 텐트, 지중해를 건너는 난민 보트, 달 착륙선 등)를 기준으로 총 17곳을 선정했다. 각 공간에 얽힌 사회적 맥락을 보여 주기 위해서 사진 자료와 글 자료(기사, 논문, 문학 작품, 광고 등)를 함께 모아서 36페이지의 소책자를 만들고 전시장에 설치하기로 했다.

잠자는 공간의 사회적 의미를 담기 위해서는 다양한 공간을 한자리에서 한꺼번에 보여 줄 필요가 있었다. 그 방법으로, (마치

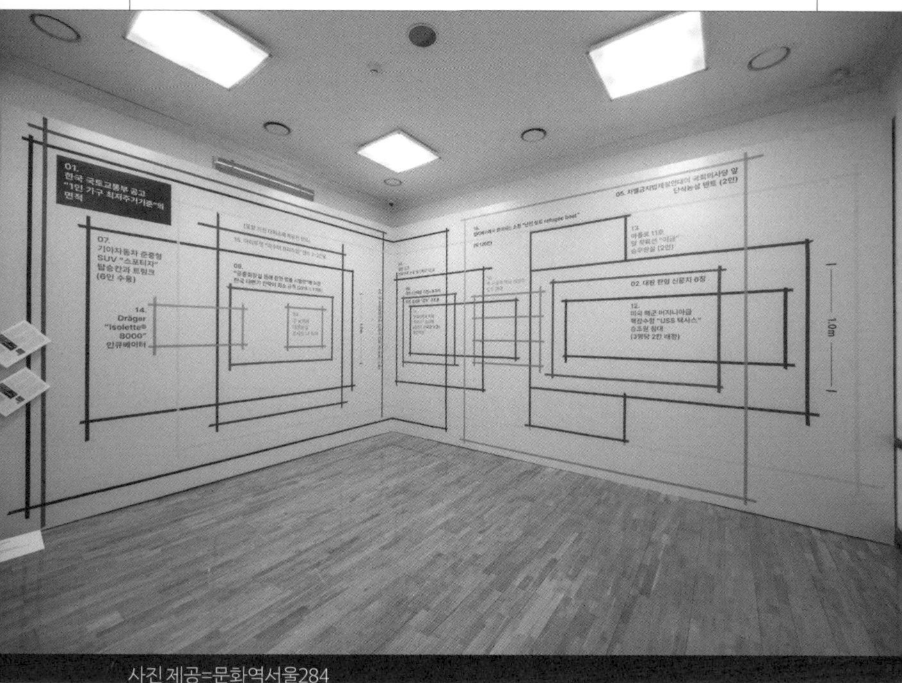

사진 제공=문화역서울284

건축 도면처럼) 바닥 면에 사각형 테두리를 표현하여 공간의 크기를 드러내기로 했다. 한국 국토교통부가 지정한 1인 가구 최소 주거 기준의 면적인 $14\,m^2$, 그리고 선정한 공간 17곳의 실제 크기를 리서치하여 문화역서울284 곳곳의 관람 동선 바닥 위에 설치했다(다른 작품의 전시실을 침범하지 않도록 배치를 잘 기획했다). 각 공간은 타일 카펫과 마스킹테이프를 이용하여 1:1 실측 크기의 사각형으로 표시했고, 사각형 위에는 각 공간에 대한 간단한 설명문을 같이 설치했다. '좌석(화물차 운전석, 변기칸의 변기 등)'을 표시하는 의자를 제외한 다른 사물은 놓지 않았다.

마침 스튜디오 하프-보틀이 배정받은 원래의 전시실 공간은 전시장 동선의 맨 끝 쪽이었다. 이 행운을 발휘하여, 전시실에는 지금까지 보았던 공간들의 크기를 1:1 실측 크기로 한 벽면에 담아냈다. 지금까지 지나가면서 보았던 의문스러운 공간들을 마지막에 다시 한번 정리하면서 한눈에 확인할 수 있도록 하고, 더불어 각 공간을 설명하는 소책자를 함께 두어서 자세한 이야기를 살펴볼 수 있도록 했다.

'사람에게는 얼마만큼의 잠잘 땅이 필요한가?'는 《나의 잠》 전시 이후에도 프로젝트로서 계속 진행할 수 있었다. 우선 앞서 소개한 공간 설명 소책자에다가 《나의 잠》 전시 사진을 추가하여 전시 아카이브 겸 자료집으로 출판했다. 공간 설명 내용이 너무 좋아서 소장하고 싶다는 요청이 많이 들어왔기 때문이다. 이렇게 만들어진 책 『사람에게는 얼마만큼의 잠잘 땅이 필요한가?』는 크라우드펀딩, 대형 서점과 독립서점, 북페어 등을 통해 300명가량의 독자들에게 전해졌다. 여기에 더해서, 서울 도봉구의 김근태기념도서관에서도 이 작품으로 기획전시(김근태 11주기 추모 전시 《삶의 민주주의, 경청》) 참가를 의뢰받았고 이를 통해 더 많은 사람들에게 전시를 보여 줄 수 있었다.

양육자의 경험을 간접 체험할 수 있는 웹페이지

2019년에 『동아일보』 김유영(당시 디지털뉴스팀 차장)·황규인 기자가 스튜디오 하프-보틀에 작업을 의뢰하기 위해 찾아왔을 때의 기억이 여전히 내 머릿속에 강렬하게 남아 있다. 당시 디지털뉴스팀 소속이었던 두 기자는 정책사회부, 경제부와 함께 취재팀(이하 '동아 팀')을 꾸려서 「대한민국 양육 명세표」라는 기획기사를 준비하고 있었다. (정상) 가족 안에서 한 명의 아이가 잉태되고 출생하고 양육되고 성장하는 20여 년의 과정에, 가족 구성원의 돈과 시간이 어떤 명목으로 얼마나 지출되는지 정리할 예정이었다. 이 기사는 지면과 온라인 기사(『동아일보』 홈페이지나 포털 서비스에 등록될 기사)로도 발행되지만, 두 기자는 이 내용을 독자가 체험할 수 있는 인터랙티브 웹페이지 형태로도 발행하고자 했다.✌ 이 웹페이

이 프로젝트를 총괄한 김유영은 한국언론진흥재단이 발행하는 『신문과 방송』 2020년 3월호의 '취재기·제작기' 코너 기고문을 통해서 「대한민국 양육 명세표」 기획기사와 「요람에서 대학까지: 2019 대한민국 양육비 계산기」 웹페이지를 취재·제작한 과정을 공개했다. 저널리즘 기획의 측면을 다룬 이 글 역시 함께 읽어 보길 추천한다. https://www.kpf.or.kr/front/news/articleDetail.do?seq=588384

지의 그래픽 디자인과 기능 개발 작업을 스튜디오 하프-보틀에 의뢰한 것이다.

첫 미팅에서 두 기자는 사전 취재하여 수합한 데이터의 범위를 알려줬는데, 그 범위의 치밀함에 나는 혀를 내둘렀다. 임신 시기에 해야 하는 의료 검사, 분만 방식, 출산 후 조리원의 서비스 수준에 따른 비용, 영유아 성장에 따라 계속 바꿔 줘야 하는 장난감 구매 비용 등등. 출산과 양육 경험이 있는 기자들이 사신의 경험을 바탕으로, 취재할 데이터의 종류를 꼼꼼히 따지고 집요하게 모으고 있다는 것을 느낄 수 있었다. 그 점에 감동하여 나는 협업 제안을 수락했다.

동아 팀이 처음에 기획하고 제작을 의뢰한 인터랙티브 기사는 '양육비 계산기' 기능을 가진 웹페이지였다. 웹페이지에 접속한 독자가 양육 과정에서 결정해야 하는 각종 사항(예를 들어, 출산 후

산후조리를 전문 조리원 / 병원 / 자택 중 어느 곳에서 할 것인가?)의 목록을 둘러보며 옵션을 선택하면, 웹페이지는 독자의 선택에 따라 20여 년의 양육 기간에 지출할 총비용 액수를 계산해서 보여 주어야 했다. 스튜디오 하프-보틀은 동아 팀이 정리한 데이터를 바탕으로 이 웹페이지의 그래픽 디자인과 기능을 개발하는 역할을 맡았고, 2019년 10월 10일 임산부의 날에 맞춰서 「요람에서 대학까지: 2019 대한민국 양육비 계산기(beta)」(이하 「계산기」)라는 제목의 『동아일보』 기사가 발행되었다.

http://baby.donga.com

이 웹페이지를 설계하던 초기 단계에서, 동아 팀과 내가 프로젝트를 대하는 관점이 미묘하게 다르다는 것을 확인할 수 있었다. 동아 팀 기자들은 각자 자녀를 출산·양육한 경험이 있고 자녀들이 어느 정도 장성한 상태였으므로, 자녀 발달 과정에서 언제 어떤 항목(육아용품 구매, 의료비, 돌봄서비스, 교육비 등)으로 양육비용이 발생하는지 잘 알고 있었다. 따라서 동아 팀의 입장에서는 「계산기」 사용자가 자신의 양육 경험과 선택을 되돌아보며 전체 양육비의 크기를 계산하고 확인할 수 있기를 원했다. 같은 맥락에서, 동아 팀이 생각한 기획기사 시리즈의 주제는 "자녀 양육비가 이렇게나 많이 들어가서 출산을 기피하는 사람들이 많아지고 있으니, 개인이 부담할 양육비와 양육 시간을 사회적으로 분담하는 정책이 필요하다"였다.

반대로 디자이너인 나는 출산·양육은커녕 결혼도 하지 않은 상태였다. 동아 팀이 취재한 비용 데이터를 먼저 살펴보고 충격받았던 것은, 개별 지출금액의 크기가 큰 것이 아니었다. 출산·양육을 하기 전에는 상상하지도 못했던 지출 상황 하나하나가 그 자체로 충격이었다. 산모의 양수 검사, 돌잔치 상차림, 유치원에서의 영어 교육 같은 상황을 결혼 안 한 사람이 쉽게 상상할 수 있겠는가. 나의 입장에서는 「계산기」 사용자가 이런 상황을 미리 경험하는 것이 중요하다고 생각했다.

「계산기」 디자인은 이처럼 양측이 전달하고자 하는 두 가지 경험을 모두 전달하도록 하는 것에 초점을 맞췄다. 동아 팀 기자들과 함께 기획 논의를 진행하며 웹페이지 구성을 이렇게 했다.

사용자는 출산·양육 과정에서 비용을 지출할 상황을 마주하고 선택지를 고른다. 예를 들어, 출산 후 산후조리 상황에 대한 설명을 보고 '전문 조리원 입원', '병원 입원', '자택 복귀'의 3가지 선택지 중 하나를 고르는 것. 선택지마다 들어가는 비용 금액도 확인할 수 있지만, 각 선택지를 골라야 하는 이유가 담긴 유혹의 코멘트도 함께 읽어야 한다. "전문 조리원에서 맞춤 서비스를 받으며 회복하고 싶다", "병원에서 간호받는 것으로 충분하다", "돈 아끼면서 집에서 편히 쉬고 싶다" 같은 내용 말이다.

웹페이지에시는 비용을 시출할 여러 상황을 한꺼번에 보여주지 않고, 하나의 선택지를 고른 후에야 다음 상황으로 넘어간다. 매번 새로운 상황이 닥쳐오는 출산·양육의 당혹스러움을 느낄 수 있도록 사용자의 편리성을 일부러 줄인 것이다. 웹페이지는 출산·양육 과정을 4개 구간(임신과 출생, 첫돌까지, 어린이집과 유치원, 취학 후 대학 졸업까지)으로 나누어서 하나의 구간이 끝날 때마다 지금까지 선택에 따라 쓴 비용을 중간 정산하여 '영수증'으로

baby.donga.com

요람에서 대학까지:

2019 대한민국 양육비 계산기 Beta

갓난아이가 자라 성인이 될 때까지 부모는 얼마를 부담해야 할까요? 아이를 낳으면 행복감도 들지만 경제적 부담을 지어야 하는 것도 사실입니다. 아이 키우기는 선택의 연속! 이 사이트는 '요람에서 대학까지' 각 단계별로 부모 선택에 따라 양육비가 총 얼마 드는지 계산해드립니다.

* 대한민국 부모의 59.2%는 아이 양육을 대학 졸업 때까지 책임져야 한다고 응답했습니다(한국보건사회연구원).

다음 >

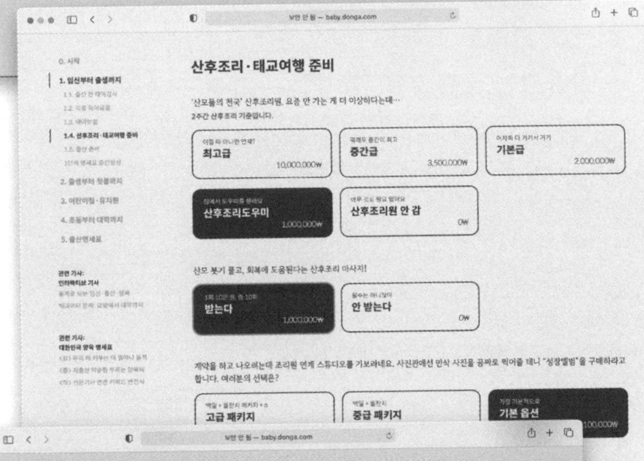

---

baby.donga.com

산후조리·태교여행 준비

'산모들의 천국' 산후조리원. 요즘 안 가는 게 더 이상하다는데…
2주간 산후조리 기준입니다.

여행 다니면 언제?	무엇이 좋긴이 최고	어차피 다 거기서 거기
최고급 10,000,000₩	**중간급** 3,500,000₩	**기본급** 2,000,000₩

집에서 도우미를 불러도	아무 것도 하고 싶지 않아
산후조리도우미 1,000,000₩	**산후조리원 안 감** 0₩

산모 붓기 풀고, 회복에 도움된다는 산후조리 마사지!

1회 10만 원, 총 10회	꼭 하는 아니잖아
받는다 1,000,000₩	**안 받는다** 0₩

계약을 하고 나오려는데 조리원 연계 스튜디오를 가보라네요. 사진관에선 만삭 사진을 공짜로 찍어줄 테니 "성장앨범"을 구매하라고 합니다. 여러분의 선택은?

백일 · 돌잔치 패키지 + α	백일 · 돌잔치	가장 기본적으로
고급 패키지	**중급 패키지**	**기본 옵션** 100,000₩

---

baby.donga.com

유치원과 학원

이제 유치원에 자녀를 보낼 때가 됐습니다. 어디로 보내실래요?

일반 유치원	영어 유치원 36개월, 월1,500,000₩	놀이학교 36개월, 월1,000,000₩

학원도 보내셔야죠! (복수선택)

영어 36개월, 월300,000₩	한글 등 학습지 2종 36개월, 월80,000₩	태권도 36개월, 월120,000₩
발레 36개월, 월120,000₩	미술 36개월, 월120,000₩	피아노 36개월, 월120,000₩

지역 별로, 횟수 별로 비용이 다릅니다. 지방보다는 서울이, 서울에선 강북보다 강남이 더 비쌀 확률이 높습니다만 서울을 기준으로 최대한 평균치에 가까운 가격을 산출했습니다.

참고: 유치원비를 제외하고 미취학 자녀가 한 달에 쓰는 평균 사교육비는 24만 6800 원입니다.

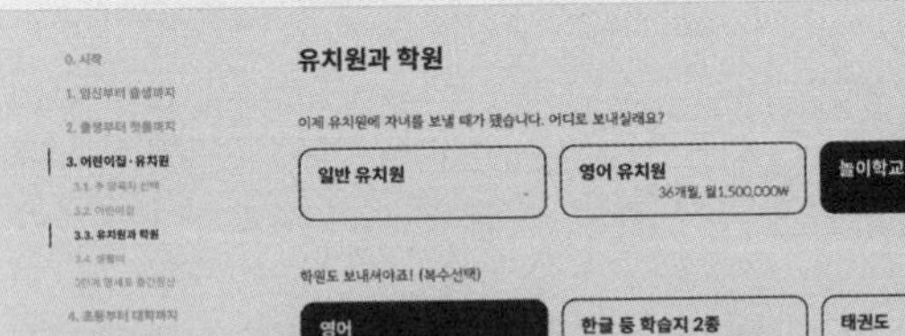

월 가구소득분위	미취학영유아 1인당 평균 사교육비
~ 299만 원	123,000₩/월
300 ~ 399만 원	156,000₩/월
400 ~ 499만 원	196,000₩/월
500 ~ 599만 원	266,000₩/월
600만 원 ~	365,000₩/월

보여 준다. 그리고 20여 년의 모든 양육과정이 끝나면 그간의 총 비용을 다시 '영수증'으로 보여 준다. 기획기사를 통해 전달하려던 "너무 많은 양육 비용"을 이렇게 보여 준다. 마지막 화면에서는 영수증에 표기된 금액을 다시 언급하고, "그래도 아이를 낳아서 키울 것이냐?"는 질문과 '예' '아니오' 버튼을 남겨 놓아서 여운을 남긴다.

돌이켜보면, 동아 팀이 스튜디오 하프-보틀에 처음 의뢰할 때에는 사용자를 사로잡을 수 있는 '예쁜 그래픽 디자인과 화려한 인터랙션 디자인'을 염두에 두었던 것 같다. 다른 경쟁 신문사에 비해서 인터랙티브 기사 제작에 늦게 뛰어들었던 『동아일보』 입장에서, 최초의 인터랙티브 기획기사[✌]인 「계산기」가 경쟁사의 기존 기

[✌] 2024년 현재 『동아일보』는 자사 인터랙티브 기획기사를 '디 스페셜'이라는 제목으로 묶어서 아카이빙 하고 있다. https://www.donga.com/dspecial. 이 목록 첫 번째에 「계산기」 웹페이지가 등재되어 있다.

획 기사 웹페이지와 비교해도 '시각적으로 꿀리지 않기'를 바라는 마음이 컸던 것 같다.

하지만 실제로 발행된 「계산기」에서 특징적인 그래픽 디자인 요소로 들어간 것은 딱 두 가지다. '영수증'이라는 컨셉에 맞게 도트 형태로 나오는 타입페이스를 제목과 영수증에 활용한 것. 그리고 썸네일이 너무 썰렁하지는 않도록(……) 태아부터 대학생까지 단계별로 양육되어 커지는 아이의 모습을 그린 픽토그램. 이것은 스튜디오 하프-보틀이 특별히 동아 팀에 제안한 것이다. 사용자가 직접 「계산기」를 읽고 버튼을 누르며 마주할 경험 그 자체가 워낙

놀라운 것이기에, 그 내용과 경험에 몰입하도록 글과 버튼만 남기고 기타 '화려한' 요소는 최대한 빼자는 취지였다. 그 제안은 다행히 큰 성공을 거두었다.

1.3.4. 주장을 주장하는 주요 수단

앞서 살펴본 작업물과 다르게, 지금 살펴볼 스튜디오 하프-보틀의 작업 사례는 치열한 경쟁의 무대 안에서 사용되는 그래픽 디자인을 다룰 것이다. 수많은 책이 진열되는 서점, 수많은 정당과 후보들이 출마하는 선거 같은 무대 말이다. 이런 무대에서 감각적인 디자인은 클라이언트의 주장과 존재를 부각하고, 무대를 스쳐 지나가는 사람들(잠재적 독자와 유권자)이 그 내용에 혹하고 주목하게 만드는 역할을 한다. 이것은 그저 자극적인 디자인 요소를 '빠방' 하게 집어넣는 방식으로 할 수 있는 것은 아니다.

자기 주장을 소리 높여 외치는 책자 만들기

실물 종이책을 전시하는 서점 매대, 온라인 서점의 메인 페이지에 얼마나 많은 신간 도서가 스쳐 지나가는지 되새겨 보자. 대한출판문화협회가 매년 발표하는 『한국출판연감』에 따르면, 한국에서 매년 발행되는 신간 도서는 6만 종에서 6만 5천 종 사이를 왔다 갔다 한다. 이 많은 책이 자기만의 주제와 주장을 독자에게 전달하기 위해서(독자에게 선택받아 읽히기 위해서) 경쟁해야 하므로, 책 제작자들은 표지 디자인과 내지 편집 디자인에 공을 들인다.

다른 출판사로부터 디자인 작업을 의뢰받을 때에는 보통 두 가지 조건을 요구받는다. 첫째, 책이 담고 있는 주제와 내용을 대표할 수 있는 이미지를 만들어서 책의 정체성을 잘 드러내야 한다. 둘째, 서점 매대에 깔린 수많은 책 사이에서 제목, 추천사 같은 중요한 정보가 단연코 눈에 잘 띄어야 한다. 짐짓 충돌할 수 있는 이 두 가지 요청을 모두 만족시켜야 한다는 과제가 주어진다.

2022년 에디토리얼 출판사는 책『과학기술의 일상사』(2018년 초판 발행)의 개정증보판을 준비하며 스튜디오 하프-보틀에 새로운 표지 디자인과 내지 편집 디자인을 의뢰했다. 12개의 장으로 구성된 이 책은 각 장의 제목대로 '과학기술과 법', '과학관', '떠돌이 계약 노동자', '과학기술과 여성', '연구 지원 정책' 등의 주제를 하나하나 파헤친다. 자연과학 연구는 사회나 정치와 연관되지 않은 '순수한 분야'처럼 여겨지기 마련인데, 이 책은 자연과학 연구가 한국 사회에 미치는 영향, 그리고 한국 과학기술정책과 연구 '업계'의 현황에 대해서 대중적으로 익숙한 언어를 가지고 깊게 파헤치는, 몇 안 되는 대중 교양 도서다. 스튜디오 하프-보틀의 입장에서는 한 분야의 스테디셀러이자 고전의 반열에 오른(?) 책을 다시 디자인할 영광스러운 기회였다.

2018년판(초판)의 표지는 청바지와 슬리퍼 차림으로 머리를 긁적이는 (그리고 여성으로 보이는) '일상적인 모습의' 자연과학 연구원을 그린 일러스트를 전면에 내세웠다. 자연과학 연구를 그저 '내 일상과 사회와는 멀리 떨어진 어떤 독자적 영역'으로 여기기 마련이었던 당시의 사회 분위기에 비춰 보면, 친근하게 느껴지는 일상적인 사람(연구원)의 모습을 '자연과학 연구'라는 주제의 상징으로 앞세운 것은 아주 훌륭한 선택이었다.

그러나 개정증보판의 디자인은 2018년판과 여러모로 달라야 했다. 4년이 흐르는 사이에 사람들은 코로나-19 팬데믹 관련 의료·방역 정책과 의학(특히 백신) 연구 개발 소식을 일상적으로 접하게 되었고, 생성형 인공지능(chatGPT, 미드저니 등)이 대중적 화두가 되었고, 한국 SF 문학이 문단의 주요 장르로 자리 잡았다. 이로 미루어 보았을 때 자연과학, 과학 연구라는 주제는 이제 일상적으로 받아들여지게 되었다. 따라서 『과학기술의 일상사』가 담고 있는 속 깊은 내용과 주제 의식을 좀 더 직접적으로 드러낼 수 있게 되었고, 그렇게 해야만 다른 책들과 차별화될 수 있다고 생각했다. 그리하여 2023년에 발행된 개정증보판의 디자인은 아주 근엄하고 진지한 분위기를 풀풀 풍기도록 제작되었다. 4년 사이에 고전의 반열에 오른(?) 책이라면, 충분히 그럴 자격이 있다.

먼저 내지의 각 장 도입부에 쓰일 편집 디자인부터 제작했다. 이 디자인의 근간을 이루는 요소는 '실제 사진'이었다. 장 제목 바로 아래에, 주제와 연결되는 일상적인 이미지(사진)를 대응시켜서 배치했다. 이는 독자로 하여금 책의 주제인 '일상사회와 자연과학 연구의 연결성'을 틈틈이 떠올리게 하는 장치다. 그리고 이 사진에다가 옛날 인쇄 기술인 '하프톤 인쇄'✌ 기법 필터를 입혀서 다소 흐리게 보이도록 했다. 이 책의 주제 의식(과학 연구에 대해 우리가 가진 인식은 생각보다 모호하고 불분명

✌ 아주 거칠게 설명하면, 작은 잉크 도트를 일정한 간격으로 찍어 내서 사진을 점묘화처럼 표현하는 인쇄 기법이다. 하프톤 기법으로 인쇄된 사진을 아주 크게 확대해서 보면, 어두운 부위일수록 잉크 도트의 크기가 커진다.

하다)을 반영하는 기법이기도 하고, '고전의 반열에 오른 책'다운 연식(?)이 느껴지게끔 하는 장치이기도 하다.

장 제목을 대변할 수 있는 사진 이미지를 고르는 것이 아주 어려웠다. 이미지 선택에 따라서 독자들이 각 장의 내용을 받아들이는 첫인상이 달라질 것이기 때문이다. '과학관'(실제 과학관 내부 사진)이나 '과학기술과 여성'(여성 연구원의 실험 모습)이라는 주제는 이미지를 정하기 쉬운 편이었다. 하지만 '떠돌이 계약 노동자'와 '연구 지원 정책'이라는 개념을 대체 어떤 이미지와 연관시켜서 보여 준담? 여러 직장을 떠돌아다니며 연구 지원 사업 신청서를 쓰는 연구 노동자의 '깝깝한' 심정에 누구든지 이입할 수 있는, 그런 이미지가 필요했다.

그렇게 선정한 사진은 이랬다. '떠돌이 계약 노동자'와 연결되는 사진은 캐리어 가방을 끌고 길을 헤매는 듯 엉거주춤 걸어가는 관광객의 뒷모습이다. 막 도착한 여행지에서 목적지를 찾아 떠돌 때의 당혹감은 누구나 경험해 봐서 공감할 것이다. '연구 지원 정책'과 연결되는 사진은 지원사업 신청 공문서 양식(을 스캔한 이미지)이다. 이 양식을 목격하면, 지원 사업을 준비해 본 적 있는 사람이라면 누구나 그 시절의 깝깝함이 솟아오를 테다. 이런 과정을 거쳐서 12개 장의 도입부를 이루는 편집 디자인이 완성되었다.

표지 디자인 작업은 제일 마지막 단계로 이루어졌다. 장 도입부 편집 디자인과 마찬가지 맥락으로, 제목 문장인 '과학기술의 일상사'와 연결될 일상적인 이미지(사진)를 선정해야 했다. 고민 끝에 선정된 사진은 1940~1950년대의 고전적인 화학 연구 실험실 느낌

과학기술의 일상사
맹신과 무관심 사이, 과학기술의 사회생활에 관한 기록
과학기술정책 읽어주는 남자들 (박대인, 정한별) 지음
에디토리얼
APCTP
(아시아태평양이론물리센터) 선정
2019 올해의 과학도서

4장
떠돌이 계약 노동자

교과서나 학습만화에 등장하는 과학자와 공학자는 해맑은 얼굴로, 혹은 자신이 관심 있는 주제에만 푹 빠진 듯한 표정으로 자신의 연구주제가 얼마나 재미있는지 설명한다. 물론 이 모습은 틀리지 않다. 많은 연구자들에게 연구에 대해 물어보면 실제로 눈을 초롱초롱 빛내며 한 시간이고 두 시간이고 떠들 테니 말이다. 아무도 모르는 지식의 영역을 탐구한다는 것은 분명 아주 흥분되는 일이다. 한 번 사는 인생에서 진지하게 붙잡고 몰입해볼 만한 즐거움을 제공한다. 그런데 21세기 지구에서 과학과 공학을 하려면 미리 이것저것 따져볼 게 많다. 현실적인 의미에서 취미가 아닌 '직업'이 되어야 하기 때문이다. 보통 직업이라 함은 하루 중 대략 3분의 1 이상의 시간을 특정 업무를 하는 데에 사용하고, 이를 대가로 임금을 받는 사회경제적 활동을 뜻한다. 과학과 공학을 할 때 얻는 즐거움을 잠시 옆에 놓아두고, 과학자와 공학자를 철저하게 직업으로 대해보자. 당신은 아주 진지하게 향후 40년 정도의 '생활과 생존'을 고민하는 청년이다. 당신이 고를 수 있는 수많은 직업 중 과학자와 공학자는 어떤 특장점을 제시할 수 있을까?

모든 지적, 도덕적, 정치적 수식어를 떼고 철저하게 일하고 돈을 받는 조건만 생각한다면 과학자와 공학자는 근본적으로 떠돌이이며, 동시에 계약 노동자다. 떠도는 스케일 또한 남다르다. 전국 방방곡곡은 물론 전 세계 어디든 연구할 수 있는 환경을 제공하는 모든 곳으로 넘어갈 준비가 되어 있어야 한다. 이와 맞물려 정규직이 되는 건 쉽지 않다. 많은 연구자가 박사 후 연구원(Post Doctor, 포스트닥터, 통칭 포

이 보존된 목재 인테리어의 실험실 사진이었다. 실험실 공간은 과학 기술이 일상적으로 다뤄지고 연구를 일상적으로 하는 곳으로서, 책 제목을 대변하기에 가장 적힙한 이미지라고 할 수 있다. 복잡한 전자실험기기로 가득 채워져 있는 2020년대 현대의 실험실 사진을 쓸 수도 있겠다. 하지만 책을 읽을 대중들에게 좀 더 익숙하게 받아들여질 실험실 이미지란 무릇, 실험기구와 화학 약품 병으로 가득 채워진 '고전적인' 실험실 사진이 아니겠는가. 이렇게 완성된 『과학기술의 일상사』 개정증보편은 지금도 사람들이 꾸준히

찾는 스테디셀러로서 생명력을 이어 가고 있다.

여러 주장의 배틀그라운드, 선거운동 그래픽 디자인

여러 종류의 주장이 서로 얽혀서 가장 치열하게 다투는 배틀그라운드라면, 역시 선거운동만 한 것이 없으렷다. 여기서 말하는 '선거'란 공직선거뿐만 아니라 정당의 당직 선거, 직능단체의 대표 선거 등을 모두 포괄한다. 좋은 선거운동 그래픽 디자인이 나오려면 굉장히 입체적인 분석을 거쳐야만 한다. 후보(또는 정당)의 인상과 인생 족적과 주장하는 내용과 공약을 일치시켜서 보여 줘야 한다. 게다가 후보 자신의 특징뿐만 아니라 상대 후보와의 차이점과 다툴 내용, 유권자의 분포와 생각 지형까지 고려해서 기획해야 한다. 거기에 더해서 그래픽 디자이너는 이런 사항들을 말과 글뿐만 아니라 시각적 감각을 통해 유권자에게 '어떤 감각을 전달할 것인지' 기획하고 정교하게 구현해야 한다.

스튜디오 하프-보틀은 선거에 출마하는 후보(또는 후보 캠프)에게 직접 의뢰를 받아서 선거운동 그래픽 디자인 작업을 몇 차례 맡았던 바 있다. 이 책에서는 그중에서 선거운동 초기 기획 단계부터 결합하여 스튜디오의 작업 특색이 가장 잘 반영된 작업을 소개한다.

2020년 국회의원 총선거 시기, 스튜디오 하프-보틀은 서울 마포구 을 선거구에 출마한 오현주(당시 정의당) 후보의 선거운동 관련 그래픽 디자인 작업을 의뢰받아 진행했다. 선거 투표일은 4월 초순이었지만 스튜디오 하프-보틀은 후보의 선거캠프가 처음 구성된 2019년 11월경부터 협업을 시작하여, 후보가 인사 유세 때 들고 서 있을 패널, 시트지를 부착해서 꾸밀 선거운동 차량 외관, 우편으로 배달되는 선거공보, 거리 현수막, 소셜 미디어 게시용 카드뉴스에 이르기까지 다양한 작업을 제작했다. 그중 특별히 공들여 제작한 것은 선거벽보✌였다.

✌ 선거관리위원회가 거리에 부착하는 후보별 공식 포스터.

선거벽보는 뻔한 형식대로 만들고자 하면 만들기 정말 쉬운 매체다. 이름과 기호, 사진, 그리고 경력과 슬로건만 대충 툭툭 던져 넣으면 되니까. 하지만 미디어의 주목을 받기 힘든 작은 정당 소속 후보 입장에서는 벽보를 무엇보다도 꼼꼼히 기획해서 만들어야 한다. 모든 지역구 후보의 벽보는 선거관리위원회(이하 '선관위')의 관리하에 선거운동 기간에 동네 길거리 담벼락에 일제히 부착된다. 따라서 벽보는 유권자들이 모든 후보를 한자리에서 비교할 수 있는 몇 안 되는 매체다. 벽보를 통해서 자신이 상대 후보와 다른 특징과 정견을 드러내고 자신을 유권자에게 각인시킬 기회를 만들어야 한다.

우현주 후보의 벽보는 그의 왼쪽에 길이 길릴 두 상대 후보(더불어민주당 정청래, 미래통합당 김성동)의 벽보와 최대한 대비되도록 만들어졌다. 모든 후보의 벽보는 동시에 공개되기에, 상대 후보의 벽보 디자인을 미리 알고 거기에 맞춰서 디자인할 수는 없다. 그러나 상대 후보는 모두 예상대로 똑같은 시각적 문법을 따르고 있었다. 벽보 왼편에는 정면을 바라보며 멋쩍게 웃는 후보의 모습, 오른편에는 상투적인 슬로건. 정치직 비전과 특색을 앞세울 것이

딱히 없는 두 후보에 걸맞은 평범한 디자인이었다.

다행히 오현주 후보는 그들과 다른 정치적 비전을 분명히 가지고 있었다. 그는 마포 지역에서 생활에 밀접한 여러 협동조합(병원, 동물병원, 사회적 임대주택) 활동을 했다. 이것은 단순한 '민생 활동'을 넘어서 소비자가 공동 소유, 공동 운영하는 경제구조를 만드는 활동이다. 또한 그는 중앙 정치에서 당내 페미니즘 정치활동을 대변했다. 이처럼 독특한 배경과 다양한 범주의 생각을 품은 그를, 좁디좁은 포스터 안에서 보여 줄 방법이 없을까?

나는 옆얼굴에 주목했다. 후보가 선거를 앞두고 촬영했던 스튜디오 사진 중 적합한 사진이 있었다. 살짝 웃지만 굳게 다문 입술, 동그랗게 뜬 눈으로 살짝 위쪽을 멀리 살펴보는 인상의 사진. 이 사진은 풍부한 상상을 하는 사람, 진중하게 결심하는 사람의 인상을 풍기기에 충분했다. 인간에 대한 믿음을 품고 사회 구조를 바꾸겠다고 나서는 진보정치인, 좌파정치인의 속성을 시각적으로 표현한다면 이것이 가장 적절하지 않을까.

옆얼굴을 활용하는 방법이 관건이었다. 옆얼굴만 보여 주면 유권자가 보기에 후보가 눈을 피하는 인상을 주기 때문이다. 후보의 옆모습과 앞모습을 함께 보여 주려면 어떻게 보여 줘야 하는가? 스튜디오 사진 여러 장을 비교하면서 가장 적합한 사진 두 장의 조합을 골라냈다. 후보의 인간적인 밝은 웃음을 앞모습으로, 후보의 고민하는 모습을 흑백 처리한 뒷배경으로 드러냈다. 밝은 모습 뒤에 고뇌하는 영혼(?)이 드러나는 벽보는, 상대 후보의 상투적 벽보와는 확실하게 차별화되었다.

사진 촬영=조현익(스튜디오 하프-보틀)

배경색 역시 상대 후보의 벽보를 감안해서 제작되었다. 포스터 왼편에는 파란색·핑크색·녹색이 깔리고 가운데와 오른편에는 노란색 바탕이 깔리며, 이 색들은 흐린 그라데이션을 그리며 오현주 후보의 몸통을 경계로 자연스럽게 색상 전환이 되도록 배치되었다. 이 배경색 배치는 왼쪽 벽보부터 읽어 갈 유권자의 시선을 반영했다.

선관위가 부착하는 벽보의 순서는 정당 기호 번호순, 즉 국회의원 의석수가 많은 정당부터 순서대로 왼쪽에 부착한다. 정의당보다 의석이 많은 기성 정당의 벽보와 각 정당의 색상(당시 기준 파란색의 더불어민주당, 분홍색의 미래통합당, 초록색의 민생당)이 왼쪽에서 쭉 이어지다가, 마치 오현주 후보가 필터 역할을 하듯 색상을 걸러 내서 후보 오른쪽부터 정의당의 노란색 배경이 좌악 펼쳐지는 셈이다. 정의당의 진보정치로 세상의 색상을 바꾼다는 은유적 인상을 전달하고자 했다. 게다가 의도치 않게, 기성 정당의 3색과 정의당의 노란색이 합쳐져서 다양한 성 정체성을 상징하는 프라이드 컬러 코드가 반영되는 효과도 있었다. 이는 오현주 후보가 앞세우던 다양한 생활동반자 구성 담론[✌]과도 맞닿았다.

[✌] 혼인과 혈연으로 맺어진 가족 구성원이 아니더라도, 같이 동거하거나 왕래가 잦은 이웃을 법적·행정적·경제적·사회적 동반자로 인정하는 일. 간단한 예시로, 황혼에 서로 연애하여 동거하는 노인들이 '생활동반자'로 등록되어 행정적으로 보호받을 수 있다면, 한 명이 병원에서 긴급 수술을 받을 때 친자식들의 동의를 받기 위해 기다릴 필요 없이, 동거하는 노인이 생활동반자이자 법적 보호자로서 수술 동의를 할 수 있을 것이다. 정의당은 이러한 생활동반자 제도를 도입하는 취지의 '생활동반자법 제정안'을 당론으로 2023년 발의했다.

아무리 벽보를 잘 디자인하더라도 그 좁은 공간 안에 후보의 주장과 가치관과 인생을 제대로 담을 수는 없는 노릇이다. 그러나 벽보를 본 유권자가 "오오, 이 후보는 특이한 느낌을 준다. 이런 인상적인 디자인을 쓰게 된 배경이 있을 것 같다. 나중에 이 후보 경력과 생각을 좀 더 살펴볼까?" 하는 느낌을 가진다면 그것만으로도 대단한 성과라고 생각한다. 당선을 위해 다양한 주장들(후보들)이 서로 맞부딪히지만 새로운 담론이나 필요한 비전을 살펴보기는 쉽지 않은 한국 정치의 선거 과정에서, 유권자에게 계속해서 새로운 상상을 불어넣어 주는 그래픽 디자인의 존재는 굉장히 소중하다고 생각한다.

1.3.5. 새로운 시도를 도와주는 촉매제

사실 스튜디오 하프-보틀의 작업물 중에서는 '디자인 비평의 관점에서 보면' 그렇게까지 대단하다고 말할 수 없는 작업들도 많다. 클라이언트의 디자인 의뢰서에 담긴 프로젝트의 기획이 처음부터 워낙 독창적이거나 상징적인 의미를 담는 경우가 그렇다. 극히 무난한 디자인을 만들었을 뿐인데도 워체 좋은 프로젝트 기획에 '업힌 채로' 괜히 호평받는 것이니, 디자이너 입장에서는 부끄러운 일이다. 하지만 또 한편으로는, 새로운 시도를 기획하고 그걸 실현할 방법을 찾는 사람들의 곁에(?) 스튜디오 하프-보틀이 존재하여 기획이 실현되도록 하는 촉매제 역할을 했다는 의미이기도 하다. 그 점에서 자부심을 느낀다.

자랑할 만한 독특한 디자인을 만들지는 못한 탓에 이 책에서 해당 작업에 대해 자세하게 설명하지는 않겠다. 그래도 이런 대단한 기획을 가지고 스튜디오 하프-보틀을 찾아온 클라이언트에게 감사의 마음을 전하며, 그 사례를 짧게나마 언급하고 싶다.

저널리즘 스타트업 '닷페이스'는 2022년 대통령 선거를 앞두고 〈2022 대선 캐비닛〉[1]이라는 기획기사 시리즈를 기획했다. 닷페이스가 독자들의 의견을 수합하여 대선에서 주목할 4가지 핵심 주제(여성 폭력, 주거, 기후위기, 차별과 혐오)를 선정하고, 각 주제에 대한 대선 후보들의 정책을 19개 연속 기사를 통해 깊이 있게 분석했다. 〈2022 대선 캐비닛〉은 특히 각 주제와 직접 연관이 없어 보여서 주목받지 못한 정책(예를 들어 기후위기와 주 4일 근무제 공약의 연관성, 집값 문제에만 집중하느라 주택 정책에서 배제된 '주거 공간의 질' 문제 등) 이야기를 구체적으로 담았다. 많은 매체가 '대선 공약 분석'을 할 때 여러 국정 분야를 백화점식으로 나열하며 후보별 공약을 겉핥기 하는 데 머무는 것에서 한 단계 진화한 것이다. 닷페이스는 이 기획기사를 홍보하기 위해서 4가지 핵심 주제를 4개의 캐비닛으로 치환하여 '하나의 캐비닛 안에서 연관된 세부 주제와 이미지가 우수수 쏟아지는' 이미지를 필요로 했고, 스튜디오 하프-보틀과 함께 해당 이미지 기획과 제작을 함께 진행했다.

2020년에는 독립 큐레이터 조주리의 의뢰를 받아서 《〈기획〉전Festival GIHOEK》이라는 전시의 웹페이지[2] 작업을 진행했다. 조주리는 시간 부족, 예산 부족, 공모전 탈락 등의 이유로 아직 실현되지 못한 여러 예술 작가·기획자들의 프로젝트 기획(안)을 모아서 정

[1] https://dotface.kr/series/election2022
[2] http://gihoek.com/

리하고 '언젠가는 꼭 이를 실현시키겠다'는 의지를 표출하는 전시를 마련했다. 134명(팀)의 작가·기획자들에게 아직 실현되지 못한 프로젝트 기획안을 1개씩 전달받고, 디자인 스튜디오 '물질과비물질'이 134개 기획안이 실현되었을 때를 상상하며 각각의 홍보 포스터를 간단하게 제작했다. 《〈기획〉전》 전시장에는 134개의 포스터를 설치하고, 스튜디오 하프-보틀이 제작한 웹페이지를 통해서 각 기획의 구체적인 내용을 검색해서 살펴볼 수 있도록 했다.

앞서 설명한 오현주 후보와의 작업이 정의당 당내에 많이 알려진 인연으로, 스튜디오 하프-보틀은 정의당 정치인들이 기획하는 디자인 작업물 제작 의뢰를 종종 받았다. 그 가운데 2020년 총선에서 당선된 비례대표 국회의원인 장혜영(2020년), 이은주(2023년)의 의정보고서 책자 디자인 작업을 각 1차례씩 진행했다. 모든 국회의원은 1년에 한 번씩 국비 지원을 받아 의정보고서를 제작할 수 있다. 일반적인 의정보고서는 (마치 선거 공보물처럼) 표지에 의원 얼굴을 박아 넣은 8페이지짜리 소책자로 제작된다. 그런 형태의 보고서가 지역구 주민들의 우편함에 줄줄이 꽂히면 온 동네에 의원의 존재감과 얼굴을 알릴 수 있으니까. 그러나 두 국회의원은 의정보고서 내용과 역힐의 새로운 방향을 제시했다.

장혜영은 당선 전부터 사회적 내용의 예술 작품을 만드는 창작자로서 많은 팬과 후원자를 보유했다. 그는 국회 정치에 익숙하지 않을 이들을 위해 자신의 정치활동(기획재정부 소관 사업 감사와 정책 제안, 차별금지법 입법 추진 등)을 알기 쉽게 풀어 설명하는 인터뷰 책자로 임기 첫 의정보고서를 제작했다. 국회의원 장혜영 후원회의 공식 후원회장인 이슬아 작가가 질문하고 장혜영이 직접 답하는 인터뷰 내용을 후원자에게 우편 발송한 것이다. 스튜디오 하프-보틀은 인터뷰가 담긴 100페이지 분량 단행본 책자, 그리고 책을 담은 채 우편함에 꽂힐 작은 종이 박스 봉투를 디자인했다.

노동조합 활동가 출신의 이은주는 임기 마지막 의정보고서를 자신의 역점 사업인 '일하는 사람 기본법'✌ 소개 강연 자료로

✌ 현행 〈근로기준법〉은 이 법에서 정한 노동권 보호 규정을 근로자 5인 이상의 사업장에만 적용되도록 규정하고 있다. 이는 1953년에 법이 처음 제정되었을 때 붙었던 조항으로 2020년대의 노동시장에서는 〈근로기준법〉의 보호망에서 벗어난 사업장이 너무 많다는 문제가 있다. 이은주와 정의당이 추진한 '일하는 사람 기본법' 입법안은 현행 〈근로기준법〉을 전면 개정하여, 5인 미만 사업장의 정규직 노동자, 프리랜서와 기간제·단축 근로 노동자, 1인 개인사업자와 생계형 자영업 개인사업자 등 모든 '일하는 사람들'의 노동권을 포괄하여 보호하는 내용을 제안하고 있다.

쓰기로 계획했다. 그는 노동조합 조합원을 대상으로 '찾아가는 의정 활동 보고회'를 겸해서 '일하는 사람 기본법'의 입법 필요성을 홍보하는 강연을 자주 열었는데, 그 강연 자료 책자가 필요했던 것이다. 스튜디오 하프-보틀이 제작한 의정보고서는 44페이지의 길고 폭이 좁은 책자였다. 앞의 36페이지는 이은주의 지난 4년간 국회 국정감사와 입법활동 소개를 담았고, 뒤의 8페이지는 '일하는 사람 기본법'의 소개를 담았다. 한 페이지에 본문을 한 단락씩 담아서 쉽고 빠르게 읽히는 의정보고서 겸 입법 홍보물이 되었다.

일하는 시민을 위해
노동 분야 성과 ①
노동기본권 강화

기업이 쟁의행위를 한 노동자에게 천문학적 액수의 손해배상을 청구하는 탄압을 막기 위해 '노란봉투법'(「노동조합 및 노동관계조정법」 개정안)을 발의했습니다. 이 법은 2023년 2월 21일 국회 환노위를 통과했고 본회의 표결을 앞두고 있습니다.

- 노조법 2조 개정으로 간접고용 노동자가 원청 사업주를 상대로 교섭·쟁의를 할 수 있게 됐습니다. 또한, 정리해고·단체협약 위반·임금체불 등 쟁의행위의 범위도 폭넓어졌습니다.

- 노조법 3조에는 손해배상청구의 제한에 대해 부진정연대책임 방식을 개선하여, 법원이 배상의무자별로 귀책사유와 기여도에 따라 개별적으로 책임 범위를 정하도록 했습니다. 아울러 신원보증인이 쟁의행위 등에 대한 배상책임 의무를 지지 않도록 하는 조항을 신설했습니다.

노동3권의 사각지대가 법으로 메워진 만큼, 산업 현장의 갈등은 줄고 노동시장 이중구조 해소의 길이 열릴 것입니다.

'노란봉투법' 20년 만에 국회 환경노동위원회 통과

일하는 시민을 위해
노동 분야 성과 ②
산업재해 예방과 안전한 노동환경 조성

SPC 사고 원인 점검 및 국회청문회 요청

소스 배합기에 끼어 산재 사망사고가 발생한 SPC의 차회사(SPL) 현장을 방문해 사고원인을 점검했습니다.

고용노동부 국정감사에서 산업안전보건행정의 허점을 지적하여 SPC 계열사 및 동종 사업현장에 대한 고용노동부의 대대적인 근로감독을 진행토록 했습니다.

또한, 사고 최종 책임자인 SPC 허영인 회장에 대한 국회 청문회를 요청했습니다.

2020년 12월 2일. 장혜영-이슬아 만남.
국회의원회관 516호 장혜영 의원실에서 진행.

2.

(진보)정당정치는 사회를 바꿀 수 있을까?

　“그래픽 디자인 이야기 잘 하다가 갑자기 무슨 정당(정치) 이야기인고?” 하는 독자분들이 많으실 테다. 그러나 내 삶에서 정당 정치 이야기를 빼놓을 수는 없다. 나는 2014년부터 현재까지(중간에 1년여의 탈당 기간을 제외하고) 계속해서 정의당 당원으로 가입해 있고, 또 활동하고 있다. 이제 1장의 그래픽 디자인 이야기에서 왜 이토록 ‘사회’를 들먹였는지, 의문이 풀리셨기를!

　평소 생각과 가치관이 소위 ‘진보’적이고 ‘좌파’적이고 ‘급진’적인 사람이라면, 자기가 떠올리는 이상향을 현실에서 조금이나마 실제로 구현해 보고 싶은 마음이 들기 마련이다. 개인의 차원에서는 나의 행복과 손업을 찾기 위해서, 또 사회의 차원에시는 다양한 특성을 가진 여러 사람끼리 함께 돕고 평화롭게 살기 위해서. 그래서 이런 사람들은 뭔가 사회를 변화시킬 행동을, 각자의 방식대로 실천하고 싶어 한다. 스튜디오 하프-보틀의 그래픽 디자인도 그런 실천의 방식 중 하나일 수 있겠지만, 그래도 무언가를 더 ‘본격직으로’ 하고 싶은 마음이 들기 마련. 그래서 하루에서 일정 시간을 내서 정당정치활동을 하게 된 것이다.

정당정치가 사회를 바꾼다는 개념은 '그래픽 디자인이 사회를 바꾼다'는 개념보다는 훨씬 분명하게, 직관적으로 이해할 수 있을 테다. 하지만 왜 그냥 정치가 아니라, 하필 '정당'정치인가?

많은 사람에게 이런 고정관념이 있다. "한국 사람들 정치에 정말 무관심하다. 더 많은 시민이 정치에 관심을 가지고 생각을 깨쳐야 이 나라가 살아난다"고. 하지만 이런 '상식'과 다르게, 사실 한국의 유권자들은 사회 변화의 수단으로서 정치를 굉장히 중요하게 여긴다. 2012년부터 최근 3번의 대통령 선거 투표율이 모두 75%를 넘었고, 2020년부터 최근 2번의 국회의원 총선거 투표율이 66%를 넘었다. 유권자를 투표에 강제 동원하는 독재국가이거나 '의무투표제'가 있는 국가를 제외하면, 한국과 비슷한 인구 규모, 경제 규모를 가진 국가 중에서는 꽤나 높은 투표율을 장기간 유지하고 있으며 심지어 점점 증가하는 추세를 보이고 있다. 한국 각 정당에 등록된 당원의 총 숫자는 2022년 현재 약 1,065만 명. 같은 해 한국에서 당원이 될 수 있는(만 16세 이상 국적자) 사람 약 4,505만 명의 4분의 1가량이 특정 정당의 당원인 셈이다.✌ 수도 서울의 도심에서는 주말마다 늘 다양한 집회가 열리며, 전국의 관청 곳곳에서도 관청을 규탄하는 1인 시위와 기자회견이 늘 이어진다. 옛 청와대 국민청원이나 국회의 국민동의청원✌✌에는 1년에 수십 건의 청원이 10만 명, 5만 명의 동의를 얻어서 대통령실과 국회로 올라간다.

이쯤 되면 한국의 유권자들은 사회 변화의 수단으로서 정치

✌ 　　한국 〈정당법〉에 따라 만 16세 이상의 한국 국적자가 당원이 될 수 있으며, 한 명의 유권자가 2개 이상의 정당에 가입하는 것은 금지되어 있다. 만 16세 이상의 한국 국적 주민등록자 수는 행정안전부 주민등록 인구통계(국가통계 승인번호 제110026호)의 2022년 통계를, 총 등록 당원 수는 중앙선관위가 2023년 11월 28일에 발간한 『2022년도 정당의 활동 개황』의 내용을 참조했다.
✌✌ 　　문재인 행정부 시절에 운영된 청와대 국민청원은 청와대 국민청원 홈페이지에 올라온 청원 사항이 10만 명의 익명 동의를 얻으면 대통령실(청와대)이 반드시 답변하도록 되어 있었다. (윤석열 행정부 들어서서 청와대 국민청원은 폐지되었다.) 또한 국회는 국회국민청원 홈페이지에서 5만 명(2021년까지는 10만 명)의 실명 동의를 얻은 입법청원을 반드시 심사하도록 되어 있다.

를 굉장히 중요하게 여기고 있다고 볼 수 있다. 그런데 세상은 왜 이 모양이며, 2024년 현재 한국은 아무도 정치에 관심이 없는 듯 정체된 모습일까? 유권자 개인이 정치에 관심을 갖고 참여하는 것을 넘어서, 정치에 관여하는 다른 주체가 필요한 것은 아닐까? 그것을 나는 정당이라는 이름의 조직에서 찾고 있다.

이번 장에서는 정치에 관여하고 사회를 바꾸는 또 다른 중요한 주체, 정당을 이야기하고자 한다. 정당이라는 배경을 통해 한 명의 유권자가 어떻게 변화하는지, 정당이라는 집단이 어떻게 사회의 변화상을 제시하는지, 정당이라는 수단을 통해 어떻게 유권자가 사회를 변화시키는 활동을 할 수 있는지 이야기하고자 한다. 그중에서도 나와 비슷한 정치적 성향과 비전을 공유하는 사람들이 모인 진보정당, 내가 당원으로 속한 정당인 정의당을 중심으로 그 실제 사례를 풀어 보려고 한다.

이 장에서의 이야기는 두 갈래로 이어질 것이다. 한 갈래는 내가 정의당 당원이 되고 활동했던 개인의 경험을 이야기하는 것이다. 이를 통해 당원 개인이 당 안팎에서 어떤 경험을 하고 어떤 고민을 하게 되는지 전달할 수 있으면 한다. 이 이야기가 대부분을 차지할 것이다. 또 하나의 갈래는 일종의 보충 설명으로 (개인의 경험이 아닌) 정당이라는 조직, 공동체가 운영되는 방식과 한국 사회에 변화를 일으키는 방식을 소개하는 것이다. (진보)정당정치가 어떤 역할을 하기에 정치가 잘 작동하는 데에 반드시 필요한지, 또 (진보)정당정치가 잘 작동할 때와 잘 작동하지 못할 때 어떤 일이 벌어지는지 약간 먼발치에서 바라보려고 한다. (두 번째 갈래에 해당하는 내용은 제목에 '사설'이라는 꼬리표를 달고자 한다.)

2.1. 한 명의 유권자가 (진보)정당 당원이 되기까지

2.1.1. 진보정당의 주장은 이렇게 사람에게 스며든다

 # 고등학교 기숙사에서 탑재한 저항 정신

1991년생 조현익의 초등학교, 중학교 학생 시절을 잠깐 떠올려 본다. (지금도 왜인지는 모르지만) 1997년 김대중 대통령이 당선되던 그 대통령 선거의 개표 방송을 잘 알지도 못하면서 계속 재미있게 바라봤고, 그 시절 누구나 읽었던 이원복의 『먼나라 이웃나라』를 통해 서유럽의 사회 문화를 동경했고(특히 네덜란드 편에 나온 마약 중독자를 감옥에 때려 넣지 않고 서서히 치료할 수 있도록 도와주는 정책, 프랑스 편에 나온 복지국가식 안전망과 내학교 평준화가 놀라웠다!), 그 외에는 그냥 부모님의 정치관과 집에 배달되는 종이신문(『중앙일보』)의 내용에 따라 정치관이 정립되는 그런 사람이었다. 나의 어머니와 아버지는 모두 경상북도 출신이었고 서울로 이사하여 고등학교 교사, 대기업 연구직을 지내는 중산층-고소득층 지식인에 해당했다.

내가 사회를 바라보는 관점 역시 딱 그런 환경에 맞게 자리 잡고 있었다. 최선을 다하는 사람 누구에게나 과실이 돌아가고(다시 말하면 '가난한 이들에게는 그럴 만한 이유가 있다'는 뜻이렷다), 경제성장이 잘 되면 ('가난할 만한 이유가 있는 사람' 빼고는) 누구나 잘 살 것이며, 그렇게 하여 누구나 굶지 않고 살 수 있는 세상을 만들었다고 평가되던(물론 이 시점에도 결식아동이나 급식비를 못 내는 친구들이 있었겠지만 나는 그것을 잘 몰랐다) '유능한' 개발독재자 박정희를 긍정적으로 생각하고 있었다. 그 생각이 박살 난 것이 고등학교 때였다.

여기서 배경 설명을 위해 학교의 실명을 밝히고 들어가야 하겠다. 나는 2007년 서울과학고등학교(이하 '서울과고')에 입학했다. 고등학교 평준화가 이뤄진 이후에도 각 분야의 소위 '나라를 이끌 영재'를 육성하기 위해서 1980년대부터 외국어고등학교, 과학고등학교 등 여러 특수목적고등학교(이하 '특목고')가 세워졌는데, 1989년에 설립된 서울과고는 공립고등학교로서 '실력을 바탕으로 학생으로 선발되기만 한다면' 낮은 수업료에 수준 높은 이공계열 공부를 할 수 있는 훌륭한 학교였지만, 동시에 특목고 입학 열풍, 더 나아가 현재의 자립형 사립고, 자율형 공립/사립고 등으로 확대되는 '고등학교 입시 열풍'(아니 고등학교는 평준화되었는데 입시 열풍이라니 말이나 되나?!)의 시초가 되었다고 할 수 있다.

내가 과학고 입학을 준비하던 시절에는 중학교 1~2학년부터 학교 내신 성적, 수학/과학 계열 경시대회 입상 경력, 그리고 과학고에서 실시하는 입학시험 점수 등 여러 가지를 챙겨야 했다. 매일 새벽 1~2시까지 서울 강남 대치동, 목동, 상계동 등에 위치한 학원을 다니고, 방학에는 아침부터 하루 종일 경시대회 전문 학원에 등원하여 과학고 입시를 준비하는 모든 학생이 모인 큰 강의실에서 고등학교 물리학 교재를 끝도 없이 풀어야 했다. 하루 종일 학원에 있다 보면 따돌림을 비롯해 학생들 사이의 심각한 말썽이 생기기 마련인데 학교 공교육과 다르게 이에 대한 훈육이 있을 리는 없다. 다만 문제 풀이를 틀리거나 숙제를 하지 않을 때의 체벌만 존재할 따름이었다. 학원에서 자녀들을 학원에 데려다주며 마주치는 학부모들은 서로 자기 자녀들이 어떤 학원에서 입시를 준비하는지, 자신이 어떤 방식으로 자녀의 공부를 '통제'하는지 '자랑'하며 친해졌다. 학생들은 그 '자랑'과 '통제' 속에서 자신이 그만큼 공부하는 것이 당연하다고 여겼다. 또 그 기대에 부응하여 입시에 합격해야 한다는 중압감이 알게 모르게 심리를 지배했다.

그런데 정작 서울과고에 입학하고 나서 겪은 분위기는 크게 달랐다. 과고 학생들은 자유롭게 풀어 줘도 알아서 열심히 공부할 것이라는 믿음이라도 있었는지, 이 학교에는 교복도 없었고 두발 규세노 없었으며(학생인권조례가 아직 없던 시절이었기에 아주 드문 사례였디) 몇몇 '엄힌' 교과목 교사만 만나지 않는나녇 물리석 체벌도 경험하지 않으며 학교를 마칠 수 있었다. 학교에서의 수업과 탐구 활동(실험 실습, 연구 과제 등)이 워낙 '빡셌기' 때문에 학원을 무작정 많이 다니기 어려웠는데 이것이 오히려 생활의 자유도를 높였다. 학교는 서울 종로구의 대학로 근방에 있었는데 학생들이 서울 전역에서 선발되었으므로 등교 시간을 줄이기 위해 서울과고는 학기 중 평일에 싼값에 기숙사를 운영하고 자습 시간도 운영했다. 정규수업이 끝나고 기숙사에서 또는 대학로에 나가서 놀다가 자습 시간에 자습을 하고, 다시 기숙사에서 알아서 공부하거나 사감 교사를 피해서 신나게 놀기. 이처럼 학생들은 기숙사의 규율 안팎을 오가며 나름의 자유를 찾아갔다. 중학생 시절 하루 종일 학원에 박혀 있던 것에 비하면 어마어마한 행동의 자유가 주어진 셈이다.

각자의 가정을 벗어나서 처음으로 다양한 친구들과 하루 종일 같이 생활하고 교류하는 환경에서 성장하다 보면, 자신이 과거에 살았던 환경을 다시 돌아보고 이에 대한 '저항 정신'을 탑재하게 되는 것 같다. 기숙사에서 집으로 돌아오는 주말 동안에는 가족들에게 '내 생활 방식을 건드리지 말 것'을 주장하며 싸우기도 하고, 또 억압적인 교사들(특히 이곳으로 막 부임한 교사)이 시도하는 '반동적 억압'에는 친구들이 반항하는 것을 목격하거나 반항에 동참하기도 한다. 기숙사 규정이 이해할 수 없이 강화될 때(학생들의 과제 작업용 노트북 기숙사 반입을 금지하거나, 방과 후 자습 시간 전 자유 시간에도 분명한 목적이 있어야만 학교 밖으로 나갈 수 있고 외출증을 꼭 제출하라거나) 이를 거부하고, 이에 대한 체벌 '기합'을 받자 기합을 준 교사에게 집단 항의를 하기도 했다. 이런 '저항'을 그저 사춘기 시절의 치기처럼 여길 수도 있겠다. 그러나 이때의 반항심이 그저 혼자서 냉소하거나 잘난 체하는 데 머무르지 않고, 각자의 가정과 학교에서 부조리한 것에 직접 문제 제기하고 필요하다면 학생끼리 '연대'하는 경험으로 이어지는 것은 아주 중요했다.

#『한겨레21』과 진보신당 〈칼라TV〉:
'진보적 의제'와 '진보적 운동'을 처음 접하다

자유로운 분위기의 학교에서 생활하다 보면 새로운 정치관을 접하기도 더 쉬운 것 같다. 그 첫 번째 통로는 서울과고 도서관이었다. 고등학교 도서관으로서는 상당히 많은 책과 잡지가 구비되어 있었는데, 그중에서는 자연과학 책뿐만 아니라 인문, 사회과학, 예술 관련 책(1장에서 말한, 고등학교 때 읽었던 디자인 책들이 다 여기에 있었다!)도 많았다. 『총, 균, 쇠』도 있었고, 『나는 빠리의 택시 운전사』처럼 당시로서 상당히 선진적인 사회 담론을 다룬 책도 많았고, 여러 종의 과학 잡지 옆에는 시사주간지도 매주 배달되었다. 특히 졸업생들이 직접 모금하여 도서관에다가 『한겨레21』, 『시사IN』을 정기구독했는데(당시 가장 나이 든 졸업생도 30대 중반이었으니, 이런 젊은 동문회 분위기를 타고 일어났던 모금 캠페인이었다), 덕분에 나는 당시 한국 사회의 최신 진보적 의제를 접할 수 있었다.

노무현 행정부 말기, 이명박 행정부 초기에 해당하던 그 시절 시사주간지들은 정권을 불문하고 독자적인 담론과 비판을 앞세우고 있었다. 2007년을 기준으로 지구 온난화(기후위기), 아프가니스탄 탈레반의 재준동, 대리모와 생명 윤리, 학교에서의 체벌, 여성주의적 문화 평론, 노무현 행정부와 삼성그룹의 결착, 한미 FTA(자유무역협정)가 가져올 문제점, 동물 실험의 문제점과 채식 문화 등 다양한 이야기를 표지 이야기로 다루던 시절이었다. 주제에서 볼 수 있듯, 국가와 가족으로부터 과학자로 성장하기를 요구받는 학생이라면 누구나 주목할(하지만 당시 사회 이슈로서는 철저히 비주류 이슈였던) 과학의 사회적 의미와 관련한 주제도 함께 다루어졌다. 황우석을 영웅처럼 배우다가 줄기세포 복제 논문 조작이 드러남에 따라 그를 부정해야 했던[*] 당시의 과학도들에게 이

[*] 서울대학교 수의학과 교수였던 황우석은 1990년대부터 최초의 복제 송아지, 복제 개 생산에 성공하여 명성을 얻었으며, 2000년대 초반 들어 인간 의료용으로 사용될 가능성이 컸던 배아줄기세포 복제 및 배양에 성공했다고 논문을 발표하며 국가적 영웅으로 전폭적인 연구 지원을 받았다. 그러나 2005년 MBC 〈PD수첩〉과 과학자 커뮤니티 BRIC에서 이 연구에 사용된 난자의 불법 취득 그리고 배아줄기세포 배양 논문 자체가 조작되었다는 의혹이 제기되었고, 서울대학교의 연구 검증 조사 결과 배아줄기세포가 실존하지 않았음이 드러나 황우석은 학계에서 퇴출되었다.

런 주제는 정치적 성향을 떠나서 누구나 주목할 내용이었다. 이렇게 나는 시사주간지에 입문하게 되었고, 그 안에 들어간 여러 담론을 빠르게 흡수하게 되었다. 예를 들어 『한겨레21』에서 기후위기를 다루는 과학적 내용을 다루지 않았더라면, 나는 『한겨레21』을 관심 있게 읽으면서 자연스럽게 이주노동자 문제, 성소수자 문제를 접할 기회를 얻지 못했을 것이다. 정치를 정치가 아닌 사회적 논의와 담론으로 접하게 할 기회. 이것이 나를 진보정당의 지지자로 만들었던 첫 번째 통로였다.

시사주간지가 진보적 의제를 알려 준 통로였다면, 내게 진보적 사회운동을 처음 알려 준 것은 2008년 '미국산 쇠고기 수입 반대 촛불집회'와 이를 생중계했던 진보신당의 영상 스트리밍 서비스 〈칼라TV〉였다. 2007년 노무현 행정부 시절 한미 FTA가 체결되어 한국과 미국 사이의 다양한 분야 시장이 개방되고 관세가 없어졌다. 그 부속 협정으로 이명박 행정부가 시작된 2008년에 미국산 쇠고기의 수입 협정을 맺게 되었는데, 이 당시에는 미국산 육

우 또는 그 고기를 섭취한 사람에게 광우병이 발병하는 사례가 세계적으로 보고되면서 미국산 쇠고기 유통에 많은 제약이 걸려 있던 시기였다. 하지만 한국 행정부는 쇠고기 수입 허용 기준을 최대한 완화하는 식으로 다른 분야 무역협정에서 이득을 보려고 했고, 이것이 지나친 검역 주권 포기라는 주장이 대두되어 수입 반대 집회가 세종대로에서 연일 일어났다.

이 시기 경찰은 시위대에게 소방 호스를 이용한 고압 물대포를 발사한다든가, 컨테이너로 세종대로를 통째로 가로막는('명박산성'이라고 불렸다) 방식으로 집회를 해산하려 했다. 사실 이런 진압 방식은 노무현 행정부 시기의 평택 미군기지 반대운동('대추리 사태')을 비롯해 과거에도 사용되었다. 그러나 대도시 도심에서의 이런 진압은 처음이었다. 진보신당은 〈칼라TV〉를 통해 매일 집회를 생중계하며 진압의 잔혹성을 계속해서 보여 줬다. 이 때문에 (정부의 쇠고기 수입 협상에 대한 반대뿐만 아니라) 가혹한 진압을 처음으로 목격하며 분노한 사람들이 집회에 점점 더 많이 몰려들었고, 2008년 6월에는 100만여 명이 세종로에 모였다.

대학교 입시를 앞두었던 나는 당시 집회에 참여하지는 않았지만, 매일 자습 시간에 노트북으로 과제를 하는 동시에 〈칼라TV〉 중계를 계속 보면서 상황의 심각성을 확인했다. 도심 통행이 막혀서 학원에 늦었다는 친구와는 이것이 시위대의 탓이냐, 경찰의 탓이냐를 두고 논쟁하기도 했고, 학문적인 입장에서 광우병이 과장된 괴담이라고 받아들여야 할지 검역 조건이 더 안전하게 강화되는 게 맞을지 토론하기도 했다. 이런 경험이 쌓이면 쌓일수록, 나에게는 쇠고기 검역 강화를 최우선 가치로 내걸며 일관되게 시위대와 함께했던 진보신당을 지지하는 마음이 점점 쌓여 갔다. 집회에 매일 참여했던 진보신당의 전직 국회의원 심상정과 노회찬, 그리고 〈칼라TV〉의 진행자로서 시위 참가자 한 명 한 명과 기꺼이 인터뷰를 나눴던 진중권(당시 동양대학교 교수). 그것이 나를 진보신당 지지자, 그리고 앞으로 계속해서 생겨날 진보정당의 지지자로 만드는 두 번째 통로였다.

2.1.2. 진보정당에 불의한 일이 생기자, 진보정당에 가입하다

시간이 지나서 나는 대학생이 되고 선거권을 가진 유권자가 되었다. 민주당 지지자에게 2012년은 의회와 행정부 권력을 교체하는 데 실패하고 독재자의 2세(박근혜)가 대통령이 되도록 허용한 좌절의 시기였다. 그러나 진보정당 지지자에게 2012년은 권력 교체의 문제를 넘어서, 한국 사회를 평등하게 만들 정치 세력의 기반이 통째로 무너지는 듯하던 경악스러운 시기였다. 여러 정당에서 실패와 환멸이 쌓이는 상황이 반복되었는데, 그중에서 가장 큰 충격이었던 것은 2012년 5월 고양 킨텍스에서 열렸던 통합진보당 제1차 중앙위원회 회의였다. 많은 사람은 이날을 단상 위 몸싸움과 '머리끄댕이 잡아당기기'로 기억하고, 그 모습을 시청한 나는 진보정당 지지자를 넘어서 당원으로 가입해야겠다고 마음먹었다.

통합진보당은 2012년 4월의 국회의원 총선을 앞두고 2011

년 하반기에 만들어진 정당이다. 민주노동당, 진보신당 탈당파✌,
국민참여당의 3당이 합당하여 하나의 진보정당으로 힘을 합쳐 총
선을 치르자는 구상에서 시작했다. 하지만 너무 다른 배경(이것은
곧 자세히 다루겠다)을 가진 정당들이 급하게 통합되었을 때에는
갈등이 나오기 마련이고, 특히 총선을 앞두고는 통합된 정당 안
에서도 같은 당 출신의 사람들을 더 많이 당선시키는 데 집중하기
마련이다. 그런 상황이 극대화되어, 통합진보당의 비례대표 국회
의원 후보를 경선으로 선출할 때✌✌ 같은 당 출신인 후보를 다득

✌ 진보신당 지도부가 당 대 당 통합을 추진했으나, 이에 필요한 대의원 3분의 2 이상의 찬성을 모으는 데 실패하여 진보신당 자체는 통합진보당 창당에 참여하지 않았다. 다만 당 지도부를 비롯한 주요 정치인과 지지자들이 진보신당을 집단 탈당하여 통합진보당 창당에 합류했다. 진보신당 잔류파는 이후 다른 진보정치 세력과 함께 현재의 노동당을 창당한다.

✌✌ 한국 국회는 약 50명의 국회의원을 비례대표로 선출한다. 50여 명의 의석수 정원을 정당투표에 따른 정당 득표율에 비례하여 각 정당에 배분하고, 각 정당에서는 비례대표 후보를 등록한 순번대로 당선인을 확정한다. 따라서 비례대표 후보는 앞 순번을 배정받아야 당선 가능성이 높아지는데, 전통적으로 진보정당에서는 이 순번을 당원들의 투표를 거쳐서 많이 득표한 후보를 앞에 배치하는 경선을 치른다.

표시키기 위한 부정선거가 파벌마다 횡행했던 것이다. 부정 경선
문제가 자체 조사를 통해 총선이 끝난 5월에 드러나자 통흡진보
당 내부의 길등이 폭발했다. 한쪽에서는 경선이 총체적 부정선거
였으니 무효로 하고 후보들이 모두 사퇴해야 한다는 주장이 나왔
고, 다른 한쪽에서는 경선이 총체적 부정선거였다는 조사 보고서
를 인정할 수 없다는 주장이 나왔다. 두 의견의 대립이 극대화되어
하나의 정당으로서 업무가 돌아가지 않을 정도였고 결국 경선 부
정을 인정해야 한다는 이들이 집단 탈당하여 2012년 10월 정의당
(당시 이름은 '신보정의당')을 창당했다. 이것이 우리가 아는 정의당

의 시작이었다.

앞서 이야기한 2012년 5월 12일 킨텍스에서의 '머리끄댕이 잡아당기기'는 이 과정에서 벌어진 가장 상징적인 사건이었다. 통합진보당 내부의 입법부 역할을 하는 중앙위원회 위원 900여 명이 이날 모여서 경선 부정에 대한 대응과 당 혁신안을 토론하고 표결에 부칠 예정이었다. 4월 총선에서 득표율 10%에 역대 진보정당 최다 국회 의석(13석)을 얻었던 통합진보당이었던 만큼, 이날 중앙위원회는 한국 정치사와 진보정당의 향방을 결정할 중요한 자리였고 여러 언론사가 열악한 상황(유튜브 같은 실시간 영상 스트리밍 채널을 구비한 언론사가 거의 없던 시기다!)임에도 어렵게 온라인 생중계를 실시할 정도로 대중적 관심이 집중되었다. 당원은 아니었지만 진보정당을 열성적으로 지지하던 나도 처음 구매한 아이폰을 들고 생중계를 직접 보고 있었다.

그 방송 장면은 영원히 잊을 수 없다. 오후 2시 30분에 시작된 회의는 7시간 동안 단 하나의 안건 논의도 시작하지 못했다. 의장인 심상정이 회의를 시작하려고 했으나 경선 부정이 없었다고 주장하는 중앙위원들과 방청객(평당원)들이 중앙위원 명단에 문제가 있다며 계속 문제를 제기하고 고성 항의를 하여 회의 진행 자체가 불가능했다. 꿀 같은 토요일에 그저 파행되는 회의의 생중계 화면만 계속 볼 수는 없기에 나는 친구도 만나고 밥도 먹고 하다가 밤 9시 반쯤 다시 생중계를 켰다. 의장이 진행하던 단상이 사라져 있었다. 급히 트위터를 뒤져 알아보니, 몇 분 전 심상정 의장이 드디어 첫 번째 안건의 의결을 시작하려던 순간 수백 명의 방청객들이 진행요원을 뚫고 단상으로 몰려나와 의장석을 점거하고 의장단에게 멱살잡이와 주먹질을 일삼는 상황이었다. 경선 부정에 대처하려는 당 내부 쇄신 시도는 이렇게 좌절되었고, 폭력 사태의 영상과 사진은 이틀간 신문 1면과 TV 9시 뉴스의 톱기사를 장식했다. 그중에서도 백미……였던 사진은 조준호(당시 통합진보당 공동대표이자, 부정 경선 상황과 관련한 진상조사위원회 위원장)가 20대 초중반으로 보이는 당원에게 뒤에서 머리채를 잡힌 사진이었다.

시각적 감각이 주는 충격이란 대단하다. 중앙위원회 회의를 잘 마무리하면 통합진보당이 경선 부정의 문제를 충분히 해소하고 의정 활동과 당 업무를 정상화할 수 있을 것이라고 생각했건만, 그날 이후 나를 비롯한 모든 통합진보당 바깥의 사람들의 생각이 바뀌었다. 이질적 의견을 가진 당내 집단이 폭력적인 수단을 써서라도 경선 부정 문제를 눙치고 지나가려 하며 그 상황은 결코 당내에서 평화적으로 공존하며 해소될 수 없다는 것을 감각적으로 확인한 것이다. 당시 유이한 소셜 미디어 채널이었던 트위터와 페이스북 곳곳에는 '통합진보당은 망했다'는 분노와 자조 섞인 글들이 폭발했다.

그 절망의 늪에서 내 눈에 들어온 것은, (아직 명랑하고 속이 살아 있던) 통합진보당 지지자였던 진중권이 남긴 트윗이었다. '이런 시기에 통합진보당 당원이 되어, 당을 쇄신하려는 사람들에게 힘을 실어 주자'는 호소였다. 지금 같으면 사람들은 '내 저럴 줄 알았다'라면서 통합진보당을 '손절'하기에 바빴겠지만, 12년 전 사람들은 그보나는 좀 더 '장기 투자'적이고 건설적인 방향으로 생각하려고 했던 것 같다. 나는 진중권의 발언에 설득되었고, 당시 수행하던 사회복무요원(군 장병과 마찬가지로 정치 중립의 의무가 있어서 당원이 될 수 없었다) 복무를 끝내면 통합진보당 혁신에 힘쓸 사람들을 따라 당원이 되겠다고 스스로 약속했다. 2013년 12월 복무 소집해제 후, 2014년 1월 새해가 되자마자 나는 그 사람들이 통합진보당을 나와서 모여 있던 정당, 정의당의 당원으로 가입했다.

2.1.3. 사설:
'그는 왜 당원으로 가입했는가?'를 파악하는 정치

어느 정당에서든 송년회나 강연·집회 뒤풀이처럼 (평)당원들이 가볍게 모이는 공식 모임이 있기 마련이다. 이런 모임에서는 보통 몇십 년 차 당원부터 2주 전에 입당한 당원까지 다양한 사람들이 둘러앉아서는 자신이 이 정당에 어떻게 가입하게 되었고 오늘 모임에는 어떻게 나오게 되었는지 자기소개 이야기를 한 바퀴 돌게 된다. 똑같은 당이니까 모든 사람이 다들 비슷한 이야기를 할 것 같지만, 사실은 그렇지 않다. 정당은 사람들이 연합한 결사체로서 서로 다른 요구와 목적을 가진 사람들이 정치적으로 큰 목소리를 내고 싶다는 공통의 목표를 위해 힘을 합치자는 차원에서 모인 조직이기 때문이다. 그래서 같은 당 당원인 사람들이 둘러앉아서 이곳에 가입하고 활동하게 된 배경을 서로 터놓다 보면, 미묘하게 다른 각자의 배경을 알게 되며 다시 한번 주변 당원들과 나의 공통점과 차이점을 발견하게 된다.

　　나의 정의당 가입 사례에서 알 수 있듯, 평범한 유권자 한 명이 어떤 정당의 당원으로 가입하는 데는 두 가지 경로의 계기가 있는 것 같다. 첫째로 유권자 한 명이 사회에 대한 이념, 가치관을 정립하는 계기가 필요하다. 나의 경우에는 고등학교 때의 '저항' 경험과 그때 접한 매체로부터 읽은 내용이 영향을 끼쳤다. 둘째는 유권자 한 명이 '내가 이 정당에 가입해야겠다!'라고 마음먹게 만드는 어떤 감정적인 계기가 되겠다. 나의 경우에는 2012년 통합진보당 비례대표 부정 경선 사태와 '머리끄댕이 잡아당기기' 사진, 그리고 진중권의 당원 가입 호소가 계기였다. 이 두 가지 경로를 살펴봄으로써, 정의당(을 비롯한 진보정당)이라는 같은 정당에 속한 당원들 사이에서 발견할 수 있는 차이점을 살펴볼 것이다.

　　먼저, 정의당 당원 한 명이 사회에 대한 이념, 가치관을 정립하는 계기로는 이런 것들이 있을 수 있겠다.

- 1970년대 박정희 유신 독재, 1980년대 전두환의 군부독재에서 이뤄진 무수한 인권 탄압의 경험. 특히 1980년 5월 광주 항쟁과 유혈 진압 침상의 경험.
- 1970년 선태일의 분신으로 대표되는, 산업화 시기 노동자로서의 비참한 삶을 직접 겪은 경험.
- 지금은 '민주화운동'이라고 대충 얼버무려서 일컬어지는 1980년대의 여러 사회운동 참여: 남북통일운동, 반미·반제국주의운동, 노동운동, 농민운동, 도시빈민운동, 여성권리신장운동 능.

- 특히 1985년 구로동맹파업, 1986년 인천 5·3 민중민주항쟁, 1987년 노동자 대투쟁 등 노동 항쟁을 기획하고 항쟁에 참여한 경험.

- 1997년 외환위기 이후 급증한 실업자에 대한 복지, 비정규직 노동자에 대한 처우 개선, 쫓겨나듯 사업을 시작하게 된 자영업자의 보호 필요성을 당사자로서 체험한 것.

- 민주화 이후 1990년대, 2000년대부터 특히 두드러졌던 생태환경운동, 여성운동, 성소수자운동, 장애인권운동, 외국인노동자인권운동, 학생·청소년인권운동 등 다양한 사회문제를 접하게 된 경험.

- 노무현 행정부의 이라크 전쟁 파병, 비정규직 범위 확대, FTA 확대에 대한 반발. 이에 따른, 보수정당 정권뿐만 아니라 민주당 정권에 대한 실망감.

- 이명박 행정부의 부정 비리, 4대강 정비사업과 용산 참사로 대표되는 무리한 토건 사업, 쌍용자동차 사태로 대표되는 비윤리적 노동 탄압에 대한 반발.

- 초·중·고등학교 친환경 무상급식, 기초(노령)연금, 자녀 양육 수당 등 이른바 '보편적 복지'의 필요성을 요구하고 그 정책의 수혜를 받은 경험.

- 같은 시기에 인권 담론을 통해 구체화되었던 사회적 개혁 요구들. 차별금지법(평등법) 제정, 동성결혼 허용, 장애인 이동권과 구속시설 탈피 등을 비롯한 장애인 생활 인권 문제, 외국인 노동자 및 난민의 포용 문제 등에 대한 논쟁 경험.

1985년 서울 구로공단(현 '구로디지털단지' 지역) 일대 섬유의복 업체 및 전자기기 업체 공장에서 당시로선 불법이었던 자발적 노동조합, 이른바 민주노조를 결성하고 일제히 동맹파업을 일으킨 사건. 한국전쟁 이후 최초의 동맹파업이다. 파업은 1주일 만에 강제 진압되었고, 파업을 주도한 심상정, 김문수 등은 이후 전국적 노동활동가로 발돋움하게 된다.

보수 야당인 신한민주당(김영삼, 김대중 등이 소속)이 이른바 '좌익 과격 학생운동을 단호히 배격하는 민주화운동'을 주장하자, 서울·인천 지역 학생운동, 노동운동, 사회운동, 진보적 기독교운동 세력이 1986년 5월 3일 인천시민회관 광장 일대에서 전두환 행정부와 신한민주당을 규탄하는 대규모 집회를 열고 인천 도심권을 한나절 동안 점거한 사건. 1980년 광주 항쟁 이후 6년 만에 최초의 '해방구'를 형성했으며 군부 독재 세력과 보수 야당과 명백히 다른 정치 이념을 가진 '노동자 정치 세력'(현재의 진보정당 세력)의 첫 모습을 드러낸 사건이라는 평가를 받는다.

1987년 6월 항쟁의 민주화 달성 직후, 7~9월 사이 경남권 공업단지의 노동자를 중심으로 전국적으로 민주노조 설립과 임금·근로조건 개선을 요구하며 약 3,000건의 노동쟁의가 일어났던 일련의 노동운동. 현재의 직군별·회사별 노동조합이 양성화된 계기였으며, 인권변호사 노무현이 노동자 이석규(대우조선 소속, 집회 도중 최루탄에 맞아 사망)의 장례 준비 위원회에 참여했다는 이유로 변호사 업무 정지 처분을 받은 것이 유명하다.

자유무역협정Free Trade Agreement. 두 나라 사이의 수입·수출에 있어서 관세를 비롯한 무역장벽을 없애고 각국에 진출할 수 있는 산업·서비스업의 제한을 해제하는 협정. 2000~2010년대 자유무역을 확대하는 과정에서 한국을 비롯한 각국 행정부가 경쟁적으로 FTA를 맺어 왔다. 각국의 취약한 산업(특히 한국으로 치면 농축산업, 중소 규모 사업자가 중심이 되는 서비스업)의 몰락을 가져올 것이라는 우려로 국제적으로 강한 반대 여론이 있었다.

수자원 공급 및 수해 대책 사업을 명목으로 한강, 낙동강, 금강, 영산강 유역을 정비한 사업. 그러나 수해 예방의 효과가 거의 없으며, 각종 수중보 설치와 인위적인 강바닥 지형 변형으로 생태계를 파괴하는 사업이라는 비판, 그리고 약 22조 원의 예산을 쓸 정도의 사업이 아니라는 비판을 받았다.

2009년 1월 '용산역 일대 재개발사업'의 일환으로 철거 예정이던 서울 용산구 남일당 건물을 점거했던 철거민과 경찰의 무력 대치 속에서 화재가 발생, 철거민 5명과 경찰 1명이 사망한 사건.

쌍용자동차가 2004년 상하이자동차에 매각되고 기술 탈취를 당한 뒤 2009년 법정 관리에 들어가면서 노동자 2,600여 명의 정리해고 계획을 발표했는데, 이를 반대한 노동자들이 평택 공장을 77일간 점거하며 파업하고 경찰과 사측 용역경비인력이 강경 진압에 나선 사건. 해고 노동자들은 2013~2020년 사이에 순차적으로 복직했으나, 강경 진압과 해고의 트라우마를 겪은 노동자와 가족이 자살하기도 했다(그 수는 총 33명에 이른다).

- 같은 시기에 이른바 청년 담론을 통해 구체화되었던 새로운 사회문제들. 비정규직 단기 일자리를 중심으로 한 노동 문제, 1인 가구 및 세입자의 주거 문제, 심리적 우울과 과로에 대한 문제, 비-수도권 지역의 일자리 및 문화적 낙후 문제 등에 대한 경험.

- 박근혜 행정부에서도 이어진 부정 비리, 세월호 참사에 대한 무능하거나 악질적인 대응, 문화예술계 블랙리스트 제작이나 국정원 간첩 조작 사건, 최순실 국정농단 사건처럼 민주주의 운영 원리를 망가뜨렸다고 생각되는 사건들을 바라보는 허탈감.

- 2016년 강남역 공중화장실 살인사건과 뒤이어 분출된 성폭력 피해 고발 '미투MeToo운동'을 바라보고, 자신의 과거 경험과 현재의 성평등하지 않은 사회를 되새기면서 폭발하는 분노.

- 개혁적일 것이라고 장담했던 문재인 행정부와 민주당 정권에서도 (합리적인 이유 없이) 자신에게 불리할 것으로 판단하자 차별금지법 제정, 비례성을 강화한 선거제도 개혁 등에 무관심하거나 역행하는 상황을 바라보며 생긴 고민.

- 안희정, 조국, 오거돈, 박원순 등 민주당계 주요 정치인들이 개인의 비리와 부정행위로 연이어 퇴출당하는 상황에 대한 분노와 허망함.

- 코로나-19 팬데믹 이후 '지구적 위기 상황'을 대응하기 위한 사회적 고민의 급부상. 기후위기 상황 대응과 온실가스 감축, 공공의료 확대와 취약자의 보건·복지 문제, 온라인 플랫폼

서비스와 인공지능 발달에 따른 노동 형태 변화와 그에 따른 노동자들의 위기, 소득의 정체와 부동산 등 자산 가치의 과도한 상승 등.

- 이 모든 고민에 대해 역행하는 윤석열 행정부, 그리고 대응하지 않는 원내 제1당 더불어민주당.

아이구야. 여기까지 말하는 것만으로도 대한민국 최근 50년사를 죄다 되짚어 본 것 같다는 생각이 들 정도로 길다. 이처럼 다양한 경험을 겪고, 그 영향으로 각자의 생각과 가치관을 가지게 된 당원들이 정의당에서 교차한다고 할 수 있겠다.

하지만 나의 정의당 활동 경험을 돌아보면, 당원 모임에 처음 참석한 당원에게 "어떤 계기로 정의당에 가입하게 되었는가?"라고 물었을 때 이와 같은 배경의 가치관과 경험에 대해서 깊게 답하는 경우는 많지 않다. 대신 당원 가입의 계기가 되는 두 번째 요인, 즉 정의당과 관련하여 자신의 감정이 동요했던 어떤 상황에 대해 말하는 경우가 많다. 예를 들면 이런 일들이 있겠다.※

※ 다음에 나열될 예시 중에는, 이 책 뒷부분에 자세히 설명할 정의당 당내 사건이나 역사와 관련한 내용이 계속 나올 것이다. 독자 여러분이 모르는 사건들도 있겠지만 우선 여기서는 별도의 설명을 하지 않겠다.

- 통합진보당 부정 경선 사건이나 폭력 사태를 보면서, 진보정치를 지키기 위해서 정의당으로 가야겠다는 동기.
- 피선거권을 잃고 '부당하게 국회의원직을 박탈당한' 노회찬에 대한 애잔함과 지지의 마음.

- 청년인 자신이 정치를 직접 하는 데 있어 그 목소리를 가장 잘 듣고 청년에게 다양한 정치의 역할을 부여하는 정당에서 활동하고 싶다는 동기.

- 내가 평소에 지지하던 (정의당 안팎의) 인물이 정의당 비례대표 경선에 출마한다고 하여, 그가 앞 순번을 받도록 하고 당을 밀어주기 위해서.

- 여의도 정치에서 쉽게 이야기 꺼내기 어려웠던 박근혜 대통령 탄핵을 가장 앞장서서 말한 것에 대한 속 시원함.

- 2017년 대통령 선거 후보 토론회에서 심상정 후보가 1분 발언 찬스를 써서 "성소수자는 찬성하거나 반대할 수 있는 것이 아니다"라는 발언을 한 것, 여성의 권리와 성평등에 대한 이야기를 앞장서서 한 것에 대한 고마움.

- 노회찬이 사망하면서 그에 대한 연민과 지지, 그리고 그와 함께했던 정의당에 대한 지지의 마음.

- 더불어민주당이 여론의 눈치를 보며 진보적인 정책을 펴지 못할 때, 더불어민주당을 압박하기 위하여 정의당의 당세에 힘을 보태야겠다는 판단.

- 파리바게뜨, 네이버 등에서 새로운 노동조합을 조직하고 사측의 불의함을 앞장서 폭로하는 것에 대한 속 시원함.

- 2020년 국회의원 총선거에서 국민의힘(당시 '미래통합당')과 더불어민주당이 비례위성정당을 만드는 꼴과 달리, 원칙을 지키는 정치를 하는 정의당에 힘을 보태기 위해서.

- 지금까지의 정의당 지도부와 달리 민주당과는 독자적인

목소리를 내고 더욱 급진적인 정체성을 보여 줄 수 있다는 기대를 가진 당대표 후보가 등장했다는, 그리고 그 후보가 대표로 당선되었다는 기대감.

- 박원순 사망 직후, 그에게 성추행을 당한 피해자 직원의 편을 들고 그의 안위를 걱정한 류호정, 장혜영에 대한 지지의 마음.
- 2024년 국회의원 총선거에서 0석이 된 뒤, 정말로 없어져 버릴 위기에 처한 정의당을 지켜야 하겠다는 절박함, 지키지 못했다는 미안함.

정의당 (기존) 활동가와 정치인의 입장에서, 두 번째 목록으로 살펴보았던 '감정에 따른 입당의 동기'는 그 내용 하나하나가 모두 가슴 뭉클하게 하고 힘을 주는 내용임이 틀림없다. 그런데 정의당 활동가와 정치인은 그저 이 뭉클함에 취하기만 하면 안 된다. 표면적 입당 동기에 가려진 신규 당원의 생각과 경험, 그러니까 앞서 살펴본 첫 번째 목록에 해당하는 특성을 파악해야 한다. 그리고 이것은 훨씬 속 깊은 분석이 필요한 일이다.

2024년 9월에 KBS 1TV에서 방영된 〈시사기획 창〉[주]에서는 2020년 4월 국회의원 총선거에서 의석을 확보하지 못한 정의당(과 진보정당)의 발자취와 현황을 짚었다. 이 프로그램에서는 정의당이 과거와 같은 기대를 잃어버린 이유에 대해, 여러 사람이 말하는 다

[주] 2024년 9월 3일 방영분 '진보연대기: 광야에서 광야로'. 권영국과 김형철의 발언은 18분 25초, 강은미의 발언은 25분 45초, 신규 당원 인터뷰는 34분 54초부터. https://youtu.be/zl1NCJE7BZ0?si=Qk-nyRQLIEJ-0hB9

양한 의견을 모아서 보여 줬다. 권영국(정의당 현 대표)은 정의당이 노동 현장에 잘 보이지 않았다는 점을, 강은미(정의당 소속 전 국회의원)는 윤석열 행정부를 더 강하게 견제하지 않았던 것을 짚었다. 이 두 의견은 "최근 정의당이 내걸었던 환경과 젠더의 문제가 진보 정당의 전통적 지지 기반인 노동계급만의 관심 주제가 아니라 중산층과 상류층의 관심이 많은 주제였다"고 말한 김형철(성공회대학교 민주주의연구소 교수)의 관점처럼, 정의당이 본래의 지지층이 가진 기대를 외면했다는 의견에 힘을 실은 것이다.

하지만 같은 프로그램 안에서 다른 이야기가 나오기도 했다. 4월 총선 이후 정의당에 가입한 4명의 신규 당원(3명의 대학생, 그리고 전 민주노동당 창립 멤버인 환경운동가 1명)을 대상으로 입당 동기에 대한 간단한 인터뷰를 진행했다. 그들이 정의당을 고르게 된 속 깊은 이야기는 평범한 분노를 넘어선 무엇이었다. 정의당이 성평등 정치를 통해 사회 구조를 바꾸고자 하는 것에 대한 기대. 거대 양당(더불어민주당과 국민의힘)과는 다르게 노동자의 목소리를 들어 주는 정당이 존재해야 한다는 믿음. 거대 양당 지지자의 양극단에 허락되는 틀을 벗어나서 더 큰 사회 변화를 만들자는 요구. 그리고 지금까지 활동하고 있었던 정의당의 젊은 활동가와 정치인들에게 빚을 진 마음.✌ 이것은 앞서 권영국, 강은미 등이 상상

✌ 이런 입장을 밝힌 환경운동가 노현기는 민주노동당 인천 부평구위원회 부위원장 시절이던 2005년, '황우석 사태' 초창기 시절 황우석에 대한 비판 글을 올렸다가 빗발치는 항의와 민주노동당의 '해명문' 요구에 반발하며 직을 사퇴했다. 황우석의 연구논문 조작이 드러난 이후 노현기는 '민주노동당의 자존심을 지킨 사람'이라는 평가를 받았다. 민주노동당 청년 당원이던 이기중(전 서울 관악구의원, 전 정의당 부대표)이 이런 배경에 대한 설명과 함께 당의 현재 상황에 대한 논평을 자신의 페이스북 페이지에 게시했다. https://www.facebook.com/gwanak21/posts/pfbid02NXon2ojJwajgbJtP7SjvfDwr3VoAgVMuycyzhbRT6fLi6iAbizgfmUGDLvcdMAw1l

하던 정의당에 대한 기대와는 또 사뭇 다른 관점이다. 이런 생각을 가진 사람들이 당원으로 가입하는 정당은 어떤 관점과 성격 변화를 받아들여야 할 것인가?

우리는 같은 정당 소속 당원끼리는 모든 사안에 대해서 같은 생각을 공유할 것이라고 짐작하기 마련이다. 하지만 그렇지 않다. 사람마다 좀 더 중요하게 관심을 가지고 바라보는 사안이 다를 수 있고, 또 같은 사안에 대해서도 생각이 다를 수 있다. 비교적 비슷한 가치관을 가진 사람들이 모인다는 진보정당조차도 그렇다. 예를 들어 성평등 정치를 원하는 사람들과 노동자 권리를 지키려는 사람들이 함께 사회 변화를 외치다가도, 소위 "정의당은 노동정당이냐, 페미니즘 정당이냐?"라는 이상한 대립구조의 질문(직장 내에서의 성폭력, 여성 노동자의 자녀 양육에 따른 퇴직 압박과 임금 불이익은 심각한 노동 문제인 동시에 심각한 성평등 관련 문제이거늘!)이 나오면서 둘 사이의 '우선순위'를 놓고 대립하게 되는 경우가 있다. 또 1980년대 군부독재와의 싸움을 먼저 경험한 사람들과 2020년대 기후위기와의 싸움을 먼저 경험한 사람들은 서로 "왜 당신은 불의한 수사를 하는 검찰에 대해 / 온실가스를 펑펑 배출하는 기업에 대해 침묵하느냐?"고 비판하며 대립하기도 한다.

당원들 사이에서 발견할 수 있는 이 미묘한 공통점과 차이점에 따라, 정당의 성격이 결정되고 정당 내부 구성원들의 충돌 또는 결속이 만들어진다고 나는 생각한다. 따라서 정당 내부에서 지속적인 교류와 토론 기회를 만드는 활동들(당원 교육과 당원 모임과 간담회 주최, 낭 소식지 발행 등)이 아주 중요하다. 정당 안에서 이뤄지는 중요한 정치 과정이라고 할 수 있기 때문이다. 어떤 지점에서 당원들이 서로 공감대를 형성하느냐? 또 어떤 부분에서 당원들이 차이점을 서로 인정하거나, 논쟁하거나, '차이가 없는 듯 뭉개거나, 지도부가 한쪽의 손을 들어 줄 것인가'? 정당정치가 사회를 바꾸려면 정당 내부에서 이런 것을 결정하고 확인하는 과정을 거쳐야만 할 것이다.

2.2. (진보)정당 당원이 경험하는 전국 정치

2.2.1. 평당원의 첫 정당정치:
2014년 서울 동작구 을 국회의원 보궐선거운동

2014년 1월에 당원 가입을 하긴 했지만 그게 곧 엄청 대단한 일상의 변화로 이어지지는 않았다. 기존의 통합진보당 조직을 완전히 떠나 창당 2년 차였던 정의당은 국회의원 5명과 의원 보좌진, 중앙당 사무실 일부 지역의 광역시·도당 사무실, 상근 직원 몇십 명 정도의 조직만 갖추고 있었다. 전국적으로 당원을 가입시키고 재정을 확충해서 지역별 조직과 부문별 조직을 계속 세로 만들어야 하는 상황이었다. 그러다 보니 당이 당원에게 일상적으로 뭔가 대단한 경험을 제공힐 수 있는 상황이 아니었다. 당시 나에게 당원이 되었다는 것은 월 1만 원의 당비가 정기적으로 인출되고, 당원 노회찬, 유시민, 진중권이 진행하던 정의당 공식 팟캐스트 '노유진의 정치카페'를 괜히 좀 더 챙겨 듣게 되고, 가끔 중앙당이 당원 전체에게 보내는 공지 문자를 받는 것을 의미할 뿐이었다.

정의당 당원으로서 나의 첫 활동은 지극히 우연히 일어났다.

2014년 7월 전국 15개 지역구에서 국회의원 재보궐선거가 치러질 예정이었고, 그중 서울 유일의 선거구였던 동작구 을 지역구에 전 국회의원이자 전 당대표였던 노회찬이 출마했다. 그 선거에서 당원이자 자원봉사자로 딱 하루 유세를 돕기 위해 선거사무소를 찾아간 것. 그것이 당원으로서의 첫 활동이었다.

이 선거의 배경은 아주 복잡했다. 현대중공업(현 HD현대) 회장이자 새누리당(국민의힘 전신) 소속 7선 국회의원(울산 동구 5회, 서울 동작구 을 2회 당선)이던 거물 정몽준이 2014년 6월 지방선거에 서울시장 후보로 출마하면서 국회의원을 사퇴한다. 그리고 그 자리에 노회찬이 정의당 후보로 출마를 선언한다. 노회찬은 2004년 민주노동당으로 비례대표 국회의원에 당선되었고, 2008년(진보신당)과 2012년(통합진보당)에 각각 서울 노원구 병 지역구에 출마하여 2008년에는 낙선했고 2012년에 당선된다. 그런데 아이러니하게도 당선 직후, 노회찬이 받고 있었으나 지난 2년간 일시 정지 상태였던 형사재판 한 건이 급속하게 진행된다. '삼성 X파일 명단 공개 사건'✌이라고 불리는 이 사건에서 노회찬은 2013

✌ 1997년 대통령 선거를 앞두고 국가안전기획부(현 국가정보원)가 이학수(당시 삼성그룹 회장 비서실장)와 홍석현(당시 『중앙일보』 사장)의 대화를 불법 도청하는 과정에서, 삼성그룹이 전달한 이회창·김대중 캠프 불법 대선자금과 검사 '떡값' 로비 관련 내용을 녹취록으로 남긴 사건. 그리고 2005년 이상호(당시 MBC 기자), 김연광(당시 『월간조선』 편집장), 노회찬(당시 민주노동당 국회의원)이 도청 녹취록을 입수하고 그 내용을 폭로한 사건. 녹취록에 담긴 불법 자금 전달 내용 및 불법 도청 행위에 대해서는 검찰 수사 이후 공소시효 만료를 이유로 기소되지 않았고, 이 내용을 공개한 3인은 그 행동의 충분한 공익적 목적을 대법원에서 인정받지 못하고 〈통신비밀보호법〉 위반으로 유죄 판결을 받는다.

년 유죄(징역 4월 집행유예 1년 및 자격정지 1년)를 최종 선고받아 국회의원직을 박탈당한다. 자격정지 기간이 지나 출마할 수 있게 된 첫 공직선거가 2014년 7월 재보궐선거인데, 노회찬은 동작구 을에 출마하여 국회에 곧바로 복귀하기로 결정했다.

당시 이 선거는 정의당에도, (당시는 한국 정치 구도상 하나로 묶였던) '민주-진보 진영' 전체에도, 한국 사회 전체에도 아주 중요했다.

먼저 (1) 한국 사회 전체로 보면 지금까지 한국 사회를 관통했던 권위주의적 통치, 지역구도 정당정치, 자본 우선 경제 정책에 대한 반대가 표출될 선거였다. 전국적으로는, 3개월 전에 있었던 세월호 참사에서 드러난 규제 완화의 폐해, 행정부의 무능한 대처와 피해자·유족 혐오를 조장하는 상황에 대한 반대를 투표로 보여줄 기회였다. 지역구마다 특별한 의미도 있었다. 전라남도 순천시·곡성군에서는 박근혜 행정부 대통령실의 정무수석비서관을 역임한 이정현이 새누리당 후보로 출마하여 1987년 민주화 이후 첫 보수정당 소속 전라남도 국회의원이 될 가능성이 아주 높았다. 경기도 평택시 을의 경우 쌍용자동차 사태가 있었던 평택 공장이 위치한 곳으로, 진보정당 4당이 김득중(전 쌍용자동차 노동조합 지부장)을 후보로 추대함에 따라 보수정당 행정부의 가혹한 노동 탄압뿐만 아니라 민주당(노무현 행정부 시절)의 무능한 산업 정재(기업 내각)에 대한 비판까지 이번 선거를 통해 조명될 터였다. 그런 모든 이야기가 종합적으로 다뤄질 수도 있는 재보궐선거였다.

(2) 정치권의 '민주-진보 진영'에도 중요한 선거였다. 바로 1달 전에 있었던 지방선거에서 이들은 새누리당과 엇비슷한 성적을 거둬서 박근혜 행정부 심판에 성공했다고 인정받기 애매한 상황이

었다. 마침 같은 시기의 교육감 선거에서는 무상급식 정책 실현과 세월호 참사 이후의 한국 교육에 대한 자성론이 겹치며 진보적 성향 교육감이 대거 당선되었음에 비하면, '민주-진보 진영'의 정당들은 유권자의 신임을 충분히 받지 못하고 있다는 걸 의미했다. 그 때문에 이번 재보궐선거에서 승리하여 유권자의 신임을 얻었다고 보여 주는 것이 중요했는데, 그중에서도 서울의 유일한 재보궐선거 지역구인 동작구 을의 선거 결과가 마치 전국 민심의 바로미터인 것처럼 취급받았다.

(3) 그중에서도 정의당 입장에서 이 선거는 아주 중요했다. 노회찬은 누구나 인정하는 정의당의 주요 스피커였고 그가 억울하게 의원직을 잃었다고 동정하는 여론도 제법 컸던 만큼, 이번에 의원직을 탈환하여 주요 진보정당으로서 정국 주도권을 가져오는 것이 중요했다. 정의당에서는 이번 재보궐선거에서 노회찬뿐만 아니라 천호선(당시 당대표), 이정미(당시 대변인) 등 당의 주요 정치인이 수도권 곳곳에 출마했는데, 이것은 정의당에 대한 지지를 끌어올리려는 목적뿐만 아니라 노회찬의 당선 가능성을 높이기 위해 여차하면 민주당과의 전국적 후보 단일화를 하려는 카드를 포진시킨 것이었다.

내가 사는 도시에서 이렇게 정의당이 전당적 총력을 기울이는 중요한 선거가 열리고 "주말 집중 유세 때 모든 당원들이 결합해 달라"는 문자 메시지가 계속 오는 판이니, 처음 당원이 된 입장에서 꼭 가 봐야겠다고 마음먹게 되었다. 선거일 약 1주일 전 어느 평일에 사당역 안쪽 골목에 있던 노회찬 선거사무소에 찾아가 자원봉사를 신청했고, 그렇게 하루짜리 선거운동 자원봉사에 참여하게 되었다. 그날 내가 맡은 업무는 지역 유권자에게 유선전화로 유세 홍보를 하는 일종의 콜센터 업무였다.

나중에 알게 되었지만, 정의당 후보가 지역구 선거에서 콜센터를 운영하는 것은 전당적으로 어마어마한 자금·인력지원을 받아야 가능한 초호화 선거운동이었다. 그날은 10여 명의 유급 선거 사무원(주로 동작구에 거주하는 중년 여성으로 보였다)과 나를 포함한 2명의 자원봉사자가 전화를 돌렸다. 사전에 캠프에서 전달받은 전화 매뉴얼은 체계적이었다. 노회찬 선거사무소임을 밝히고 "이번 선거에서 누굴 찍을 마음을 정하셨느냐?", "정하셨다면 누구냐?", "마음을 못 정하셨다면 말씀 좀 드려도 되겠느냐?" 이런 이야기를 던진 뒤, 마음을 못 정했다는 유권자에게는 "X월 X일 XX회사 여론 조사에서 나경원(새누리당) 후보를 꺾을 수 있다고 나온 유일한 후보, 기호 4번 노회찬을 꼭 지지해 달라"는 내용을 말하도록 했다.

이 매뉴얼은 당시 복잡한 선거 구도를 반영한 문구였다. 민주당은 내부 공천 갈등이 워낙 심한 탓에 간신히 후보(기동민)를 정했으나 지지세가 하나로 모이지 않는 상황이었고, 노회찬은 늘 그렇듯 보수정당에 반대하는 후보 단일화가 이뤄져야 당선된다는 압박을 받고 있었다. 민주당 지지자들은 늘상 지지세가 적은 진보 정당 후보들에게 단일화를 위해 사퇴하도록 종용하기 마련인데, 이런 상황에서 노회찬 캠프가 강조할 수 있는 것은 단 하나, '후보 2명의 구도에서 나경원을 이길 가능성이 있는 유일한 후보는 기동민이 아니라 노회찬'이라는 사실을 반복해서 주지시키는 것이었다.

이런 어마어마한 수 싸움의 틈바구니 속에서 6개월 차 초보 당원이 부지런히 전화를 돌리고 있었다. 나는 이 전화 매뉴얼을 반복해서 읊조리면서 노회찬이라는 인물의 대단함과 정의당이라는 정당의 설움을 같이 느꼈다. 전화를 받은 유권자의 반응은 완전히 제각각이었고, 전화 휴식 시간에는 유급 사무원 아주머니들의 대화 속에 끼어서 유권자들의 반응을 바탕으로 '골목골목 바닥 민심'에 대한 나름의 수준 높은 정치 대화를 체험할 수 있었다. "노 의원님이 방금 사당 시장을 한 바퀴 돌았더니 그 동네에서 전화 받는 반응이 확 좋아지네", "유병언✌이 죽은 걸 보고 뭔가 수상하

✌ 세월호를 운영하던 청해진해운이 소속된 세모그룹의 회장. 세월호 침몰 사고의 핵심 수사 대상으로 공개 수배되었으나, 주요 미디어가 유병언 개인에 대한 수사를 지나치게 부각시키는 바람에 박근혜 행정부의 사고 대응 무능이 숨겨졌다는 평가도 있었다. 재보궐선거 8일 전인 2014년 7월 22일 순천에서 시신으로 발견되었다.

다며 정부에 화내는 사람들이 많아졌다네" 등등.

당원으로서 첫 활동이 같은 당 소속 공직선거 후보자를 위한 선거운동이다 보니, 그 시절의 선거 구도와 승리에 대한 간절함과 그 결과만큼은 하나하나 기억에 남아 있다. 단일화 논의가 지지부진하자 노회찬은 "사전투표 첫째 날까지 민주당-정의당 후보 단일화가 이뤄지지 않으면 그냥 내가 사퇴하겠다"는 최후통첩을 알렸고, 결국 사전투표 전날 기동민이 노회찬 지지를 선언하며 사퇴한다. 그로부터 몇 시간 뒤 천호선과 이정미도 각자 지역구의 민주당 후보 지지를 선언하며 사퇴했다. 당원 카톡방에는 두 후보 지지

자 몇 명이 "이렇게 갑자기 사퇴하다니 말도 안 된다, 원통하다"며 울부짖고 그걸 다독이는 내용이 연이어 올라왔다.

하지만 승리를 얻기에는 역부족이었다. 동작구 을의 개표 결과는 득표율 49.9% 대 48.7%로 나경원의 승리, 노회찬의 패배였다. 나머지 1.4%는 또 다른 진보정당 후보인 김종철(노동당)의 득표였고 이것 때문에 "김종철까지 노회찬과 단일화했으면 노회찬이 0.2%p 차이로 이겼을 것"이라는 정치평론이 아주 많이 나왔다. 그러나 어쩌겠는가. 노회찬과 김종철은 2008년에 함께 진보신당을 창당한 사이였지만, 노회찬은 '진보정당 통합과 생존'을 내세우며 2011년에 진보신당을 떠났고 김종철은 그의 독단적인 탈당에 반대하며 노동당으로 개명한 당에 남았던 사람이다. 그 앙금 때문에 애초에 단일화될 수 없었던, 노회찬의 '업보'를 누구의 탓으로 말하겠는가.

당의 생존을 위해 모두가 발버둥 치지만 그러고도 끝내 이기지 못하는 좌절이 쌓이는 상황. 이것이 초기 생존의 격랑 속에서 당당하려 노력했으나 그래도 늘 불안했던 정의당의 모습이었다. 이 모든 상황을 그대로 지켜봐야 했던 초창기 당원인 나조차도, 마치 내가 낭 간부라도 된 것미냥 정의당이 이 상황을 돌파하려면 무엇을 해야 하는지 질문을 계속 떠올리게 되었다.

2.2.2. 당원에서 활동가로:

정의당 청년·학생위원회 집행부 활동

사실 20대 초중반의 당원 1명이 정의당의 돌파구에 대해 고민한다고 무슨 큰 수가 나겠는가. 그저 내가 당원임을 주위에 밝히고, 정의당에 호의적일 것 같은 주변 사람들에게 당원 가입을 독려하고, 페이스북에 정의당 입장에 가까운 나의 생각을 열심히 알려서 주변 사람들의 생각에 뭔가 영향을 끼치고 토론을 해 보자……라는 정도의 행동이 전부였다. 그것 외에는 재보궐선거 이후 매달 당비만 꾸준히 내던 나에게, 반년 뒤인 2014년 연말에 뜬금없는 연락이 왔다.

연락을 준 A는 대학교 후배로 연극 동아리에서 같이 연극을 올리기도 했던 친밀한 사이였다. A의 전화 내용을 요약하면 이랬다. ⑴ 선배가 동아리에서 '정의당 당원이 되었다'고 자랑을 열심히 하길래 나도 관심 있게 지켜보다가 당원으로 가입했다. ⑵ 가입하고 얼마 뒤 당에 청년·학생위원회라는 것이 있다길래 가서 조금씩 활동하다가, 최근에 부위원장이 되었다. ⑶ 그런데 위원장이 얼마 전에 건강 문제로 사임했다. 그래서 내가 위원장 직무 대행이 되어 버렸다. ⑷ 선배가 나를 가입시켰으니 선배도 책임감을 느끼고 청년·학생위원회 집행부에 들어와서 자기를 도와 달라……?!

이 '위원회'라는 것, 정당의 부문조직에 대해 설명이 필요하겠다. 지역구 선거 결과를 주목하는 '정치덕후'들은 정당들의 지역조직(서울특별시당, 마포구지역위원회 등)에 대해 빠삭할 것이다. 그런데 정당에는 지역조직 이외에도 특정 계층을 대변하거나 특정 정책과 사회 이슈를 전담하여 담당하는 조직들이 있다. 2015년 당시의 정의당으로 치면 청년·학생위원회, 여성위원회, 장애인위원회, 성소수자위원회, 건강정치위원회, 녹색정의위원회, 문화예술위원회 같은 것이 있었는데, 이를 '부문조직'이라고 구분한다.

부문조직은 당 안팎을 넘나드는 복합적인 역할을 맡는다. 청년·학생위원회를 예로 들면 이런 역할이 있다. 첫째는 만 34세 이하의 청년·학생 당원들을 대상으로 하는 강연이나 당원 모임을 기획하고 (세월호 참사 진상규명 촉구 집회나 서울퀴어퍼레이드 같은) 집회 참여 기회를 지속적으로 열어서 당원 간 교류를 활성화하고 당원 활동가를 육성한다. 둘째는 청년·학생 당원의 의견이 정의당 운영에 반영되도록 의견을 수합, 표출하고 정의당 내부에 반영되도록 당내 행정과 정치에 영향력을 행사한다. 여기에는 청년·학생 부문 정책 입법을 위한 국회의원과의 협업, 지도부 행보에 대한 비판과 제안 등이 포함된다. 셋째는 당 바깥에서 정의당을 대표하여 청년·학생 사안에 대한 사업을 진행한다. 예를 들어 대학교 운영 정책에 대한 정의당의 성명서를 낸다거나, 정의당을 대표하여 청년 주거 문제 내지는 (청년이 대부분인) 단기 아르바이트 노동지 노동권을 다루는 사회운동 단체들과의 간담회를 가진다거나. 넷째는 공직선거 시기에 정의당의 '청년·학생 선거대책위원회'로 역할을 전환하여 청년 연령대 후보의 선거운동을 지원하거나 청년·학생 당원의 선거유세단을 이끈다. 이상의 전체 사업은 청년·학생위원회 소속 당원들의 직접 투표로 선출하는 위원장과 부위원장 3인, 각 지역 시·도당별 청년·학생위원회 위원장, 그리고 시간을 내서 무

정의당 각 부문위원회는 원래 당대표의 부문별 사업을 진행하는 곳으로서 당대표가 위원장을 인선하도록 되어 있다. 그러나 수십 명 단위 이상의 회원을 확보한 부문위원회의 경우 관례적으로 회원인 당원들의 직선 투표에서 1위를 차지한 후보를 당대표에게 추천하고 당대표가 그대로 임명하곤 했다. 그런데 2019년부터 당대표가 자신이 원하는 부문위원회 사업을 차질 없이 진행하기 위해 직선 선출 위원장 후보의 인선을 거부하는 일이 생기기 시작했고, 2020년대 중반이 되자 정의당에서 회원 활동이 활발한 부문위원회를 찾기 어려워지면서 직선의 의미가 퇴색되었다.

급으로 활동하는 집행부 활동가 당원 몇 명의 업무로 굴러갔다.

이런 광범위한 활동을 하는 청년·학생위원회인데, 당원이 된 지 몇 달밖에 되지 않은 내가, 나보다 더 당원 경력이 짧은 후배이자 위원장 직무대행인 A의 요청을 받아서 집행부에 들어간다?! 이렇게 굴러가는 조직이 괜찮을까? 하지만 앞서 말했듯 정의당은 지역조직과 부문조직을 모두 처음부터 만들어야 하는 상황이었다. 다시 말해서 조직을 처음부터 만드는 데 기여할 의지가 있는 당원이라면 누구에게나 손을 내밀어야 하는 상황이었다. 정의당의 기틀을 만드는 데에 (고용되지 않은 단순한 집행부원이라는) 비교적 적은 위험부담을 안고 참여하는 것은 아주 매력적인 제안이었다. A의 '선배 책임론'(?)에 투덜투덜대며 제안을 수락했고, 2014년을 넘기기 직전에 여의도 정의당 중앙당사 회의실에서 처음으로 열린 신규 청년·학생위원회 집행부 회의에 처음으로 참석했다. 그 회의실이 '당원 활동가'로서의 내 활동의 시작 공간이라고 하겠다. (이 중앙당사는 결국 2024년 정의당의 총선 패배 이후, 지출 구조조정의 일환으로 퇴거하게 되었다. 새 중앙당사는 구로구의 한 오피스텔에 자리 잡았다.)

2010년대 초중반은 한국 사회 전반에서 이른바 '청년 담론'이 주류화되기 시작한 시기였다. 당시의 10~30대 청년세대가 주도하여 한국 사회를 평가하는 새로운 기준, 사회운동과 의견 표출의 새로운 방식을 제시하기 시작했다. 또한 사회 곳곳에서 "청년들의 삶이 팍팍해서는 나라의 미래가 없다", "청년이 사회에 던지는 의견을 경청해야 한다"는 공감대가 받아들여지기 시작했다. 이런 공감대는 그저 당시의 10~30대를 불쌍하게 여기는 시혜적인 관점일 뿐이라고 부정적으로 평가할 수도 있겠다. 그러나 이런 공감대를 바탕으로 사회 곳곳에 퍼져나간 2010년대의 '청년 담론'이 남긴 영향은 결코 작지 않다.

마치 스타트업처럼 기존 사회운동 조직과 별도로 창립되어, 청년이라는 계층을 특정하여 노동/주거/기본소득 등의 담론을 주도적으로 제시했던 단체들[청년유니온, 민달팽이유니온, 알바연대, 기본소득청(소)년네트워크 등]이 이 시기에 만들어졌다. 이들은 최저임금과 일상 속 아르바이트 일용직의 처우가 얼마나 중요한 노동문제인지 보여 줬고, '내 집 마련'의 환상을 벗어난 청년의 시선에서 전·월세 임대료와 세입자의 권리를 주거 정책의 중요한 기준으로 다시 끌어올렸다. 대학생들은 군대 같은 조직 규율을 벗어나 "안녕들 하십니까" 자필 대자보 속 개인의 목소리로 사회를 비판하는 방법을 제시했고, 대학교 학생운동은 등록금 인상과 무분별한 학과 통폐합을 반대하는 운동을 바탕으로 학생의 권익과 교육 정책 공공성을 동시에 부각시키는 사회운동으로 다시 일어났다. 소셜 미디어의 발달에 힘입어 청년들이 직접 경제·사회·문화 영역 전반을 평론하는 창구도 늘어났다. 개인이 직접 글과 그림과 영상을 올리기도 하고 우후죽순 등장한 '학생/청년 대안언론' 매체를 통해 청년들의 평론이 확산되기도 했는데, 이 시기에 논의된 주제들이 2010년대 중반 즈음부터 한국 사회 전체가 미래를 고민하며 논의하는 주요 주제로 떠올랐다. 페미니즘과 성평등, 수도권-비수도권의 경제·문화적 격차, 세대론에 기반해 사람을 규정하는 것에 대한 거부, 장애 인권과 가족의 다양성과 포용 사회, '가난을 증명하고 성과를 증명해야 하는 사회'에 대한 경종 등.

이처럼 주류화되기 시작한 '청년 담론'이 품은 역동성은 대단했고 나도 학교와 일상 곳곳에서 그 역동성을 즐겁게 느끼며 지냈다. 하지만 그 역동성이 나 같은 초보 정당활동가에게는 새로운 고민거리였다. 다들 알아서 각자의 방식으로 열심히 운동하고 사회에 울림 있게 호소하고 있는데, 이들이 굳이 정당을 통할 이유가 있을까? 정의당의 지역조직과 부문조직은 여전히 보잘것없었기 때문에 여의도 바깥 청년 담론이나 사회운동가들과 긴밀하게 연결되기에는 역량이 부족했다.

정의당 구성원이 활용할 수 있는 힘은 결국 당 소속 국회의원과 국회 제도정치의 틀을 거쳐서 나올 수밖에 없었다. 이 힘을 이용하기 위해서는 결국 정당활동가들이 직접 당 소속 국회의원(과 의원실)이나 정책연구자, 당내 행정을 도맡는 당직자들을 설득하는 지난한 과정이 필요했다. 이들은 제도를 입법하거나 행정부를 견제하는 절차에 익숙한 사람들이었고, 국회의원들도 기존의 큰 사회운동 단체(민주노총, 참여연대 등)의 활동가 출신이 대부분이었으므로 청년 정당활동가들은 그들에게 청년들이 스스로 조직하고 담론을 형성하는 방식을 하나하나 이해시키며 도움을 요청해야 했기 때문이다.

그래도 내가 활동했던 2014~2016년 사이의 정의당 청년·학생위원회 집행부에는 정의당이라는 정당의 틀을 이용해 자기가 중요하게 생각하는 담론을 '붐업하려던' 다재다능한 사람들이 많았다. 이건 행운이었다. 만 34세 이하(정의당의 청년 연령 기준)라는 기준을 제외하면 이들 중에는 재학생도 있고, 2000년대 학교별 정당 조직의 실무를 맡았던 일반 사무직 직장인도 있고, 국회의원 보좌관도 있고, NGO 단체 활동가나 노동조합 지역 지부 활동가도 있고, 당 행정을 맡은 유급 당직자(직원)도 있고, 지방의회 출마를 준비하는 지역위원장도 있었다. 이들은 각자의 배경에서 익힌 실무와 '깡다구'를 가지고서 청년·학생위원회 실무에 달라붙었다.

이 시기 내가 맡았던 실무는 주로 2가지였다. 지금 돌이켜보면 내가 학생운동, 사회운동, 정당 내 업무 활동을 별로 경험하지 못했기 때문에, 그런 사람이 맡을 만한 일을 가져갈 수 있었던 것 아닐까 한다. 하나는 위원회의 타깃층인 청년·학생들이 관심을 가질 광범위한 사회 이슈와 사회운동을 수합하여, 격주로 A4 5장 내외의 분량으로 선별·정리하는 이슈 리포트 작성이있다. 이것은 청년·학생위원회 실무진에게 격주로 공유되어 각자의 사업을 기획하고 추진하는 데 참고 자료가 되었다. 또 하나는 '길거리' 또는 소셜 미디어에서 정의당 청년·학생위원회 명의로 진행할 대중 사업을 제안하고 실행하는 일이었다. 정의당이라는 이름과 정의당 당원들의 가치관을 청년의 시선에 맞춰 드러낼 방법으로 주로 궁리했다.

이 중에서 개인적으로 가장 성공했다고 생각하는 사례는 2015년 9월부터 시작되었던 거리 캠페인 '꼭 통과시키고 싶은 법안'이었다. 청년들이 통과시키고 싶어 하는 정의당 법안이 무엇인지, 길거리와 온라인에서 스티커 투표를 받는 캠페인이었다. 먼저 당시 정의당 현직 국회의원 5명(김제남, 박원석, 서기호, 심상정, 정진후)의 의원실에 문의해서 '각 의원실에서 발의했지만 아직 국회를 통과하지 못한, 청년 담론 관련 대표 법안'을 1개씩 수합했다. 이것은 당시 한 의원실 보좌관으로 근무하던 청년·학생위원회 집행부원의 도움을 많이 받았다. 그 법안들을 간단하게 소개하는 웹포스터 홍보물과 거리 홍보 패널을 제작하고, 구글 설문 양식을 이용한 온라인 투표와 서울 대학가 길거리에서의 스티커 투표를 받은 것이다. 서울 대학가 3~4곳에서 순차적으로 일정을 정해서 캠페인을 벌였는데, 2시간씩 진행할 때마다 의외로 관심을 모아서 100~200표를 받을 수 있었다.

가장 놀라운 것은 당원들이 캠페인에 적극 결합한 것이었다. 서울 지역 일정을 홍보하자 지금까지 활동에 참여하지 않았던 대학생 당원들이 자기 학교 앞에서 투표를 받을 때 캠페인 스태프로 여러 명이 참가했고, 서울 이외에도 각 지역 시·도당의 청년 활동가들, 심지어 정의당 부설 정책연구소인 진보정의연구소 연구원들도 직접 캠페인을 진행할 수 있도록 템플릿을 전해 달라는 요청이 쏟아졌다. 이들 모두 길거리에서 사람들을 만나며 당을 알리는 작업을 하고 싶었는데, 중앙당의 누군가가 그런 작업에 딱 맞는 템플릿을 마련했다며 갈증을 해소할 수 있었던 것이다. 그 열의에 감동한 나는 모든 지역별 '꼭 통과시키고 싶은 법안' 캠페인 일정을 청년·학생위원회 홍보 채널을 통해 하나하나 꼼꼼히 소개했고.

2.2.3. 사설: 전국 정치에서의 정당의 역할

앞선 경험을 바탕으로 생각하면, 정당이 전국 단위의 정치에 영향력을 행사하는 통로 3가지를 떠올릴 수 있다.

첫째는 국회의 입법활동과 행정부의 행정 절차처럼, 헌법과 제도를 통해 부여받은 정해진 권력을 이용하는 활동이다. 이 활동은 우리가 뉴스에서 가장 많이 보는 것이다. 국회에서 법률과 예산안과 정책을 논의하고 의결하는 과정, 행정부 각 부처를 실제로 움직이는 과정, 청문회나 대정부 질의를 통해서 상호 견제하는 과정이 그런 것이라고 할 수 있다.

둘째는 시민사회운동, 이익단체나 정당의 당원·지지자와의 교류를 기반으로 한 활동이다. 국회 바깥에서 나오는 여러 주장과 요구를 함께 논의하고 어떤 정책을 추진할 것인지, 정당 차원에서 어떤 입장을 주장할 것인지 정하는 과정이다. 정당과 협업하는 상대측 입장에서는 정당을 통해 자신의 정치적 주장을 좀 더 제도적인 권력을 통해 주장하고 실현할 수 있는 기회가 된다. 또 정당 입장에서도 이런 교류를 통해 국회 바깥에서 우호적인 유권자와 계속 접촉하고 그 숫자를 키워 나갈 수 있다.

셋째는 일반 유권자, 이른바 '일반 대중'에게 메시지를 던지고 지지를 얻어서 (공직선거를 통한) 권력을 얻어 내는 활동이다. 정치인이 공개적인 자리에 참석하거나 언론을 통해서 자신과 정당의 정견을 발언하는 것, 선거운동 과정에서 정책과 정견을 발표하고 캠페인을 벌이는 것이 여기에 해당된다고 할 수 있다.

첫째부터 셋째까지의 과정 중에서, 어떤 한 가지가 다른 것보다 더/덜 중요하다고 할 수는 없다. 세 가지 과정은 서로 상호보완적이기 때문이다. 국회와 행정부의 권력은 사람들의 요구를 가장 빠르게 실현할 수 있는 수단이지만, 소외된 사람들이 품은 요구를 수합하고 그 요구를 실현할 동력을 얻기 위해서는 국회 바깥의 사회운동과 당원·지지자의 요구를 듣는 과정 또한 필요하다. 한편으로 국회와 행정부의 권력을 얻으려면 일반 유권자에게 지지를 얻기 위한 이른바 '대중적 행보와 메시지'를 계속 내야 하겠지만, 그 메시지에 실질적인 내용과 '정당으로서의 집권 비전'이 담기려면 구체적인 요구가 담긴 사회운동 및 당원·지지자와의 의견 교환, 그리고 국회에서의 입법활동이 뒷받침되어야 한다.

말은 쉽지만, 이런 과정 하나하나에 엄청난 전문성이 들어가야 한다. 일종의 입법 노동자로서 전문 분야에서의 정책전문성을 가져야 하는 연구자. 당원·지지자·유권자를 만나 친화적으로 대화를 유도하면서 교류와 토론을 이어 가도록 하는 '전문적인 인싸' 또는 거리의 영업사원 같은 역할의 사람들. 사회운동활동가들 및 다른 정당정치인들과 협상하고 입장을 조율하는 협상가·중재자. 매체에 자주 등장하고 대중적인 메시지를 던지며 전국 유권자들에게 계속해서 존재감을 드러내는 인플루언서와 오피니언 리더. 그리고 이 많은 전문가들을 모두 규합하고 힘을 합치게끔 '우리

'사회가 나아갈 길'을 매력적으로 설명하는 정치적 리더 등등.

이런 다양한 역할의 전문성을 한두 명의 정치인이나 활동가 개인에게 바랄 수도 없고, 이런 능력을 그저 '깨어 있는 시민들의 자발적 참여'에 의존해서 구할 수도 없는 노릇이다. 무엇보다, 사람들은 자기 가치관을 실현시키기 위해서 하고 싶은/잘 할 수 있는 일이 각자 다르기 마련이다. 누구는 정책을 연구하고 만드는 일에 더 흥미를 느끼고, 누구는 사람들을 직접 만나서 설명하거나 멋진 홍보물을 만드는 것에 더 흥미를 느끼고, 누구는 국회 안에서 통과가 불가능할 것 같던 사안을 협상과 '권모술수'를 통해 가결시키는 일에 더 흥미를 느낀다. 이런 개인들이 모두 각자의 능력에만 의존하여 따로 활동한다면 할 수 있는 사업의 영역이 크게 줄어들 것이다.

이런 여러 가지 전문성을 가진 사람들을 모두 품어서 함께 활동할 수 있는 조직이 무엇이 있을까? 역시 정당이다. 표준국어대사전에 등재된 단어 '정당'의 뜻은 "정치적인 주의나 주장이 같은 사람들이 정권을 잡고 정치적 이상을 실현하기 위하여 조직한 단체"이다. 우리가 일상적으로 접하는 기업과 비교해 보자. 특정한 제품·서비스를 훌륭하게 만들어서 제공하고 돈도 벌겠다는 목적을 가지고 여러 사람이 (노동자로서 또는 투자자로서) 모여서 '기업'이라는 조직을 만들듯, 특정한 정치적 주의와 주장을 실현시키고 정권을 잡겠다는 목적을 가진 여러 사람이 모여서 정당을 만드는 것이다.

정당을 기업에 비유하면 많은 사람이 화를 낼 것이다. 기업은 그저 사장과 자본의 사적인 이익을 추구하는 조직인데, 정당을 어떻게 기업에 비유할 수 있겠느냐고. 하지만 정당 안에서 일을 만들고 활동하는 입장에서는 두 조직의 유사점이 많다.

- 돈을 많이 버는 기업, 고객을 많이 거느린 기업, 많은 사람에게 인기를 모으지는 않더라도 그 자체로 매력 있는 제품·서비스를 만드는 기업에는 더 많은 사람이 노동자나 투자자로 함께하고자 한다.

- 마찬가지로, 선거에서 많이 이기는 정당, 사람의 지지를 많이 받는 정당, 당장의 지지를 많이 받지는 못하더라도 매력 있는 사회 비전을 제시하는 정당에는 더 많은 사람이 정치인과 활동가와 당원으로 함께하고자 한다.

- 기업이 제품·서비스를 잘 만들기 위해서는, 여러 사람이 각자의 재능에 따라 기획팀/생산팀/홍보팀/고객팀/경영지원팀 등으로 나누어진 역할을 맡아서 일을 해야 한다. 그리고 이런 팀과 역할을 조직하고 목표를 제시하며 업무가 돌아가게끔 만드는 리더십이 존재해야 한다.

- 마찬가지로, 정당이 정치 사업과 정책 제안을 잘 하고 여론을 주도하려면, 여러 사람이 각자의 재능(그 재능의 종류는 앞선 문단에서 살펴본 바 있다)에 따라 각자의 역할을 맡아서 일을 해야 한다. 그리고 이런 팀과 역할을 조직하고 목표를 제시하며 업무가 돌아가게끔 만드는 리더십이 존재해야 한다.

　　나는 결국 '좋은 정치'가 단순히 선하고 능력 있는 정치인이나 유권자 개인의 힘으로 만들어질 수 없다고 생각한다. 그런 사람들이 정당이라는 조직체 안에 모여서 서로 협력하고 협업하면서 이뤄지는 것이라고 생각한다. 달리 말하면, 정치에서 정당이 맡아야 할 가장 중요한 역할은 바로 이 협업의 플랫폼이 되어 주는 것이라고 생각한다.

　　2020년 이후의 정의당처럼, 정당이 지지를 잃거나 역동성과 활력을 잃는 시기가 언제든 찾아올 수 있다. 이때 당원과 활동가들이 빠질 수 있는 함정이 몇 가지 있다.

　　하나. 당원들의 관심 주제가 서로 다른 것을 마치 대립되는 것처럼 취급하고, "우리 당이 살아나려면 다른 주제는 제쳐 두고 내가 관심 가진 주제에 더 집중해야 한다"고 잘못 주장하는 것이다. 정의당의 노동권 주제 활동과 여성주의 주제 활동을 마치 대립되는 것처럼 여겨서 "정의당이 노동 이슈를 버리고 페미니즘 정당이 되어 지지를 잃었다"는 주장을 하거나, 윤석열 행정부의 잘못과 민주당 지도부의 잘못을 각각 비판하는 것을 마치 대립되는 것처럼 여겨서 "정의당이 국민의힘 2중대/민주당 2중대가 되어 버렸다"는 주장을 하는 경우가 그 예시라고 할 수 있다. 이것이 얼마나 잘못된 말인지는 한 발짝 떨어지면 너무도 쉽게 알 수 있다. 정의당은 여성주의를 중심으로 한 성평등 정치와 노동자의 권익을 위한 노동 정치를 모두 해야 하는 정당이다. 또 정의당은 윤석열 행정부와 민주당 지도부의 잘못을 모두 비판하고 양측 모두에 대한 대안과 차별점을 제시해야 하는 정당이다. 다시 말해, 정의당은 성평등 정치, 노동 정치, 보수정권 비판 정치, 기성 민주당 비판 정치를 하려는 사람들이 모두 협업할 수 있는 정당이 되어야 한다. 이들을 묶어 낼 수 있는 주제와 담론과 활동 과제를 제시하는 것이 정의당의 역할이다.

둘. 활동가들의 활동 영역이 서로 다른 것을 마치 대립되는 것처럼 잘못 취급하는 것이다. 의회 입법보좌진과 정책전문가는 의회에서의 정책개발과 입법활동을 더 중시하고, 거리에서 캠페인에 나서는 활동가들은 시민들과의 만남과 교류와 발로 뛰는 활동을 중시하기 마련이다. 어디 그뿐이겠는가. 지역위원회 활동가는 자기 동네에서의 활동을, 부문위원회 활동가는 자기 부문에서의 활동을, 여의도에서 활동하는 전업 정치인들은 다른 정당과의 협업이나 세력 합종연횡을, 사회운동단체와 교류가 잦은 당원은 운동단체와의 협업 활동을 중시하기 마련이다. 당원들이 이처럼 서로 다른 다양한 활동을 하는데, 각 활동의 결과가 정당이라는 틀을 통해 시너지를 발현하도록 해야 한다. "정치와 사회운동은 다르고 사회운동이 아닌 정치를 해야 한다"거나, "사회운동이 요구하는 입법활동에 오롯이 집중해야 한다"는 등의 우선순위를 매기는 태도는 좋은 결과로 이어지기 어렵다. 어떤 기업이 "제품 개발과 제품 홍보는 서로 다른데 기업이라면 당연히 개발팀보다 홍보팀에 힘을 줘야 한다"는 식으로 팀별 역할에 위계를 두어 버리면, 이 기업이 잘 운영될 리가 없다.

정당은 다양한 종류의 활동과 사회적 주제가 모여드는 '협업의 플랫폼' 역할을 되찾아야 한다. 당원들의 합의와 당 지도부의 리더십을 바탕으로, 서로 다른 활동을 하는 당원들이 결국 공통의 목표와 비전을 바탕으로 시너지를 낼 수 있도록 해야 한다. 이것이 정치에서 정당이 필요한 이유가 되어야 하고, 정당의 역할이 되어야 한다.

2.3. 정당이 답답하게 느껴지던 순간

2.3.1. 정의당이 피하려던 '여성주의 논쟁'

2016년 5월 17일이 기억에 남는다. 4월 국회의원 총선거가 끝났고, 청년·학생위원회를 비롯한 정의당 여러 부문·지역조직들은 선거 때 집중되었던 활동을 잠시 휴식하면서 다음 사업을 슬슬 준비하던 시기였다. 그날 밤 서울 강남역 근방의 공중화장실에서 여성이 살해당하는 일이 있었고, 화장실 주변에 숨어 있던 범인이 남성 출입자 수 명을 그냥 보낸 뒤 첫 번째 여성 출입자를 공격했다는 것이 밝혀졌다. '강남역 살인사건'이라는 이름을 가진 이 사건은 개인의 분노를 여성에 대한 멸시와 폭력으로 투사하는 것이 아무렇지도 않은 사회 구조를 상징하는 사건이었다. 사고 소식을 접하고 분노한 사람들은 살인 현장이 가까운 강남역 10번 출구에 모여 추모와 슬픔과 분노의 메시지를 담은 포스트잇을 붙이고 집회를 열기 시작했다. 한국 정치가 성평등 사회를 원하는 사람들의 목소리를 이제는 피할 수 없다는 첫 신호였다.

문제는, 정치권은 물론이고 모든 시민들이 강남역 살인사건에 대해 모두 다른 관점을 가지고 있었다는 것이다. 이 사건을 '여성이라면 누구나 살해당했을 여성혐오 살인사건'이라고 보아야 하는가, '성별 무관 누구나 살해당했을 단순한 이상 동기('묻지 마') 살인사건'이라고 보아야 하는가? 밤거리 공공장소에서의 치안을 개선해야 하는 사안인가, 아니면 남성이 여성에게 폭력을 전가하고 여성을 침묵시키는 사회 구조와 문화 전반을 뜯어고쳐야 할 사안인가? 여기에서 인식이 서로 어긋난 것이다.

나는 여성혐오라는 의견에 100% 동의하지만 나 개인의 신념이 그렇다고 정리하고 마무리할 일은 아니었다. 어쨌든 살인사건 그 자체와 한국 사회에 대해 논쟁이 계속되는 마당에, 이 상황에 대해서 정의당 차원에서 당원들끼리, 또 당 바깥의 사회운동 단체나 유권자들과 함께 토론하고 대책을 마련해야 하는 상황이었다. 그것은 정의당이 나름대로 잘하는 작업이기도 하다. 그 일이 없었다면 말이다.

정의당이 강남역 살인사건의 논쟁에 아무런 준비 없이 갑자기 휘말려 버린 것은, 한 당원이 강남역 10번 출구에서 1인 시위를 시작했기 때문이다. 당내 활동이나 직책을 맡지 않은 (누구노 알지 못하는) 당원이었던 그는 누구나 다운로드 받을 수 있는 정의당 로고를 부착한 피켓을 들고 서 있었고, 그 피켓에는 "남자도 여자도 모두 친하게 지내요"라는, (오백 보 양보해서 말 자체는 맞는 내용이라 하더라도) 여성이 피살된 살인사건 추모 현장에 걸기에는 매우 모욕적인 내용의 문구가 담겨 있었다. 당원 본인의 이름조차 적혀 있지 않았기 때문에 누가 보너라노 정의당 당 차원에서 제작한 피켓처럼 느껴졌다.

정의당 청년·학생위원회 페이스북 페이지는 물론이고, 모든 정의당 홍보 채널을 통해서 이 상황에 대한 항의 제보가 쏟아졌다. 서초구와 강남구의 정의당 지역위원장들이 현장에 급파되어 문제의 당원에게 확인한 결과, 해당 당원은 누군가와 합의한 공동행동으로서 당 이름을 사용한 것이 아니었다. "당원이면 누구나 당 로고를 사용할 수 있는 줄 알았다"는 변명을 했다. 해당 당원은 지역위원장의 설득으로 일단 귀가했다. 하지만 그것은 시작일 뿐이었다. 정의당에 대한 사람들의 항의는 계속 쏟아졌고, 4~5명 내외의 당원들이 정의당 홈페이지 당원 게시판을 "그게 맞는 말 아니냐"는 내용의 글로 도배하고 있었다. 이 상황에 개탄을 금치 못하는 당원들도 많았다.

당 활동을 하면서 교류했던 활동가 당원들 중 몇 명이, 이 상황을 두고 볼 수 없다는 의견을 모았다. 이것은 아무리 생각해도 당 차원의 징계가 필요한 사안이었다. 정의당에는 당의 헌법/법률과 같은 위치인 당헌/당규가 있고, 이를 심각하게 위반한 당원에 대해 징계(주의·경고, 당원권 일정 기간 정지, 제명 등) 여부를 결정하는 일종의 법원 역할인 '당기위원회'가 있다. 나를 포함하여 5명의 활동가 당원(서로 교류가 있던 사람들끼리 알음알음 모였지만 이들이 모두 서로 알던 사이는 아니었다)이 모여서 문제의 1인 시위 당원을 당기위원회에 제소하자고 했다.

당기위원회에 제소하려던 사유는 두 가지였다. 첫째는 "남자도 여자도 모두 친하게 지내요"라는 피켓의 내용을 공개적으로 게시한 것이 정의당의 기본 당론이라고 할 수 있는 여성주의(페미니즘), 성평등주의 정당의 가치관에 현저하게 위배한다는 내용이다. 정당은 비슷한 가치관을 가진 사람들로 구성하는 모임인데, 정당의 구성원으로서 공통으로 추구해야 할 가치관을 현저하게 위반할 경우 이는 당연히 징계의 대상이다. 둘째는 당원이 정의당의 로고를 함부로 사용하여 자신의 주장이 정의당 전체의 주장이나 사업인 것처럼 포장한 것이 조직 운영에 현저한 지장을 줬다는 것이다. 자신이 서울시민이라고 해서 자기가 주최하는 행사에 서울시 로고를 함부로 활용하면 안 되는 것과 마찬가지다.

하지만 당기위원회 제소를 준비하던 5명은 이 사안을 통해서 정의당이 여성주의 정당으로서 활동을 더 분명히 하기를 원하는 당원들의 의견을 모으면 좋겠다고 생각했다. 이를 위해서 '공동 제소'를 할 당원들을 공개 모집하는 온라인 연판장을 돌렸고, 상당한 숫자를 모았다. 그러나 그것이 잘못된 판단이었다. 당기위원회 제소 규정에 따르면 제소자는 제소할 내용을 사전에 공표하면 안 되는데, 공동 제소자를 모집하면서 당연히 제소할 내용이 공개되는 효과가 있었기 때문이다. 이는 규정을 미리 파악하지 못한 제소자 5인의 잘못이 맞았다.

결국 이 사건에서 1인 시위를 진행한 당원은 곧바로 제소를 당하지 않았고, 그는 제소 준비가 진행되던 시점에 탈당한 것으로 알려져 당 차원에서 추후 징계할 방법은 사라졌다. 반대로 1인 시위자를 지지하던 다른 당원이, 공동 제소를 준비하던 당원 5인을 당규 위반으로 제소했다. 이에 따라 나를 포함한 5인은 수의 처분

후 당원 게시판에 사과문을 남기는 징계를 받았다. 5인이 제소 규정을 어겼던 점은 징계를 받아야 할 잘못이 맞다. 또한 지금 생각해 보면 정의당 내 여성주의 방향 토론을 시작하는 방법으로 '특정 당원 징계'를 사용하는 것은 그다지 좋은 출발이라고 할 수도 없을 것 같다.

그러나 이 제소에 대해 여전히 후회하지 않는 점도 두 가지 있다. 하나, 정의당 당원이 토론이나 공식 절차 없이 자신만의 의사를 당원 전체의 생각인 것처럼 악용하는 나쁜 선례를 방관해서는 안 된다는 것을 반드시 선언해야 했다. 둘, 강남역 살인사건에 대한 평가, 더 나아가 한국 사회 여성주의와 성평등 정치에 대한 사회적 토론이 시작되었음을 정의당이 인정하고, 당의 입장과 지향점을 명확히 정하고 공표하는 과정을 피하지 않아야 한다는 주장을 해야 했다.

당시 여성주의와 여성에 대한 억압을 다루는 논쟁은 한국 사회 전체를 휘감는 중요한 내용이었다. 하지만 당시 정의당의 공식 조직 차원에서는, 당원들의 쏟아지는 요청에도 불구하고 여성주의에 대한 토론은커녕 강남역 살인사건에 대한 입장 논평조차 쉽게 나오지 못하는 상황이었다. 한국의 전통적인 정당 구도나 보수-진보, 좌파-우파의 대립 구도에 대입하기 어려운 사안이었고, 그만큼 (어떤 방향으로든) 입장을 어설프게 정했다가 정의당의 지지층이 분열될 수 있다는 공포가 있었던 것으로 보인다. 통합진보당에서 탈당하여 정의당을 창당한 지 4년이 채 안 되었던 시점에서, 또다시 당이 갈라지는 것을 피하고 싶은 사람이 많았으리라.

그러나 이런 기조는 정의당의 못된 '흑역사'를 남기기도 했다. 2016년 7월 성우 김자연이 "Girls do not need a prince" 문구가 적힌 티셔츠를 인증하자 게임 제작·유통사 넥슨이 이 티셔츠가 '논란이 있는 커뮤니티(메갈리아 게시판)'에서 제작한 티셔츠라면서 김자연과 계약을 해지한 사건이 있었다. 이에 대해서 정의당 문화예술위원회가 '개인의 정치적 의견이 직업 활동을 제약하는 근거로 쓰인 것'을 비판하며 넥슨의 결정 철회를 주장하는 성명을 발표했는데, 논평 발표 5일 만에 정의당 중앙당 차원에서 해당 논평을 철회하는 사건이 있었다. 당시 중앙당은 논평 철회 이유로 '정의당이 친-메갈리아인가 아닌가라는 논쟁만 야기시키고 부당한 노동권 침해라는 본 취지 전달에 실패했다'는 등의 이유를 밝혔다. 그러나 이는 다시 말하면, 정의당의 전통적이고 확고부동한 입장인 노동권 보호라는 내용마저도 여성주의 논쟁과 얽혔을 때 그 입장을 정하기를 피하고 싶다는 뜻이기도 했다.✌

✌ 정의당 문화예술위원회 논평 철회 사건을 비롯하여 2016년 당시 정의당 내 여성주의 논쟁 일련의 과정을 여성 당원의 관점에서 기록하고, 정당의 구조와 역할과 과제에 대해 정리한 다음 논문을 참고할 만하다. 당시 정의당에서 일어났던 일련의 사건을 역사로서 구체적으로 정리했고, 정의당에서 활동하던 여성 당원, 부문위원회 활동가들을 심층 인터뷰하여 그들이 당 행정과 지도부에 대해 어떤 비판 의견과 고민을 가지고 있는지 확인할 수 있다. 조혜민, 「당내 민주주의와 여성의 정치 참여: 2016년 정의당 내 여성주의 논쟁을 중심으로」, 이화여자대학교 여성학과 석사학위 논문, 2018.

정의당이 새로운 사회문제와 토론 사안에 대해서 이처럼 회피하는 것은 굉장히 실망스러운 일이었다. 여성주의에 대한 입장이 어떻게 정리되느냐와 별개로, 그 입장을 정할 필요성을 뭉개는 듯한 당원들의 인식과 당내 행정 처리의 문제는 정의당이라는 정당의 기능과 전망을 매우 어둡게 만들었다. 그렇지 않아도 4월 국회의원 총선거에서 정의당이 규모를 키우지 못한 채 제3당의 역할 마저 안철수의 국민의당에 빼앗긴 판이었는데,[8] 이런 정당에서 미

2016년 4월 총선에서 더불어민주당 123석, 국민의힘(당시 새누리당) 122석, 국민의당 38석, 정의당 6석을 기록했다. 정의당은 선거 직전보다 1석을 늘리는 데 그쳤고, 국민의당은 비례대표 정당 득표율에서 26.7%나 득표하며 더불어민주당(25.5%)을 뛰어넘었다.

래를 도모할 수 있을까? 당원 생활을 통해 겪는 스트레스에 비해 당원으로 남았을 때의 밝은 전망을 찾기 어려웠다.

2016년 9월, 나는 페이스북 개인 계정 게시물을 통해 정의당을 탈당할 것이라고 동료 활동가들에게 선언했다. 모든 정당활동을 그만두고, 2017년 12월에 있을 대통령 선거 때까지 당비나 내면서 당 선거 준비 재정에 도움이나 주다가, 대통령 선거가 끝나고 탈당 서류를 제출하겠다는 내용이었다. 몇몇 동료들이 내게 연락하여 '그래도 당 안에서 방법을 같이 찾아 보자'며 탈당을 만류했지만, 그 말이 되레 '지금 당의 미래가 보이지 않는다는 데 동의한다'는 뜻으로 읽혀서 내 마음을 돌리지 못했다.

2.3.2. 개인의 '정당 디톡스'와 회복의 시기

2017년 12월에 있을 줄 알았던 대통령 선거는 2017년 5월로 갑자기 당겨졌다. 2016년 10월에 JTBC가 '최순실의 태블릿 PC에서 발견한 대통령실 기밀 문서'를 취재 보도했고, 그 이후 정의당, 더불어민주당, 국민의당, 국민의힘(당시 '새누리당') 일부까지 순서대로 대통령 탄핵에 나서기로 하면서 박근혜 대통령 탄핵이 실현되어, 임기가 그만큼 짧아진 것이다.

한층 밝아진 정치 분위기에서 대통령 후보 토론회도 여러 차례 열렸고, 그중에서 전설처럼 남은 심상정(정의당 후보)의 '1분 찬스 발언'이 있었다. 홍준표(자유한국당 후보)와 문재인(더불어민주당 후보)이 "동성애에 찬성하시느냐?" "반대한다"는 문답을 주고받자, 심상정이 당시 토론 규칙에 따라 후보가 꼭 필요할 때 한 번씩만 사용할 수 있는 '1분 발언' 찬스를 사용했다. 그 1분 동안 심상정은 이렇게 말했다. "동성애는 찬성이나 반대를 할 수 있는 얘기가 아니다. 성 정체성은 말 그대로 정체성이다. 저는 이성애자지만 성소수자의 인권과 자유가 존중받아야 한다고 생각한다. 그게 민주주의 국가다." 성소수자를 비롯하여 여의도 정치에서 늘 소수자 입장이었던 사람들을 대변하기 위해 자신의 입장을 정하고 자신의 1분을 사용했다는 것에 많은 사람이 크게 감동 받았다.

문재인이 대통령으로 당선된 이 선거에서 심상정은 득표수 2,017,458표, 득표율 6.17%로 5위를 기록한다. 분명 순위는 낮았지만, 진보정당 대통령 후보로 100만 표 이상 득표, 4% 이상을 득표한 최초의 사례가 되었다. 정의당에 새로운 지지자들이, 새로운 동력이 찾아오고 있다는 증거였다.

물론 그와 별개로 대선 끝나고 탈당하겠다는 호언장담은 지켜야 했기에…… 2017년 5월 나는 탈당계를 제출했다. 그때부터 이미 (당이 잘 되어 버리니……) 복당하려는 마음이 있었으나 정의당 당규상 탈당 후 1년이 지난 뒤에야 복당 신청이 가능했기에, 당적이 없는 1년의 시간을 가졌다. 나는 이 시기를 "정당 디톡스" 시기였나고 부르곤 한다.

정당 디톡스 시기는 이전 3년간의 정당활동에서 쌓인 피로감을 풀고 정당을 한 발자국 떨어져서 지켜보는 시기가 되었다. 이때는 대학교를 졸업하고 그래픽 디자이너로서 직장 생활을 처음 하던 시기이기도 했다. 물론 정치에 대한 관심이 여전히 높았지만 주체적으로 어떤 주장이나 행동을 앞장서서 할 상황은 아니었다. 사회 초년생이 직장에서 일하면서 점심시간에 식당 TV를 통해 뉴스를 시청하거나, 간혹 소셜 미디어에 올라오는 정책전문가 및 사회운동활동가들의 칼럼 글을 통해 그들의 관점을 읽어 내는 것 정도가 가능했다. 국회와 행정부와 정당 내부에서 치열하게 이뤄지는 활동과 토론이, 내부 소식과 맥락을 접하기 어려운 외부에서는 어떻게 받아들여지는지 확인하는 경험이었달까.

초기의 문재인 행정부는 2024년 현재의 더불어민주당 정책 방향과는 매우 다른, 나름의 개혁 과제들을 내걸었다. 최저임금 인상, 근로 시간 단축(최대 주 52시간 근로), 공공 부문 비정규직의 정규직 전환, 원자력발전소 축소와 재생에너지원 확대, 건강보험 수급 범위 확대와 아동·양육 수당 등 보편적 복지 확대가 쭉 이어졌다. 이는 정의당 등 여러 진보정당이 2000년대부터 꾸준히 주장했던 정책들이 15년이 지나서야 '민주당이 받아들일 수 있는, 일부 범위에 한정하여' 받아들여지기 시작한 것이었다.

진보정당의 주장 중 민주당이 받아들이지 않은 분야들도 많았는데, 당시의 민주당은 사회 제도의 틀을 바꾸는 토론을 피하려는 경향이 매우 컸다. 차별금지법 제정, 동성결혼 등 가족구성권 관련 내용은 각종 여론조사 결과를 보았을 때 사회적 합의가 객

관적으로 이미 이뤄졌다고 볼 수 있었으나, 민주당 주요 정치인들은 각 지역구 선거에서 큰 표심으로 작용할 수 있는 보수적 기독교 교계와의 '불필요한 마찰'을 피하기 위해서인지 적극적인 모습을 보여 주지 않았다. 민간 자본에 지나치게 의존하는 의료기관과 (임대)주택 건설에 공공 운영 비중을 확대하려는 정책도 아주 느리게 진행되었다. 선거제도나 공영방송 운영 체계를 좀 더 '합의제 민주주의'에 맞게끔 개혁하는 것에도 게을렀다. 돌이켜보건대, 문재인 행정부가 이 모든 분야를 '나중에' 다루겠다며 기틀을 제대로 잡지 못했기 때문에, 이 분야들은 윤석열 행정부가 들어선 이후 극우·반동적 정책의 직격탄을 맞아야 했다.

아무튼 이 시기 정의당은 두각을 드러내기 좋은 정치 환경을 맞고 있었다. 2018년을 기준으로 당시 국회는 의석 구성상 어느 정당이라도 적어도 3개 정당이 찬성해야 안정적인 과반 연합을 구성할 수 있는 상황이었고,✌ 5개 주요 정당이 단순히 '진보-중도-보수'의 1차원적 분류를 넘어서, 각기 차별화된 정치적 정체성을 가지고 서로 다른 이유로 각기 경쟁 구도를 띠고 있있다. 정의당은 이들 중에서 소수자를 대변하고 좌파적 사회개혁을 추구하며 동시에 '민주당이 입법안을 통과시키기 위해서 반드시 합의해야 하는' 협상 대상으로서 역대 가장 큰 대중적 존재감을 드러낼 수 있었다.

임기 절반이 지난 시점인 2018년 6월 기준으로, 더불어민주당 130석, 국민의힘(당시 자유한국당) 113석, 바른미래당 30석, 민주평화당 14석, 정의당 6석, 민중당 1석, 대한애국당 1석, 무소속 5석.

그리하여 이 당시 여의도 정치계에서 정의당이 점했던 포지션은 이렇게 정리할 수 있다. 민주당의 정책을 전반적으로 크게 비판하지 않고, 박근혜 탄핵 이전의 정책으로 회귀하려는 보수정당을 비판한다. 대신 문재인 행정부의 개혁이 미진하거나 관심을 두지 않는 분야에서 급진적인 제안을 계속 던진다. 그 과정에서 정의당이 통과시키려는(특히 노동권이나 선거제도 개혁과 관련한) 핵심 입법안을 통과시킬 수 있도록 여러 정당과 협상을 하거나 줄다리기를 한다.

이런 포지션을 통해 얻어 낸 성과물은 당 바깥에서도 계속 확인할 수 있었다. 근로 시간 단축 정책을 제도화하는 〈근로기준법〉, 개정, (콜센터 등) 서비스 부분 감정노동 보호를 위한 〈산업안전보건법〉 개정에서는 정의당의 요구가 상당수 반영될 수 있었다. 문재인 행정부의 고속도로 요금징수원 정규직 전환이 지지부진할 때 그들의 고공 농성장을 찾아간 것, 서울퀴어퍼레이드 등 문재인 행정부가 외면하던 인권 현장을 찾아가며 압박한 것은 이정미 당대표를 비롯한 정의당 정치인들이었다. 파리바게뜨 노동조합이나 각 대학교 노학연대(노동-학생연대) 활동가들의 요구로 SPC와 각 학교 재단 운영의 불법성 자료를 수집하고 공개한 것도 여영국, 이정미 등 정의당 정치인들이 중심이 되었다.

당원이 아니었지만 외부에서 바라보는 정의당 지지자로서 자부심이 계속 높아지던 시기를 거쳐서, 결국 나는 2018년 6월 다시 당원 가입 신청을 했다. 정의당 서울시당의 복당 신청자 심의를 거쳐서, 2018년 7월 복당이 승인되었다. 노회찬의 투신자살이 있기 2일 전의 일이었다.

2.4. (진보)정당 당원이 경험하는 당내 정치와 지역 정치

2.4.1. 정의당 마포구지역위원회

복당하기 직전에 있었던 2018년 6월 지방선거의 경험은 색달랐다. 당시 나는 그래픽 디자이너 일자리가 밀집된 지역과 가까운 서울특별시 마포구 서교동 지역으로 이사 온 지 1년이 채 안 되었다. 서울 도시철도 홍대입구역, 합정역과 홍익대학교 서울캠퍼스 사이에 해당하는, 흔히들 가장 좁은 범위에서 '홍대앞'이라고 일컫는 지역이다. 이곳에서 정의당은 마포구청장 후보(윤성일)와 마포구의회 의원 후보(조영권)가 동시에 출마했다. 당시 서울 25개 구의 구의원 선거구가 총 161곳인데, 그중 정의당 소속 구청장/구의원 후보가 동시에 출마한 사례는 딱 2곳에 불과했으니 그만큼 희귀한 사례였고, 마포구에서의 정의당 지역조직이 궁금해졌다.

그래서 7월 복당 직후에 있었던 첫 마포구 지역 당원 모임에 참석하기로 했다. 모든 정당은 자치구·시·군 또는 국회의원 지역구를 단위로, 해당 지역의 당원 모임과 지역 정치 사업을 관할하는 성낭 조직인 지역위원회(또는 '당협위원회')를 운영한다. 내가 참석했던 당원 모임은 정의당 서울 마포구지역위원회(이하 '마포정의 당')가 주최하는 강연으로, 홍기빈(당시 칼폴라니연구소 소장)이 당시 문재인 행정부의 '소득 주도 성장' 정책의 성과와 문제점을 지적하고, 정의당이 주장할 소득 분배 정책의 방향성을 제안하는 내용이었다. 강연 이후 마포정의당 일반 당원 및 활동가들과의 뒤풀이 때, 나는 '복당하고 오늘 모임에 처음 나왔다는 당원님'이라는 점 때문에 주목받았고 그동안의 당 활동에 대한 여러 이야기를 나눴다. 그때부터 마포정의당 당원 모임에 자주 참여하고, 대화와 토론을 나누고, 어느새 2019년부터 마포정의당 운영위원이 되어 지역위를 기반으로 한 정당활동에 지금까지 참여하고 있다.

마포구 같은 작은 지역 단위의 정당활동이 왜 중요한가? 한 명의 유권자 개인이 정치의 효능감을 가장 잘 느낄 수 있는 순간은 보통 자신이 일하거나 거주하는 지역에서 벌어지는 일과 관련이 있다. 집 앞 쓰레기가 잘 치워지지 않아서 쌓여 있다든가, 큰 건물을 짓는다며 집 앞에 자주 다니던 편의시설 건물이 헐린다든가, 지방정부가 나서서 청년 심리상담 바우처를 제공한다든가. 이뿐만이 아니다. 전국 정치와 관련된 사안이라도 그 이야기를 TV와 온라인 뉴스를 통해서 접하는 것에는 한계가 있다. 우리가 출퇴근하거나 집 근처 시장을 다녀올 때 피켓 시위나 서명운동 부스를 접하면, 해당 사안에 대해 한 번이라도 더 생각하고 떠올리기 마련이다. 좀 더 활달한 사람이라면 그들에게 다가가서 함께하고 싶다는 응원과 참여의 뜻을 밝힐 수도 있다.

또 한편으로는 너무 급진적이라고 매도되기 쉬운 정책을 실현시키는 데에 있어서도 작은 지역 단위가 훨씬 쉽다. 정당이 유권자 개개인과 접촉을 자주 할 수 있기 때문에 그들에게 필요한 정책이 무엇인지 구체적으로 파악하기 쉽고, 정당의 가치관에 맞춰서 체감할 수 있는 정책으로 변환하기 쉽다. 반대로 유권자들 역시 진보정당의 정책공약을 수용하기가 훨씬 쉽다. 예를 들어 "준공영제 체제인 전국의 시내버스를 완전히 공영화해서 지방정부가 직접 운영해야 한다"라는 정책은 너무 급진적이라거나 나와는 상관없는 먼 이야기처럼 느낄 수 있다. 그러나 "마포 XX번 마을버스는 가파른 언덕길에 사는 주민들에게 필수적인 노선인데 마포구의 지원을 받는 XX운수 회사가 돈이 안 된다며 운영을 안 하려고 한다. 이런 회사에 세금을 퍼 주느니 차라리 이 노선을 마포구가 직접 인수해서 안정적으로 운영하자"라는 주장은 마포구 주민의 피부에 와닿는 이야기다.

이처럼, 제아무리 비대면 온라인 시대라지만 우리 인간이 물리적인 공간 안에서 형태를 가진 물질로서 살고 있는 한, 그 지역 공간에서 일어나는 정책과 정치에 따라서 우리의 삶에 어떤 변혁과 퇴행이 일어나는지, 빠르고 쉽게 체감할 수 있다. 그리고 '전국' 단위에 비해서 물리적으로 작은 단위인 지역 안에서는 그런 창구로서 정당의 지역위원회가 중요하다.

정의당의 지역위원회는 지역 정치권(예를 들어 마포구청과 마포구의회)이 다루는 사안에 대해서 정의당을 대표하여 논평 등의 수단을 통해 의견을 내고 타 정당과 협의하는 공식 조직이다. 또 지역 단위로 당원들이 모이는 교류 모임, 강연, 집회와 거리 캠페인을 조직하는 공식 조직이기도 하다. 마지막으로 '선거구'라는 특정 지역을 단위로 공직선거가 이뤄지는 한국 정치의 특성상, 정의당 지역위원회는 해당 지역 선거구의 공직선거(특히 지방선거와 국회의원 총선거)를 준비하고 실행하는 업무를 총지휘하게 된다.

마포구는 서울에서 진보정당의 고정 지지층이 가장 탄탄한 곳이고 지역 주민들이 꾸리는 생활공동체도 튼실하며 소수자의 삶이 환대받는 개방된 문화를 가지고 있는 장소다. 또한 동시에 고급 대형 아파트 단지가 빠르게 들어서고 재개발과 젠트리피케이션이 연속해서 일어나는 곳이기도 하다. 그래서 마포구에서는 전국적인 의제와 맞닿은 다양한 이해관계가 부딪히고 있다. 정의당이 생기기 전부터 마포구에서는 서로 다른 진보정당에서 활동하는 활동가들이 지역정치 의제에서는 탄탄하게 연합하여 활동하는 '풍습'(?)이 있었는데, 그 영향이 지금까지 이어져서 마포정의당은 마포구의 지역정치지형과 전국적 주제의 담론을 훌륭하게 결합하여 지역과 전국에 두루 영향을 미치는 활동을 하고 있다.

코레일 주도의 홍대입구역 재개발 사업에 의해 철거될 뻔한 칼국숫집 '두리반'을 지키고 끝내 가게 이전에 따른 보상을 얻어낸 투쟁(2009~2011년), 수백 미터 길이의 홍대 '걷고싶은거리' 전체에 거대한 지하상가·주차장을 지으려던 마포구청 주도 개발 사업의 위법성을 오진아(당시 진보신당, 정의당 소속 마포구의회 의원)의 주도로 밝혀내고 홍대 상인회와 함께 막아 낸 투쟁(2010~2012년), 망원시장을 둘러싸고 연이어 지점을 내던 홈플러스의 추가 입점을 막고 전통시장과 대형마트의 상생협약을 실현하여 지금의

'힙한' 망원시장의 기반을 만든 투쟁(2011~2014년), 새로 들어선 마포래미안푸르지오 아파트 주민들의 민원에 쫓겨 강제철거된 25년 전통의 '아현포차' 거리 지키기 투쟁(2016~2018년). 이상의 투쟁은 전국적으로 널리 알려지며 여러 사회운동가와 시민들이 결합한 큰 운동으로 번졌고, 소상공인의 문제(상가임대차, 대형마트와의 관계 등)를 전국의제화하는 데 중요한 역할을 했다. 마포정의당(과 그 이전 진보정당)의 활동가들 역시 이 투쟁운동에 적극 결합했다. 특히 '걷고싶은거리' 투쟁은 홍대 상인회와 진보정당활동가 사이의 끈끈한 신뢰관계를 만들었는데, 이는 2013년 홍대 '걷고싶은거리'에서 서울퀴어퍼레이드가 개최되는 데 있어서 홍대 상인회의 적극적 협조를 얻어 내는 중요한 요인이 되기도 했다.

2020년에는 망원동우체국 폐국에 반대하는 주민운동을 주도적으로 조직했다. 우정사업본부가 전국 우체국의 50% 이상을 폐관/축소/민영이전하는 구조조정을 시도하면서, 그 첫 케이스로 마포구 동네 중심가에 위치한 망원동우체국을 폐국하기로 했던 것이다. 마포정의당은 주민들의 모금과 폐국 반대 문구를 모아서 망원역에서 우체국까지 이어지는 월드컵로 거리에 주민들 명의의 작은 현수막을 연이어 걸어서 이 문제를 지역 주민과 전국 단위 언론에 대대적으로 알렸다. 보도 이후 우정사업본부는 전국 단위 구조조정을 중단하겠다고 밝혔다. 발표 이전에 상가임대차계약을 이미 만료시켰던 망원동우체국은 결국 폐국되고 말았지만, 마포 주민들과 마포정의당이 전국의 우체국들을 지켜 낸 셈이다.

마포정의당은 이후에도 마포구에서 정의당의 전국 단위 정책을 구현하는 여러 작업을 진행했다. 2022년 지방선거에서는 상암동에 출마한 구청장(조성주), 구의원(김가영) 후보 차원에서 상암동 유휴부지에 공공종합병원 유치를 공약으로 걸었는데, 이는 코로나-19 팬데믹 시절 공론화되었던 공공의료 강화, 특히 공공병원 확충 요구를 지역공약으로 승화시킨 것이다. 과거 국민의힘이나 민주당은 해당 부지에 초고층 랜드마크나 공원(하지만 상암동에는 난지도 하늘공원, 한강공원 등 공원이 이미 많다!)을 짓자는 공약만 남발했는데, 마포구에 없는 종합병원에 대한 주민들의 수요를 정의당 전국 정치 공약과 결합시켜 최초로 제안한 것이다.

2023~2024년 사이에는 서울시가 서울시에서 발생하는 쓰레기를 처리하는 소각장을 (이미 소각장 한 곳이 운영되고 있는) 상암동에 추가 건설하겠다고 발표했는데, 마포정의당은 서울시의 의사결정 절차의 위법성을 문제 제기하며 쓰레기 문제에 대한 대안까지 함께 제안했다. 서울에서 배출되는 쓰레기의 양 자체를 줄여서 '소각장 하나를 줄이는' 것이 필요하다는 것. 서울시 차원에서 쓰레기 재활용률을 극대화하고 일회용품 사용을 규제하는 것부터 시작하자고 주장했다. 이는 정의당이 주장하는 환경 정책을 지역의 소각장 이슈와 연계해 그 파급력을 높인 것이다. 소각장 대책 논의에서 당시 지역위원장 오현주, 직전 구청장 후보 조성주, 당시 비례대표 국회의원 장혜영이 함께 자료를 수집하고 정책적 대안을 세우고 마포구 여타 정치세력을 만나 규합하는 협업은 상당한 시너지를 일으켰다.

마포정의당과 동료 활동가들이 이런 굵직한 역할을 하는 동안, 내가 마포정의당 운영위원으로서 했던 활동은 주로 마포정의당의 당원 모임 행사와 신규 당원 교육을 기획하고 진행하는 것이었다. 앞서서 당원 교류와 당원 교육이 아주 중요한 정당정치 사업이라고 이야기했는데, 그 사업은 지역위원회 단위에서 진행하는 것이다. 나는 마포정의당의 당원 모임을 주로 '정치적이지 않은 듯한 테마를 바탕으로 정치적인 의견을 서로 나눌 수 있는 기회'로 마련하고자 했고, 신규 당원 교육은 '당원들이 정의당의 첫인상을 좋게 느끼고 교류의 접점을 마련하는 기회'로 여겼다.

내가 기획한 당원 모임은 기복이 심해서, 흥행에 크게 성공하거나 크게 실패했다. 가장 흥행했던 당원 모임은 2019년 11월에 진행된 국립현대미술관 '올해의 작가상' 전시 관람 당원 모임이다. 이 전시에 사회적인 고민거리(여성과 동물, 가족공동체, 노동의 가치, 이주 난민)가 많이 담긴 것이 흥미로워서, 마포구와 중구의 지역위원회 공동 주최로 하는 당원 모임을 기획했다. 이때는 수도권 각지에서 20명의 당원이 모여서 큰 흥행을 기록했다. 1시간의 공동 관람 후 미술관 근방의 종로구 서촌 지역에서 함께 저녁을 먹으며 당원들과 열띤 감상 토론을 나눴던 것이 기억난다.

빈대로 2022년 11월 당원 모임 〈노래는 추모를 넘어서 정치가 될 수 있을까?〉 강연은 심혈을 기울였던 것과 달리 참석 인원이 5명에 불과한 흥행 참패를 기록했다. 이때는 10·29 이태원 참사 직후로, '놀러 갔다가 죽은 사람을 왜 추모하느냐'는 몹쓸 여론이 퍼지는 데다가 추모를 이유로 예술공연을 취소하라는 압박이 범정부적으로 밀려오던 시기였다. 이런 모순적인 상황을 고민하는 사람들을 모으려는 목적으로, '대중음악의견가' 서정민갑을 연사로 초청해서 '노래가 어떻게 시민의 마음을 치유하고 사회적 의제 논의를 활성화시킬 수 있는지'에 대한 이야기를 나누고자 했다. 하지만 매일같이 우울하거나 분노가 치미는 참사 이후 상황에서 당원들이 마음 놓고 참석하기는 쉽지 않았나 보다.

마포정의당의 신규 당원 교육은 2021년부터 2024년 초반까지, 정의당 가입 또는 마포구 전입 6개월 이내의 당원들을 대상으로 분기별로 한 번씩 비대면 화상회의 방식으로 진행되었다(당 상황이 추슬러지면 대면 교육을 꼭 진행해 보고 싶다). 정당을 처음 시작하는 사람들을 위해서 진보정당과 정의당의 역사, 정의당의 지향을 담은 강령, 정의당의 조직 구조와 당원 참여 활동, 그리고 정의당 마포구위원회 소개까지 1시간 반의 교육을 진행했다. 이런 교육은 정의당이 추구하는 가치를 다시 한번 주지시키고 신규 당원들이 정의당과 교류할 접점을 만들어 주는 중요한 역할을 한다. 입당자가 많은 특정한 시기에는 한 번에 8명가량의 신규 당원이 교육을 받기도 하지만 보통은 한 번에 2명 내외 숫자로 진행되곤 했다. 언뜻 규모가 작아 보이지만, 지역위원회보다 규모가 훨씬 큰 정의당 광역시·도당마저도 1년에 1번 신규 당원 교육을 개최하기 버거운 것이 현실이기에, 그 어려운 여건에서도 꾸준히 이어진 마포정의당 신규 당원 교육은 지금도 마포정의당의 자랑거리로 남아 있다.

2.4.2. '정의당 청년부대표 우리끼리 공개경선' 활동

복당 이후 정의당 중앙당에서 한 활동은 거의 없는 것으로 기억한다. 그러나 운이 좋게도 나는 2019년에 정의당 내부에서 이뤄진 어떤 활동에 몸담을 수 있었다. 미리 밑밥을 깔자면 이 활동은 정당의 공식 조직과는 독자적으로 시도된 활동이기도 하고, 정당 내부의 당내 정치 차원에서 가장 창조적이고 역동적이고 건설적으로 당원들의 뜻을 모을 수 있었던 활동이기도 했다. 이 활동의 이름은 '정의당 청년부대표 우리끼리 공개경선'이었다.

정의당은 2019년 7월 전국동시당직선거를 앞두고 있었다. 2017년부터 당을 이끈 이정미(당대표) 지도부의 임기가 만료되어 당대표 1인과 부대표 3인을 비롯한 전국의 선출직 당직자를 선출해야 했다. 특별히 이때 당선된 지도부는 정의당이 당세를 크게 확장할 것으로 기대되었던 2020년 국회의원 총선거를 지휘하게 되므로 당 바깥에서도 큰 관심을 모으고 있었다.[54] 당시 당헌 규정상,

[54] 당대표 선거 결과만 먼저 말하자면 두 명의 후보가 출마했다. 부동의 리더였던 심상정과, 민주노총 부위원장 출신으로 당시 정의당에 비해 좀 더 급진적인 '민주적 사회주의' 노선을 주장했던 양경규. 투표 결과 득표율 83.6%(16,177표) vs 16.4%(3,178표)로 심상정이 압두적으로 승리해서 당을 이끌었다. 양경규는 2020년 총선 비례대표 후보로 출마해 순번 9번을 받고 낙선했으나, 훗날 2024년 1월 국회의원 류호정의 탈당으로 국회의원직을 승계하여 3개월간의 짧은 임기를 열정적으로 수행했다.

부대표 3인 중 최소 1인은 여성이어야 하고, 또 최소 1인은 만 35세 이하 청년이어야 했다. 앞서서 정의당 청년·학생위원회의 역할이 중요하다고 말했듯, 지금 말하는 이 '청년 할당' 부대표가 어떤 역할을 하느냐에 따라서 청년 당원을 조직하고 청년 정당활동가의 주장을 정의낭 운영 노선에 반영하는 역할이 크게 날라신다고

할 수 있겠다.

이 부분에서 당시 기준 최근 두 명의 (청년)부대표에 대한 청년 당원 다수의 불만이 쏟아졌다. 2015년에 당선된 배준호, 2017년에 당선된 정혜연(현 사회민주당 부대표)은 부대표로서 당내 의사결정과 집행에 개입할 권한을 어느 정도 가졌음에도 불구하고, 정의당 청년 당원들이 생각하는 정당의 노선과 진로와 활동 방향을 제대로 대변하지 못한다는 비판을 받았다. 2010년대 후반 당시, 청년 활동 당원들의 주목을 받았던 사안으로는 다음과 같은 것들이 떠오른다.

- 여성주의·여성 인권운동과 성소수자 인권에 응답하는 성평등 정치. 특히 정의당 내부에서부터 (청년) 여성 당원들이 안전하고 활발하게 정당활동에 참여할 수 있는 환경 마련하기.
- 장애인과 외국인(특히 외국인 노동자와 난민) 인권운동에 응답하는 정치.
- 기후위기와 쓰레기 문제를 중심으로 한 환경운동 문제를 다루는 정치.
- 수도권 집중 현상을 막고 비-수도권 지역의 산업, 경제, 문화적 발전을 도모하는 정치.
- 정의당이 '여의도 정치' 활동에만 의존하지 말고 구·시·군 단위의 지역위원회, 대학교 단위의 학생위원회 활동을 조직하고 권한과 지원을 늘릴 것. 그리하여 지역·학교 단위 현장의 의견이 정당 노선에 더 많이 반영될 것.

● 중국, 일본, 홍콩, 미얀마 등 아시아 곳곳의 민주주의운동과 노동운동에 대한 지지와 협력을 지속하는 국제 연대의 역할을 정의당과 한국 정치를 통해 투사할 것.

물론 이상의 '관심사 목록'은 진보정당이 청년 유권자를 대상으로 할 수 있는 전통적인 기본 역할(청년을 대상으로 하는 노동, 일자리, 주거, 복지, 교육정책 등의 사안)을 당연히 충실히 수행하는 것을 기본 전제로 한다. 이 시기의 정의당 청년 당원들은 이 사안들이 서로 대립하거나 우선순위를 놓고 경쟁할 것이 아니라고 여겼다. 장기적 사회 비전으로서 한국 사회와 진보정당정치가 이 사안들을 함께 추구하고 주장해야 할 일종의 패키지처럼 여겼다고나 할까. 마치 전통적인 민주당 지지자에게 정치 민주화, 한반도 평화, 지방 균형 발전, 문화 규제 철폐와 시장 자유화가 하나의 패키지로 묶여서 한국 사회가 나아가야 할 비전이라고 여겨졌던 것과 비슷하다.

아무튼 기존 두 명의 정의당 (청년)부대표의 임기 동안, 이들은 이와 같은 정의당 청년 당원과 청년 정당활동가들의 요구를 세대로 반영할 사업적 역량이 부족하고 정의당의 노선을 청년 당원들의 의견에 따라 움직일 의지와 생각도 부족하다는 인식이 널리 퍼졌다. 물론 두 부대표가 애초에 앞서와 같은 관심사 그리고 청년 당원들의 의견에 동의하지 않았기 때문이라면, 두 부대표의 생각도 존중되어야 한다. 하지만 청년 당원들 입장에서는, 그렇다면 자신들의 의견에 동의하고 당의 노선을 변화시킬 만한 인물을 부대표 후보로 끌어올려야 하겠다는 공감대가 형성되었다.

　'정의당의 양적 성장에도 불구하고 정의당 청년 정치는 동력을 잃고 청년 활동가들은 당내 권위주의, 반-여성주의 흐름에 떠밀려 소진되고 있다. 이 상황을 돌파하고 청년 주체들이 정의당을 이끌 다음 주체를 발굴하도록 스스로 모여 조직하고 기획하겠다. 청년 할당 부대표를 선출하는 것을 당원 전체의 투표에 맡기기 전에, 청년 정당활동가들 우리가 추천하는 단독 후보를 먼저 발굴, 추천해서 모든 당원에게 공개하겠다.' 이것이 '정의당 청년부대표 우리끼리 공개경선'이 추진된 핵심 이유이자 원동력이었다.

　'정의당 청년부대표 우리끼리 공개경선'(이하 '청년경선')은 정의당 공식 조직 차원에서의 기획이 아니었다. 앞에서 말한 각자의 참여 동기를 가지고 (이렇게 표현하면 참 오글거리지만) '청년경선'의 필요를 느낀 뜻있는 정의당 청년 당원들이 스스로 모이거나, 이 기획에 함께하면 좋을 사람들을 직접 모아서 진행되었다. '청년경선'의 실무기획단에 합류한 사람들은 각자 다른 경로를 통해서 결합하게 되었다. 나의 경우, 과거 청년·학생위원회 집행부 활동 당시 (청년)부대표로서 실무활동을 통해 친분을 쌓았던 문정은으로부터 '청년경선'의 준비를 안내받았고, 4월경부터 '청년경선'을 지지하고 기획에 참여하는 40여 명의 당원 모임에 결합했다. 이 당원 모임은 'Youth First' 모임, 줄여서 'YF'라고 불렸고, 그중에서 기획단 실무를 맡은 10명 정도의 실무팀을 '일꾼팀'이라고 불렀다.✌

　YF 모임과 '청년경선' 일꾼팀의 면면은 화려했다. 정의당 각 지역·부문조직의 정당활동가 및 상근 당직자, 정의당 소속 국회의

✌ 당시 '청년경선'의 진행 상황을 확인할 수 있는 페이스북 페이지가 남아 있다. 2024년 현재는 '정의당 혁신프로젝트 번지'라는 이름으로 남아 있는, '정의당 청년부대표 우리끼리 공개경선' 페이지이다. https://www.facebook.com/projectjpyouth

원 입법 보좌진, 정의당 당원이면서 사회운동 각계(노동조합, 문화운동, 여성운동, 학생 자치, 청소년운동, 정치개혁운동 등) 단체의 활동가로서 몇 년간 활동한 잔뼈 굵은 이들이 합류했다. 지금에 와서 돌아보면, 이들은 큰 틀에서 '청년경선'의 가치관에는 동의하지만 활동 배경과 일터와 가치관과 소속 정파가 조금씩 달랐기 때문에 '청년경선' 이전에는 각자의 뜻을 맞출 기회가 거의 없었다. 하지만 '청년경선' 기획을 시작하고 서로의 깊은 생각과 일의 전문성을 파악하게 되자 이야기가 달라졌다. 평소에 이처럼 뜻있는 사람들과 협업할 기회가 없었던 한을 풀려는 듯, 우리는 각자가 잘하는 일을 바탕으로 어마어마한 시너지를 내며 무서운 실무 추진력을 보였다.

'청년경선' 일꾼팀의 모든 회의는 매주 스카이프Skype 화상으로 또는 텔레그램 대화방을 통해 진행되었다. 이때는 코로나-19 팬데믹 이전 시기라서 비대면 회의가 일반적이지 않았지만, 밤늦은 시간에 여러 지역에 흩어진 활동가들끼리 회의하는 것이 일상이었던 우리에게는 아주 익숙한 회의 방식이었다. 우리는 구글 이메일 계정을 만들고, YF 모임에서 정할 경선 규칙의 초안을 마련했다. 경선에 참여할 (청년)부대표 후보들의 입후보 방식을 정하고, 선거인단 모집 기준(나이 관계없이 정의당 당원이면 누구나 가능)과 행정적인 모집 방식, 그리고 선거 진행 방식을 결정하는 내용이었다. 여기에 더해서 후보들의 선거운동 방식과 토론회 일정을 결정했다. 5월 5일 오프라인 후보 토론회를 시작으로, 17일 선거인단 모집 마감, 19일 온라인 1차 투표 및 결과 발표, 22일 결선 후보 토론회 온라인 중계, 5월 28일 온라인 결선 투표 및 결과 발표. 그리고 중간중간 후보들에게 주어질 영상 유세 및 서면 질의 답변을 통한 선거운동 일정이 예정되었다.

'청년경선'이 준비되자, 이 경선을 기획한 뜻에 동의하면서 부대표로 출마하려던 청년 활동가들이 경선에 입후보하기 시작했다. 입후보 등록한 후보는 총 4명이었다. 2019년 당시 이들의 경력은 다음과 같았다.

- 박예휘는 정의당 수원시지역위원회, 성소수자위원회, (청년)부대변인 등으로 활동한 당직자이자 활동가이며 정의당의 청년 정치인 육성 교육 프로그램인 '진보정치아카데미 4.0'의 1기 수료생이기도 했다.
- 백상진은 학생운동 경험과 진보정당(노동당)의 조직 담당 당직자 근무로 시작하여 심상정 국회의원 입법보좌진, 2018년 경기 고양시의회 의원 후보로 출마하여 낙선한 인물로 지방선거 당시 진보정당 청년·여성 후보로 여러 언론의 주목을 받았던 바 있다.
- 왕복근 역시 2018년 서울 관악구의회 의원에 출마하여 낙선한 인물인데, 그 이전에도 진보정당에서의 청년정치활동과 관악구 지역 활동, 그리고 노동 분야 운동단체 '직장갑질119'에서의 상담 스태프 활동이 알려졌다.

- 이효성은 서울과 고양에서의 학교 비정규직 노동조합 조직 업무 상근자, 진보정당(진보신당) 상근자 등을 역임했으며 마지막으로 정의당 제주도당 당직자를 3년여 근무하다가 퇴사 후 부대표에 출마했다.

'당내 권위주의와 반-여성주의 흐름을 끊고 정의당의 청년 정치가 대중적 지지를 받게 하겠다'는 '청년경선'의 뜻이 퍼지자, 이에 동의하는 당원들도 구름같이 몰려들었다. 5월 5일 오프라인 토론회에는 (일꾼팀과 후보를 제외하고도) 웬만한 중앙당 공식 행사에서도 모으기 힘든 40여 명의 청년 당원이 전국 각지에서 참석했다. 10일간의 모집 기간 동안 모인 선거인단은 500명. 당시 정의당에서 당직 선거 투표권을 가진 권리당원 전체 숫자가 약 30,200명으로, 그 당원의 2%에 육박하는 숫자가 당 공식 조직의 도움 없이도 10일 안에 모였다. 호응이 뜨거워지면서 후보들에게 던지는 질문도 많아지고, 짧은 시간 안에 더 많은 서면 질의응답과 영상 유세 기회를 제공하게 되었다. '청년경선' 일꾼팀 팀원들과 YT에 참여한 당원들과 후보들의 놀라운 홍보력과 조직 능력 덕분이기두 했시만, '청년경선'과 그 후보들을 지지히고 관심을 보내는 사람들이 그토록 많다는 것이 아주 놀라운 일이었다.

이런 기획을 준비하는 것이 말은 쉬워 보이지만, 일꾼팀 입장에서는 정할 것이 한둘이 아니었다. 오프라인 토론에 참여하기 위해 비-수도권에서 서울로 오는 청중 당원들의 숙박 문제는 어떻게 해결힐 것인가? 후보들의 선거인단 대상 선거운동은 어디까지 허용하고 어디부터 금지할 것인가? 선거인단 모집 시에 그가 당원임을 어떻게 증명할 것인가? '청년경선'이 정의당 당헌 당규 또는 법률상 사전선거운동이나 불법선거운동으로 규제될 여지를 제거하려면 어떻게 해야 하는가? 선거인단의 투표는 숙의 방식으로 할 것인가, 아니면 1인 1표로 할 것인가? 투표 진행은 어떻게 관리할 것인가? 등등. 이런 얼핏 '사소하다고 느껴질' 부분들 하나하나가 잘못 이행되면 '청년경선' 전체의 목적성, 당위성, 공정성에 대한 공격이 들어올 수 있다. 그러면 '청년경선'의 의도가 훼손되어 우리가 올릴 후보가 실제 당직 선거 때 큰 타격을 받을 수 있다. 심지어 불법 사전선거운동으로 지적되어 경선 후보 4명 모두 실제 당직 출마가 거부될 수도 있다.

일꾼팀 내에서도 이런 문제 하나하나를 잘 조율하고 확정하고 집행하는 일이 아주 어려웠다. 팀원들이 (비록 청년이지만) 몇 년에 걸친 각 분야 사회운동/정당활동 베테랑 경험자이기 때문에 그나마 문제를 헤쳐 나갈 수 있었다. '청년경선' 일꾼팀은 각자 원래 하던 활동의 전문성을 바탕으로 서로 업무를 나눠 가졌다. 내가 맡았던 업무는 4가지였다. (1) 토론회에서, 또한 서면 질의로 후보자에게 질문할 주제와 문항의 초안 정리하기. (2) 토론회 실시간 속기록(문자 중계) 정리와 페이스북 생중계 중간관리. (3) 선거인단 모집 작업 및 선거인단 당원 인증 관리, 공지용 문자 메시지 전달. (4) IT 설문조사 솔루션을 이용해서 선거인단 투표 관리 및 결과 발표. 이 모든 과정이 한 치의 오차도 없이 진행되도록, 2019년 5월 한 달 내내 일꾼팀은 즐겁게 피 말리는 시간을 보냈다.

500명 선거인단의 투표를 통해 '청년경선'에서 선출된 정의당 (청년)부대표 추천 후보는 박예휘였다. 1차 투표에서 박예휘와 백상진(가나다순)이 상위 득표를 기록했고, 이 두 후보를 놓고 치러진 결선 투표에서 박예휘가 승리한 것이다. 사전에 합의된 경선 규칙에 따라서, 후보별 득표수는 개표 결과를 직접 확인한 나 이외에는 어느 누구에게도 공개되지 않았다. 그 숫자는 내 화장장까지 가져갈 것이다.

박예휘의 승리는 많은 사람에게 이변으로 여겨졌다. 나머지 세 후보와 달리 정의당이 첫 정당이고(그만큼 정당활동 경력이 짧다는 의미이기도 하다), 공직선거 출마 경험 유무나 지금까지 맡았던 당직 직책의 무게감을 보았을 때 다른 후보들에 비해 당원들에게 알려질 기회가 적었기 때문이다. 하지만 그는 그런 점 때문에, ('청년경선'이 특별히 타깃으로 내걸었던) '당내 권위주의와 반-여성주의 흐름'으로 인해서 당내 활동 참여를 부담스러워했던 청(소)년, 여성, 성소수자 등 당원들의 인식을 가장 잘 이해했다. 토론회 내내 그들의 인식을 대변하고 당내 문화를 바꾸기 위한 여러 제안을 내놓기도 했다. 게다가 그 내용을, 마치 노회찬의 말하기가 연상될 정도로 쉬운 표현과 나긋나긋하고 또박또박한 말투로 말한 것 역시 긍정적인 인상을 남겼을 것이다.

아무튼 이렇게 경선이 끝난 이후 '청년경선' 일꾼팀은, YF 당원 모임 안에서 원래부터 합의하고 예정했던 목적대로 2019년 7월에 있을 당직 선거의 박예휘 부대표 선거캠프로 전환되었다. 박예휘 후보와 캠프는 청년 할당 부대표 자리를 놓고 다른 후보와 경쟁하게 될 경우를 준비했다. '청년경선'은 '당내 권위주의와 반-여성주의 흐름'에 대해 비판하고 이를 변화시키겠다는 목적으로 시작되었기에, (경선 선거인단을 넘어서서) 많은 당원의 지지를 얻고 박예휘 후보를 실제 당직 선거에서 부대표로 당선시켜야만 진정 성공적으로 마무리할 수 있었다. 일꾼팀은 '청년경선'의 목적에 동의하지 않는 '상대측' (청년)부대표 후보가 당연히 입후보할 것이라고 예상했다.

하지만 놀랍게도 그런 일은 벌어지지 않았다. 박예휘 이외에 다른 '상대측' (청년)부대표 후보는 입후보하지 않았다. 불과 2~3주 만에 500명이나 되는 당원들이 '청년경선'에 호응하는 것을 보고, 누구라도 이 흐름을 거스르면서 부대표에 당선되기란 어려우리라고 생각했을 것이다. 그리하여 '청년 할당' 제도에 따라 후보 등록 마감과 함께 박예휘의 당선은 사실상 확정되었다. 그로 인해 박예휘를 지지하면서도 다른 후보에게 투표한 당원이 많았다. 그는 당직 선거에서 556표, 득표율 2.95%를 기록했다. '청년경선'의 결과에 비해서는 분명 너무 적은 득표였다. 하지만 이 결과야말로, '정의당 청년부대표 우리끼리 공개경선'을 통해서 가치 지향을 명확하게 드러내면서 당원들을 조직하고 당 노선에 분명한 방향성을 제시하는, 당내 정치의 가장 바람직하고 성공적인 사례라고 들고 싶다.

다만 이것이 완전히 성공이라고 할 수는 없었다. '당내 권위주의와 반-여성주의 흐름'을 바꾸는 데 적극 동의하고 (4명의 경선 후보 중 누가 당선되는지와 상관없이) '청년경선'을 처음부터 지지했던 청년 당원들의 모임, 'Youth First'는 지속되지 못했기 때문이다. 가장 이상적인 모습대로라면 이들은 7월 당직 선거운동 때 박예휘의 당선을 위해 같이 활동하고, 또 박예휘 당선/낙선 이후에도 정의당의 운영 방식과 노선에 대해 지속적으로 목소리를 내고 영향력을 발휘하는 조직으로 남아 있어야 했다. 하지만 박예휘의 당선이 싱겁게 확정되면서 이 흐름의 동력이 중간에 떨어졌고, 이들이 다시 모여서 목소리를 내기에는 2020년 코로나-19 바이러스가 유행해서 모이는 것 자체도 어려웠을 뿐만 아니라, 국회의원 총선거 이후 정의당의 상황이 너무 나빠졌다. 이에 따라, 당을 바꾸려는 의지로 충만했고 가장 활달했던 당원들은 그 이후 아직까지도 그때처럼 모이지 못하고, 긍정적인 영향력을 투사하지 못하고 있다.

2.5. 사회가 변화하자, (진보)정당이 망했다

2.5.1. 사설: 영원한 '민주-진보 연합'은 있을 수 없었다

 # 다수파 연합을 만들려는 진보정당의 염원

2000년 민주노동당 시기부터 이어진 (정의당을 비롯한) 지금의 한국 진보정당이 2024년 지금까지 남긴 정치적 성과는 두 가지라고 생각한다. 첫째, 노동권, (시혜적 복지가 아닌) 보편적 복지, 사회안전망의 문제가 사람들의 삶뿐만 아니라 한국 정치라는 무대의 중요한 전선이 되도록 끌어 올린 성과. 둘째, 군부독재 세력을 기원으로 하는 보수정당(2024년 현재로 치면 국민의힘)과 군부독재에 반대하는 '보수 야당'을 기원으로 하는 민주당이라는 '거대 양당' 사이에서 그들과 전혀 다른 기원을 가진 정당이 수십 년간 나름의 독자성을 유지하면서 유의미한 크기의 세력으로 살아남은 성과.

헌정 체제와 남북한 분단이 본격화된 1948년 이후 50년 넘게 '거대 양당' 중심으로 고착화된 한국 정치체제에서 이런 변화를 만든 것은 어마어마한 성과였다. 이것은 허약한 물질적 기반을 극복하기 위한 뼈를 깎는 노력이 있어야 가능한 일이다. 진보정당의 구성원들은 자신이 생각하는 이상적인 한국 사회의 모습을 꾸준히 담대하고 정교하게 개발해 왔고, 민주주의 체제 안에서 그 모습을 실현할 수 있는 '다수파 연합'을 만들어 정책을 실현하기 위해 노력했다.

진보정당이 의회에서 다수파 연합을 만들기 위해서 오랫동안 유지했던 것이 이른바 '민주-진보 연합'이라는 구도였다. 두 보수정당, 거대 양당 중에서 그나마 개혁적인 입장을 보였던 민주당과 힘을 합쳐서 국민의힘 계열의 정당을 막아 내자는 것이었다. 노무현 행정부가 이명박 행정부로 교체된 이후, 정권 연장에 실패한 민주당은 자신들이 이른바 '먹고사는 문제'에 소홀하여 지지를 잃었다고 판단하며 진보정당이 연구하고 주장하던 여러 경제·복지 정책 담론을 적극 수용하기 시작한다. 진보정당들 역시 비슷한 입장이라서, (노무현 행정부 시절의 노동권 탄압과 경제규제 철폐 드라이브를 기억하고 있었지만) 이명박 행정부 들어서 더욱 가속화된 퇴행 흐름에 놀라서, 행정부를 견제할 동료를 모으는 것이 중요하다고 판단했다. 이명박 행정부와 국민의힘 계열 정당(당시 '한나라당')을 막아내기 위해서 2010년 지방선거부터 시작된 이른바 '범야권 후보 단일화', '민주-진보 연합'은 이렇게 결성되었다.

이명박-박근혜-문재인 행정부로 이어지는 15년 전후의 시간 동안 이어진 '민주-진보 연합'이 진보정당의 입장에서 성공적이었던 시절이 분명 있었다. 민주당은 기존 김대중·노무현 행정부 시절 정책의 일부를 뒤집으면서 진보정당의 담론을 수용했다. 무역 규제 철폐를 반대하기 시작하고, 무상급식과 양육수당으로 대표되는 보편적 복지 제도를 받아들이기 시작했다. '경제 성장을 위한 국가경쟁력 제고, 기업 하기 좋은 나라'로 나아가자는 기조를 '노동자와 중소상공인 보호' 기조로 바꾸기 시작하고, 정리해고를 반대하는 노동자들의 투쟁 현장에 적극 결합하기 시작했다. 진보정당은 거대 양당이 아니라면 지지율에 비해 충분한 의석을 얻을 수 없는 한국 선거제도의 모순을 딛고, 민주당과의 후보 단일화를 통해서 여러 지역에서 과거에 비해 훨씬 많은 당선자를 배출하게 되었다. 이들이 각자의 지역에서 정당 조직을 뿌리내리고 무시 못 할 정치세력으로 자리 잡기도 했다. 지금까지 살펴본 현상들은 진보정당의 주장이 여론 다수의 주장을 얻고 있으며 (민주당까지 포함한) 훨씬 많은 국회 의석수를 이용하여 한국 사회를 바꾸고 있다는 분명한 신호였다. '민주-진보 연합'의 공감대를 만들었던 정책 담론들은 결국 문재인 행정부의 초창기에 역점 정책 사업으로 추진되기도 했다(다만 그 사업이 얼마나 잘 완결되었는가? 이에 대한 평가는 사람들마다 많이 엇갈릴 것이다).

하지만 '민주-진보 연합'이 영원히 변치 않을 '혈맹' 같은 것은 결코 아니렷다. 한국 사회에 필요한 변화를 어떻게 진단하고 어떻게 실현할 것인가? 그리고 진보정당은 어떻게 유의미한 세력으로 계속 존재하고 성장할 것인가? 이 두 가지 과제를 잘 해결할 수 있는 '다수파 연합'을 만들기 위해서, 진보정당은 스스로 나아가야 할 방향이 무엇인지 끊임없이 고찰해야 한다. 정의당과 진보정당은 그 방향을 다양하게 찾아냈던 경험을 분명 가지고 있다.

2018년 정의당이 민주평화당과 함께 공동교섭단체 '평화와 정의의 의원 모임'을 만든 것은 더불어민주당에 분명 위협적인 일이었다. 민주평화당과 더불어민주당은 김대중 총재 시절부터 내려온 '민주당계' 구성원들이 모여 있다는 공통점이 있었기에, 호남권 대표 정치세력의 위치를 두고 경쟁하는 사이였다. 공동교섭단체가 만들어지면 정의당뿐만 아니라 민주평화당의 발언권도 커지는바, 과반 의석 정당이 없던 당시의 국회 안에서 입법 과정을 주도하려는 더불어민주당은 민주평화당과 정의당의 의견을 좀 더 받아들여야만 하는 껄끄러운 입장으로 몰아세울 수 있었다. 정의당과 민주평화당이 몇 가지 중요 사안(성소수자 인권 등)에서 결정적인 입장 차이를 가지고 있음에도 불구하고 노회찬(당시 정의당 원내대표)이 공동교섭단체 만들기를 추진한 데에는 이런 입장이 있었다.

2007년에 민주노동당은 심지어 한나라당(현재 국민의힘의 전신)과 연합전선을 짠 적도 있다. 그 전선은 여의도에서 늘 잠재적 폭탄처럼 취급받는 노령연금제도 개혁에 관한 내용이었다. 당시 노무현 행정부와 열린우리당(현재 더불어민주당의 전신)은 국민연금의 기금 소진을 늦추겠다며 보험료율을 높이고(9%에서 15.9%로) 소득대체율을 낮추는(60%에서 50%로) 정책을 추진했다. 이에 한나라당은 국민연금을 거의 무력화시키는 수준으로 축소시키되(보험료율 7%, 소득대체율 20%) 모든 노인에게 같은 액수의 기초노령연금(전체 연금수급자의 과거 소득 평균액의 22%를 균등하게 지급)

을 지급하는 안을 제출했다. 이 두 가지 안이 충돌할 때, 민주노동당은 두 가지 원칙을 가지고 열린우리당·한나라당 사이의 중재자 역할을 했다. 국민연금 제도를 과도하게 축소시키는 것은 시민들이 복지국가의 역할을 불신하게 만들므로 결단코 피해야 한다. 대신 기초연금을 도입하면 저소득 노인의 소득이 더 높아지므로 국민연금 축소를 감당할 만하다. 결국 민주노동당과 한나라당이 먼저 합의에 나서서 국민연금 소폭 축소(보험료율 9% 유지, 소득대체율 40%로 축소)와 기초연금 도입을 내용으로 하는 단일안을 함께 만들어 행정부를 압박했고, 이 안을 행정부와 열린우리당이 받아들였다. 한국의 현행 국민연금·기초연금 제도는 이때 만들어진 것이다.✌

✌ 2007년 연금개혁 당시 행정부와 3당의 논의 과정은 다음의 기사에서 자세히 확인할 수 있다. 송윤경, 「연금정치 복원? 17년 전 노무현, 한나라·민노당에서 배워라」, 『주간경향』 제1596호, 2024.09.29. https://weekly.khan.co.kr/khnm.html?mode=view&art_id=202409160600031

　　앞에서 이야기한 사례들은 정치 뉴스에 관심 많은 사람들 사이에서 통용될 내용, 즉 의회 테두리 안에서의 '다수파 연합'을 만드는 과정을 다루었다. 하지만 이뿐만이 아니다. 의회에서는 소수파일지라도, 의회 바깥에서 사회운동과 대중 여론을 통해 '다수파 연합'을 만들어서 다른 정당들이 따르지 않을 수 없게끔 만드는 사례도 많다. 2016년에 다른 정당들이 박근혜 대통령 탄핵 소추를 주저할 때에도, 2020년에 더불어민주당과 국민의힘(당시 '미래통합당')이 모두 중대재해처벌법 제정에 미적거릴 때에도, 정의당이 소수파로서 국회에서 버티면서 국회 바깥의 분노한 여론을 대변하였기에, 끝내 다른 정당들도 마음을 바꿔서 탄핵 소추와 입법에 동참하도록 만들 수 있었다.

의회 바깥에서 '다수파 연합'을 만들려면 그저 매 순간 떠오르는 이슈에 논평 발언으로 숟가락 얹는 것만으로는(물론 이것도 중요하긴 하지만) 한참 부족하다. 지역과 부문조직을 통해서 의회 바깥 사람들과 늘 연결되고, 사회운동 세력과의 협업을 평소에 쌓아 둬야 한다. 진보정당들은 2000년대에 전국민주노동조합총연맹(민주노총)이나 전국농민회(전농) 같은 여러 대형 사회운동단체들의 확고한 지지를 확보했고, 2000년대 후반부터는 중요 사안에 대한 지역별 조직(예를 들어 '친환경무상급식 XX지역운동본부' 같은 곳)과 연결된 활동을 했다. 또한 2010년대 들어 두각을 드러낸 '유니온' 형태의 부문별 단체들(예를 들어 청년유니온, 민달팽이유니온, 라이더유니온 등), 성소수자, 장애인, 외국인노동자 등의 권리를 위해 싸우는 여러 부문별 사회운동단체들과 크고 작은 협업들을 이어 나갔다.

정의당을 비롯한 진보정당들은 이처럼 다채로운 방법으로 어떻게든 작은 세력을 가지고 독자성을 유지하면서 '다수파 연합'을 구성하여 사회에 유의미한 변화를 만들기 위해 노력했다. 이런 행동을 이해하지 못하거나 폄훼하는 입장에서는 정의당의 정치 방식을 "정당이 아닌 정치 동아리 같다"고 말하거나 "민주당 2중대/국민의힘 2중대"라고 멋대로 취급하기 쉽다. 그러나 단순히 관성적으로 '현 정부를 옹호한다/비판한다'는 기조에서 벗어나서 다양한 분야에서 영향력을 발휘하고 꾸준히 생존하기를 도모하는 정당이라면, 나름의 명쾌한 서사를 가진 채로 여러 방식의 정치 행보를 시도하려는 것이 당연하겠다.

사회와 정치 환경이 변화하면서, 정의당은 바로 이 지점에서 큰 혼란을 맞게 된다.

민주당-정의당 공조의 파국: 조국과 더불어시민당

정의당과 더불어민주당이 의회 활동과 선거에서 서로 공조하던 구도는, 2019년부터 2020년 사이에 산산이 부서질 수밖에 없었다. 그 결정적인 2가지 순간을 정리해 보자.

첫 번째는 2019년 9월, 문재인 행정부가 신임 법무부 장관으로 조국(당시 대통령실 민정수석비서관)을 임명했던 순간이다. 법학 교수 출신인 조국은 이명박-박근혜 행정부의 비논리적 정책과 부패상에 대해 강하게 비판했던 '민주-진보 진영'의 대표적인 오피니언 리더였다. 그런데 법무부 장관 후보자로 임명되던 시점에 여러 의혹이 몰아쳤다. 자녀의 논문 제1저자 등재가 연구부정행위라는 의혹, 부모의 주도로 자녀 학교 입시를 위한 사문서(표창장 등)를 위조했다는 의혹, 민정수석비서관 시절의 사모펀드 투자의 불법성 의혹, 공직자 감찰을 부당하게 무마했다는 직권남용 의혹 등.

물론 2024년 10월 현재 시점에서 사건 대부분의 재판이 여전히 진행 중일 정도로 법리적으로 복잡하기도 하고, 사모펀드 투자 참여의 건처럼 사건 그 자체로서는 무죄 판결이 확정된 사례도 있다. 조국이 후보자로 지정된 그 시점에서, 향후 법무부 장관의 지휘를 받아야 할 윤석열(당시 검찰총장, 현 대통령)과 한동훈(당시 대

검찰청 반부패강력부장, 현 국민의힘 대표)의 주도로 조국에 대한 공격적인 체포영장 신청과 압수수색이 이뤄진 것이 '조국이 주도할 검찰개혁 사업을 막기 위해 벌어진 정치적인 수사지휘'였다는 비판도 가능하다.

그러나 그런 복잡한 사안들 속에서도 심각한 문제임이 분명한 사안이 많다. 자녀 입시를 위한 사문서 위조 등의 행위는 그 사실관계와 불법성이 분명히 드러나서 대법원 판결까지 확정된 사안⊛이다. 행정부 정책에 영향을 끼 ⊛ 조국 본인에 대한 재판은 대법원에서 진행 중이며, 부인 및 자녀에 대한 유죄판결은 대법원에서 확정되었다. 칠 수 있는 고위공직자가 사모펀드에 투자한 것이 (법적 불법성 여부를 떠나서) 마치 국회의원이 특정 회사 주식을 보유하는 것처럼, 정책 결정 권한을 이용해 사모펀드의 사업을 유리하게 하는 이해충돌 가능성이 있는 매우 부적절한 행위라는 것이다. 또한 대한병리학회는 자녀 본인이 제1저자로 등재되었던 논문에서 자녀의 논문 기여 내용을 확인할 수 없다고 강조하며 이를 연구부정행위로 인정했다. 현대 한국 사회는 이상의 세 사안에 대해서, 정치인과 공직자와 학계에 명망 있는 학자(의 자녀)가 해서는 안 되는 잘못된 일이라는 사회적 합의가 있었다.

문제는 조국 그 본인뿐만 아니라, 민주당 소속 일부 정치인과 일부 지지자가 조국을 변호하면서 내세운 입장이었다. 법률을 위반한 것이 아니니 문제가 아니라거나, 자녀의 학교 입시와 여윳돈 투자에 있어서 이런 문제적 행위를 모두들 하지 않느냐 그러지 않는 사람은 돌을 던지라거나 하는 내용의 변호가 곳곳에서 쏟아졌다. 사회를 더 나은 방향으로 바꾸기를 추구하는 사람들 입장에서는, 조국 개인의 부정비리 문제보다도 이런 방식으로 변호하는 반응들에 대해서 더욱 경악할 수밖에 없다. 이것은 민주당 지지자들이 그토록 비판했던 보수정당 지지자들의 행태와 동일했기 때문이다. 조국과 그의 변호자들이 생각하던 사회 변화는 다수의 삶을 좋게 바꾸는 것이 아니라, 자신들의 이득과 기득권을 챙기기 위한 것이 아니었느냐는 한탄이 나올 수밖에 없다.

그간 정의당은 문재인 행정부에서 문제적 인사가 임명될 때마다 지속적으로 반대 논평을 내고 10명의 후보자를 낙마시켜서 '정의당 데스노트'라는 별칭이 달리기도 했다. 하지만 2019년 9월 조국 법무부 장관 임명 당시, 정의당 지도부는 고심 끝에 "청년에게 깊은 상처를 줬으나, 사법개혁의 대의 차원에서 대통령의 임명권을 존중한다"는 입장을 냈다. 그러나 그 와중에도 정의당 내부에서는 '조국을 변호하는 이들과 부의 불평등, 기후위기 등의 사회 문제를 같이 해결하자고 말할 수 있는 것인가?'라는 심각한 의문과 문제 제기가 이뤄졌다.

두 번째는 2020년 국회의원 총선거를 앞두고 벌어진 더불어민주당의 '비례위성정당', 더불어시민당이 만들어진 것이다. 이것에는 진보정당의 오래된 공약인 '연동형 비례대표제'로의 개편이 얽혀 있다.

'병립형' 비례대표제라고 부르는 한국의 기존 선거제도는 300석의 국회의원 중 약 250명을 250여 개 지역구에서 상위 득표자 1명만 선출하고, 나머지 약 50명의 비례대표 의석을 비례대표 정당투표의 지지율에 비례해서 배분한다. 이 방식에서는 과반 지지율에 훨씬 못 미치는 정당이 쉽게 과반의석을 차지하는가 하면,✌ 작은 정당들은 지지하는 유권자 수에 비해 지나치게 적은 의석수를 배정받는다.✌✌ 다양한 소수 의견이 유권자의 지지를 받는 만큼 반영되지 못하고 국회에서 묵살되는 것이다. 2000년대부터 여러 진보정당과 시민사회운동단체들이 이 제도의 문제점을 지적하면서 대안으로 앞세운 것이 연동형 비례대표제다. 독일과 뉴질랜드에서 쓰이는 이 제도는 '의회 전체 의석은 각 정당이 지지받은 만큼 배분해야 한다'는 대원칙에 따라 비례대표 의석을 배분한다.✌✌✌

✌ 비례대표 정당투표가 시작된 2004년부터 2024년까지 6번의 총선 중 5번(2016년 제외)의 선거에서 과반 의석을 차지한 정당이 나타났다. 그러나 같은 시기 정당투표 득표율이 50%는커녕 40%를 넘은 경우조차 단 1번(2012년 새누리당, 42.8%)에 불과했다.

✌✌ 2016년 총선에서, 정당투표 득표율이 각각 26.7%, 7.2%였던 국민의당과 정의당은 실제 국회 의석수 비율을 불과 12.6%(38석), 2.0%(6석)밖에 차지하지 못했다.

✌✌✌ 예를 들어 A당이 지역구 당선인이 2명에 비례대표 득표율 10%를 기록하면, (완전)연동형 비례대표제에서는 A당에 전체 의석수 300석 중 10%인 30석이 보장되도록 비례대표 28석(=30-2)을 배분한다. 현행 한국 선거제도인 '준연동형 비례대표제'는 300석 중 5%인 15석이 보장되도록 비례대표 13석(=15-2)을 우선 배분한 뒤, 나머지 의석을 각 정당 득표율과 비교하여 배분한다. 어느 쪽으로든 '병립형 비례대표제'일 때보다는 소수 정당의 의견이 충분히 반영된다. '병립형'에서는 비례대표 정원인 50여 명 안에서 10%(약 5석)를 할당하므로 총 의석수 7석, 전체 의석수(300석) 대비 의석수는 2.3%에 불과하니까.

지지율에 비해 더 많은 의석을 차지하는 편이었던 더불어민주당은 2010년대 중후반 들어서 진보정당과의 공조 과정에서 스스로 선거제도 개편을 공약으로 걸었고, 2018년 바른미래당, 민생당, 정의당과 함께 비례대표 의석수 증설, 연동형 비례대표제를 도입하기로 결정했다. 이는 자신이 홀로 과반 의석을 차지할 가능성을 크게 낮추는 대신, 앞으로는 작은 정당들과의 합의와 공존을 통해서 뜻이 맞는 정당끼리 합의를 통해 국정을 운영하겠다는 결정이었다. 이러한 선거제도 개편안은 여러 우여곡절을 거쳐서, 비례대표 의석수는 그대로 두고 '준연동형 비례대표제'의 형태로 2021년 1월 국회를 통과한다.

그러나 준연동형제에 대한 기대는 그해 2월부터 파국에 빠진다. 새 제도를 반대한 국민의힘(당시 '미래통합당')은 물론이고, 새 제도 도입을 주도한 더불어민주당까지 더 많은 의석을 확보하기 위해 제도의 빈틈을 악용한 것이다. 비례대표 후보를 자기 당 이름으로 내지 않고 2개월짜리 임시 위성정당을 만들어서 후보를 출마시켰다. 이렇게 되면 실질적으로 병립형 시절과 정확하게 같은 의석 배분이 이뤄지게 된다. 도저히 명분이 서지 않았던 더불어민주당은 위성정당의 후보 한 자리를 얻으려는 몇몇 작은 당(가자!평화인권당, 가자환경당, 기본소득당, 시대전환)을 결합시켜서, '범민주진보 세력으로서 보수정당에 대항하는 정당의 연합체'를 표방하는 더불어시민당을 창당한다. 결국 더불어시민당은 2020년 총선에서 정당 득표율 33.4%, 비례대표로만 17석을 차지한다. 3월에 창당한 더불어시민당은 5월에 더불어민주당과 합당했고, 2명(기본소득당, 시대전환 복귀)을 제외한 당선자 15명은 더불어민주당으로 흡수된다. 이 15석을 더불어민주당 같은 거대 정당이 아닌 (지지율에 비해 의석 비율이 낮은) 다른 정당들에 배분하라는 것이, 원래 준연동형제의 취지였다.

더불어민주당의 비례위성정당 창당은 국민의힘이 하는 같은 행위에 비해서도 질적으로 매우 좋지 않았다. 여의도 정치식 문법으로 따지면 (준)연동형제 도입을 함께 합의하고 추진한 다른 중소 정당들(바른미래당, 민생당, 정의당)을 배신한 것이다. 그보다 더 중요한 사회적 의미로 따지면, 서로 뜻이 맞는 여러 정당과 민의가 서로 연합하여 국정을 운영하도록 하겠다는 국가적 비전을 스스로 뒤엎은 것이다. 그것도 자신의 의석수를 늘리기 위해서 말이다. 이런 정당을 상대로 상호 신뢰를 가지는 것은 어느 모로 봐도 불가능한 것이다.

이후로 진보정당 지지자들이 민주당을 싸늘하게 여기게 되는 여러 사건들이 반복되었다. 직원 성추행 사실이 폭로되기 직전에 박원순 서울시장이 스스로 목숨을 끊은 이후, 국가기관에 의해 피해자가 주장한 피해 사실이 일부나마 드러났음에도 불구하고✌

✌ 박원순 성추행 사건에 대한 수사와 형사재판은 박원순의 사망으로 인해 불가능해졌고, 이 방법을 통해서 사건의 사실관계를 밝힐 수는 없게 되었다. 다만 이 사건을 국가기관이 직·간접적으로 조사하여 사실을 인정한 일이 두 차례 있었다. 먼저 헌법기관인 국가인권위원회가 2021년 1월, 5개월간의 직권조사를 통해 피해자가 주장한 성추행 피해 사례 7가지 중 최소 3가지가 사실이었다고 인정했으며 서울시청의 비서 운용 관행과 피해자 보호 등의 제도를 개선한 것을 권고했다. 이는 피조사자 박원순이 방어진술을 할 수 없는 상황임을 고려하여 국가인권위원회가 피해자의 진술을 최대한 엄격한 잣대로 판단하였음에도 사실로 인정되있다는 짐에서 의미가 크다. (국가인권위원회의 직권조사 결과 발표 보도자료: https://www.humanrights.go.kr/site/program/board/basicboard/view?boardtypeid=24&boardid=7606202&menuid=001004002001) 또한 2021년 1월, 서울지방법원은 별개의 사건(서울시장 비서실 전 직원의 준강간치상 혐의) 재판에 대해 판결하던 중, 판단 증거자료로서 박원순 성추행 사건 피해자가 박원순에게 피해받은 사실을 진술한 내용을 '사실'로서 인용했다. 재판부는 몇 가지 피해사실을 언급하며 "[박원순 성추행 사건의] 피해자가 박원순 성추행으로 인해 상당한 정신적 고통 받은 건 사실"이라고 설명했다. (김미향·신민정, 「법원 "박원순 성추행 피해자, 정신적 고통 받은 건 사실"; 서울중앙지법, 서울시 전 비서실 직원 징역 3년 6개월」, 『한겨레』, 2021.01.14)

박원순의 "억울한 죽음"에 대해 항변하거나 피해자의 명예를 심각하게 훼손하는 일부 정치인과 지지자들의 행위. 문재인 행정부가 주도하고 2019년 중소 정당들과의 합의를 통해 통과시킨 사법개혁안(고위공직자범죄수사처 설치, 검찰-경찰 수사권 조정)을 2020년 국회 과반 의석을 차지하자마자 합의안을 깨고 민주당이 원하는 더 강경한 안으로 통과시킨 일. 이런 상황이 반복될 때마다, 그 1년 전에 있었던 일부 민주당 정치인 및 지지자들의 인식과 행동 역시 똑같은 방식으로 되풀이되어 표출되었다. 진보정당 지지자들의 인내는 점점 한계에 달했을 것이다.

2.5.2. 사설: 영원한 '연합정당'도 있을 수 없었다

 # 비례위성정당과 부채의 직격, 코로나의 직격,

김종철의 직격

정의당의 당세 축소 이유를 단지 '민심을 대변하지 못해서' '국회의원 누구누구 때문에' 같은 두루뭉술한 이야기로 '퉁치는' 것은 너무 게으른 일이며, 앞으로 어떤 정당에서든 정당활동을 할 선후배들에게도 전혀 도움이 되지 않는 일이다. 지난 20년간 부족하게나마 일정한 지지와 조직세력과 정치적 영향력을 가지고 있던 진보정당의 물질적 기반은 2020년부터 2021년 사이에 뿌리째 흔들리게 되었다. 그 사건들을 살펴보자.

2020년에 준연동형 비례대표제가 도입된 뒤, 정의당은 평소의 지지율대로라면 국회에서 15석 내외의 많은 국회의원을 확보할 수 있을 것이라는 기대로 끓어올랐다. 당시 당대표 심상정은 이 선거를 통해서 정의당이 '노동을 챙기는 작지만 꼭 필요한 정당'이라는 인식을 넘어설 기회라고 판단했던 것 같다. 비례대표 제도를 통해서 여러 분야(앞서 말한 여성·학생·성소수자·장애·환경·농어민 등이 모두 포함될 것 같다)를 대변하는 국회의원들이 한 명씩 포진하여 한국 사회 모든 분야의 문제를 포괄적으로 다루며 사회 비전을 제시하는, 말하자면 '수권정당'으로 발돋움할 기회라고 여겼던 것 같다. 진보정당은 전통적으로 당원들의 당내 경선을 통해서 비례대표 후보들의 당선 순번을 결정했는데, 정의당은 2020년 총선 경선에 대해서 지도부의 요청과 전국위원회(정의당 내부의 국회 같은 역할을 하는 의결기구)의 결정으로 이런 규칙을 마련했다.

- 당원 표를 70% 비율로 반영하고, 개방형 시민선거인단을 최초로 도입하여 30% 비율로 반영한다.
- 24명의 비례대표 후보를 순번대로 당선시키되, 1·2·11·12·22번을 청년(만 35세 이하) 후보 중 최다 득표자, 7번을 장애인 후보 순 최다 득표자, 18번을 농어민 후보 중 최다 득표자에게 할당한다.

이런 규칙이 도입되자 어마어마한 비례대표 출마 '러쉬'가 일었다. 총 37명이 입후보했는데, 이 중에는 정의당에서 활동했던 주요 정책·사회운동활동가뿐만 아니라 일종의 '영입인재'에 해당하는 인물, 정의당 후보로서 지금까지 지역구에서 출마했던 후보들, 정의당 당원이긴 했으나 당원으로서 정치활동이 거의 두드러지지 않았던 인물까지 다양했다. 당의 입장에서 가장 곤혹스러웠던 것은 지역구 후보로서 꾸준히 출마했던 경쟁력 있는 정치인 다수가 비례대표 출마로 방향을 틀었던 것이다. 낙선이 거의 확실한 지역구에서 후보로 꾸준히 출마하며 고생했던 사람이 비례대표로 출마하는 것 자체를 막을 일은 아니다. 그러나 전국의 당원들에게 인지도가 있을 정도로 쟁쟁한 지역구 후보들이 '이번이 마지막 기회'라며 모조리 비례대표 후보로 출마한다면 당의 전체 선거전략에도 문제가 생기고, 수천만 원의 부채를 지면서 지역구 선거를 뛰는 같은 당 후보들의 박탈감도 심해진다.

결국 정의당 전국위원회는 또 다른 결정을 내렸다. 지역구 후보들에게 각 4,000만 원, 여성·청년·장애인인 지역구 후보들에게는 각각 추가로 500만, 1,000만, 500만 원의 선거비용 지원금을 지급하는 것이었다. 2016년 총선 당시의 지원금(1인당 1,500만 원)에 비해 파격적으로 증가한 금액이었다. 당 재정에 큰 부담이긴 했지만 정의당의 비례대표 국회의원이 많이 당선되어 국고보조금이 크게 늘어난다면 충분히 감당할 수 있는 금액이었기에, 지역구 후보들이 부채 부담에 허덕이지 않고 활동을 이어 나갈 수 있도록 투자할 가치가 있었다. 준연동형제가 잘 작동한다면 말이다.

하지만 2020 총선 직전 보수정당과 민주당이 모두 비례위성정당을 등장시킴에 따라 정의당은 정당 득표율 9.7%(2016년 총선 대비 2.4%p 상승)을 기록했음에도 의석수는 기존의 6석에서 단 1

석도 늘어나지 않았다. 국고보조금이 전혀 늘어나지 않음에 따라, 정의당이 은행으로부터 차입해서 마련한 지역구 후보 지원금 약 30억 원은 2024년 지금까지도 갚지 못할 부채로 남아 있으며, 아무런 활동을 하지 않아도 이자와 원리금 상환만으로 하루에 몇백만 원을 지출해야 하는 커다란 부담으로 남아 있다. 지금도 정의당 활동가들은 "정의당의 부활을 가장 간절히 바랄 사람은 XX은행 여의도지점장"이라는 자조적 우스갯소리를 한다.

그러나 더욱 큰 갈등은 그다음부터 시작된다. 비례대표에 도전하는 영입인재로서 입당한 다양한 분야의 활동가들이 낙선한 이후, 각자의 전문성과 경력을 당내에서 활용할 길이 사라져서 겉돌게 되었다. 각 지역에서 오래 활동하거나 정책·사회운동활동가로 당에 기여했던 비례대표 후보들도 길을 잃었다. 국회의원 6인 중 2인이 정의당의 '비례대표 후보 1·2번 청년 할당' 정책을 통해 앞순위에 배정된 류호정과 장혜영이었다. 정의당이 당초 예측대로 다종다양한 분야의 전문가·활동가 15명 남짓의 국회의원을 당선시켰다면, 그중 청년 2인은 '당을 대표할 신선하고 기특한 목소리' 정도로 인정받았을지도 모른다. 그리나 그들은 정의당 국회의원 6명 중 2인이었고, 이들은 '당원들이 많은 지지를 받았던 당 활동 선배와 전문가들을 밀어내고 당선된 풋내기'라는 오명을 뒤집어쓰게 되었다. 많은 당내 정치인들과 당원들은 그간 누적된 정의당 침체의 원인을 오로지 류호정, 장혜영 두 의원에게만 전적으로 떠넘기려는 과도한 편견에 4년 내내 사로잡히게 된다.

한편, 총신 직진인 2020년 초에 시작된 코로나-19 팬데믹은 진보정당의 당원 조직과 대중활동 전반을 일시에 멈춰 버렸다. 미디어의 관심을 얻기 어려웠던 진보정당은 전통적으로 '사람을 만나고 사람을 모으는 것'을 통해 정견을 홍보하고 여론을 조직했다. 각 구·시·군마다 위치한 지역위원회에서 매월 또는 격월 정기적인 당원 모임과 당원 교육을 진행하고, 노동·여성·학생·성소수자·장애·환경·농어민 등의 부문위원회는 각 분야에 관심 있는 당원들과 정책전문가, 사회운동활동가들이 연결되는 토론과 사업 진행의 장이 되었다. 진보정당의 조직이 가장 활성화되었을 때에는 'XX구 XX동에 거주하는 당원들의 분회', 'XX정공 싼타모 부품 생산공장 A라인 당원분회' 같은 식의 분회가 만들어질 정도였다고 하니. 그리고 이들이 동네와 공장 골목을 돌면서 벌이는 서명운동, 현수막 게시, 집회 개최 등의 사업은 진보정당의 존재감과 의견을 대중에게 피력하는 몇 안 되는 기회였다.✌

✌ 진보정당이 쌓아 올린 지역·부문별 조직활동을 살펴볼 수 있는 내용으로, 2017년 오재영(전 민주노동당 조직실장)의 부고 기사에 실린 그의 활약상을 소개한다. 이 책 역시 해당 기사의 내용을 많이 인용·참고했음을 일러둔다. 천관율, 「삶을 '갈아 넣은' 한국 진보 정당사」, 『시사IN』 제499호, 2017.04.12. https://www.sisain.co.kr/news/articleView.html?idxno=28801

이 모든 조직이 코로나-19 팬데믹과 그로 인한 모임 금지 명령으로 끝나 버렸다. 진보정당활동가가 새로이 배출되는 창구인 대학교 캠퍼스, 대중집회가 열리는 광장과 번화가는 모두 텅 비어 버렸다. 남아 있던 기존 당원끼리 '화상 당원 모임'을 통해 근근이 모여서 이야기를 나눌 수 있었다지만, 화상 모임은 의견 교환의 자리는 될 수 있을지언정 서로 교류와 친분을 쌓고 새로운 사업을 같이 해 보자고 결기를 나누는 자리가 될 수는 없었다. 하다못해 대중을 상대로 열리는 정책간담회와 토론회조차도 일정을 잡았다가 집합 금지로 인해 1주일 전에 취소되는 일이 허다했다. 당원 조직과 대중활동을 유지할 동력은 사라져 버렸다.

이런 상황에서는 조직활동과 대중활동을 새롭게 짤 기반이라도 마련해야 했다. 하지만 그것은 불가능했다. 2020년 총선 이후 중앙당 부채가 심각하게 많아지자, 어쩔 수 없이 먼저 잘려 나간 예산이 바로 지역위원회, 부문위원회 등의 활동비 예산이었다. 정의당 서울시당으로부터 활동비 예산을 책정받는 마포구위원회의 경우를 예로 들면, 그간 매달 100만 원 이상의 활동비를 쓸 수 있도록 책정되었던 것이 2020년 총선 직후 매달 20~30만 원대로 급감했다. 지금까지는 유명 강사와 큰 강의장을 섭외해서 많은 지역당원과 주민이 들을 수 있는 사회 현안 강연을 매달 기획할 수 있는 형편이었는데, 이제는 1달에 1번 지역 현안에 대한 거리현수막을 제작하고 게시하기도 어려울 실정이었다. 국민의힘과 더불어민주당이 서로 강도 높게 비난하는 거리현수막이 곳곳에 나부낄 때, 정의당의 현수막이나 거리 홍보활동이 사라진 것에는 이런 이유도 있었다.

이런 극악의 상황을 돌파하기 위해 정의당이 사상 살 할 수 있는 것, 그것은 사회 변화에 대한 메시지를 던지는 것이었다. 문재인 행정부가 당장의 코로나-19 방역 대응은 잘 하고 있었지만, 의료진·관계 공무원의 과로 문제 해결, 지역별 공공의료 체계 개편, 해고 노동자와 소상공인의 경제적 생존을 위한 지원의 노력은 뒷전이었다. 2020년대 들어 시작된 팬데믹과 이상고온, 수해 등으로 인해 대중적으로 기후위기에 대한 경각심이 전에 없이 높아졌고, 오거돈(당시 부산시장)과 박원순(당시 서울시장)의 성추행 사건은 성평등 정치를 위한 정치세력 교체의 열망을 더욱 높였다. 두 시장직이 걸린 보궐선거가 2021년 4월 예정된 가운데, 국민의힘과 더불어민주당이 모두 제대로 다루지 못하는 이 사안들에 가장 소리 높일 수 있는 정당이 바로 정의당이었다.

이 열망을 안고 2020년 10월에 새로 선출된 당대표는 김종철이었다. 진보정당 소속으로 서울시장과 국회의원에 몇 번씩 출마한 베테랑 대중정치인이었고, 당내에서는 '민주적 사회주의 실현을 위한 급진적 사회 변화'를 지지하는 상대적 소수파였으며, 연령상 심상정·노회찬의 뒤를 잇는 '진보정치 리더 3세대'로서 언론의 주목을 굉장히 많이 받았던 인물이다. 여러모로 2020년의 상황에서 정의당의 조직력을 추스르고 진로 변경을 주도하기에 가장 적합한 인물이었다. 2020년 12월경의 중대재해(기업)처벌법 제정 논의가 국민의힘의 강력 반대와 더불어민주당의 애매모호한 태도로 막히고 있을 때, 전 당원 피켓 홍보활동 등으로 입법 여론을 조성하고 당원들의 참여 열의도 오랜만에 불러일으키던 것이 김종철 지도부의 첫 사업이었다.

그리고 그게 끝이었다. 2021년 1월 그는 당 고위 정치인과의 회의 이후 성추행을 일으켰고, 배복주 부대표 겸 젠더인권본부장의 진상조사를 거쳐 그 사실이 1월 25일 공개되었다. 모든 사건을 인정한 김종철은 대표직을 자진사퇴했고 3일 뒤 정의당은 그를 제명 조치한다. 이 어이없는 상황 앞에서 정의당은 2021년 4월 부산·서울시장 보궐선거에, 그것도 시장의 성추행 사건으로 치러지는 보궐선거에 후보를 낼 수 없었다. 2월 3일 정의당 전국위원회는 후보 무공천을 결정한다. 거대 양당을 제치고 진보정당이 앞장서서 팬데믹으로 인한 사회·경제적 차별과 불평등 해소, 성평등 정치, 기후위기 대응, (가덕도 신공항 졸속 추진과 같은) 토건 중심 경제구조 재편의 의제를 폭발시키고 유권자들의 지지를 폭넓게 얻어 낼 수 있었던, 다시 오지 않을 기회가 이렇게 사라졌다. 이렇게 김종철은 성추행 행위로 본인의 정치생명뿐만 아니라 정의당의 존재 의미를, 진보정당의 생명을, 한국 정치와 사회가 나아갈 방향의 앞길을 (적어도 지금까지는) 완전히 끝장냈다.

'연합정당' 정의당의 파국:
같은 당에 묶여야 할 이유가 점점 사라지다

당원 조직, 활동자금, 메시지 확산 경로, 대중적 지지세, 공직선거 당선 가능성. 이것들을 한 정당이 가진 물질적 기반이라고 말할 수 있겠다. 이런 기반이 잘 갖춰진 정당일수록, 자신의 정견과 야망을 이 당에서 펼치려고 마음먹은 사람들이 더 많이 입당하고, 더 많은 사람들이 정치인이나 정당활동가로 나서서 에너지를 쏟기 마련이다. 정의당은 바로 이 물질적 기반을 필요로 하는 진보정당 정치인·활동가들이 공동의 생존을 위해 모여 만든 정당의 성격이 강하게 배어 있었다. 앞서 보았듯 2020~2021년 사이에 그 물질적 기반이 크게 흔들리자, 정의당 구성원들 사이에 있었던 생각의 차이들이 비로소 드러나기 시작했다.

2012년 창당된 정의당(당시 이름 '진보정의당')은 처음부터 민주노동당, 진보신당(탈당파), 국민참여당 구성원들이 모여서 만들어진 연합정당의 성격이 분명했다. 앞 문장의 말은 15년쯤 전 과거의 진보정당 역사를 아는 사람들이나 알아들을 수 있을 테지만……. 이들 세력의 정치적 배경과 입장은 굉장히 달랐다. 노무현 행정부에 직접 참여했기 때문에 무역규제 철폐와 비정규직 도입 조건 완화, 그리고 이라크 전쟁 파병에 찬성하는 세력이 있었고, 노무현 행정부 당시에도 진보정당의 구성원으로서 해당 정책들에 강력 반대하는 세력이 있었다. 진보정당의 핵심 과제로 노동·경제 문제를 다루려는 세력과 통일·자주외교 문제를 다루려는 세력이 있었다. 핵무기를 제작하기 시작한 북한에 대한 입장 차이, 여성과 성소수자 권리 문제가 '진보정당이 대응해야 할 주제'인지에 대한 입장 차이, 민주당을 '그래도 개혁 정책을 함께 할 파트너'와 '근본적으로 개혁을 할 수 없는 보수적 야당' 중 어떻게 받아들일 것이냐는 입장 차이 등등이 있었다. 지금 와서 돌이켜보건대, 2000년대부터 2012년까지 쌓였던 각 세력의 이러한 입장 차이는 2024년 현재에 다시 갈등을 불러일으킬 만한 소지가 충분했다. 이런 세력들이 '연합정당' 정의당을 같이 구성했다는 것이 놀라울 정도다.

그럼에도 불구하고 이들이 2012년 정의당을 창당하며 결속할 이유는 충분했다. 먼저 이들은 공감대를 이룰 공통의 가치관 합의를 가지고 있었다. 당시만 해도 한국 사회가(그리고 민주당 내부에서조차도) 적극적으로 받아들여지지 못했던 '생애주기별 보편적 복지국가 체계'를 만들자는 목표. 대중적인 언어 문법과 시민에게 개방적인 운영체계를 갖춘 '대중적 진보정당'을 만들자는 지향. ('민주-진보 야권연대'는 이어 가야 할 수도 있겠지만) "민주당의 왼쪽이 아니라 한국 사회의 왼쪽을 맡기 위해" 민주당과의 통합이 아닌 독자 진보정당을 지켜야 한다는 원칙.

여기에 더하여, 정의당이 창당 직후에 (부족하게나마) 가지고 있던 물질적 기반이 있었기에 여러 정치세력이 정의당의 아래에 모여 있을 수 있었다. 창당 당시 기준 7명의 국회의원, 2명의 구청장과 수십 명의 지방의회 의원, 통합진보당에서 함께 탈당하여 정의당을 차리는 데 함께 한 수천 명의 당원들, 그리고 정의당을 수시로 언급하며 지지했던 대중적 유명인사들(유시민, 진중권 등)이 있다는 것. 이 물질적 기반 아래에서 여러 정치세력이 함께 생존하기 위해 함께 행동할 수 있었다.

이런 상황에서는 서로 다른 정치적 배경이 오히려 장점으로 녹아들기도 한다. 노무현 행정부에 참여했던 이들의 국정운영 경험과 언론을 상대하는 노하우. 소위 '운동권' 경험이 있는 이들이 가진 사회운동 세력이나 지역구 단위 지역주민조직과의 연결점. 과거의 소속 정당이 서로 달라서 교류하지 못했던 유능한 정책전문가와 상근 사무직원들이 함께 업무 문화를 빌드업하는 과정. 이런 것들이 섞여 시너지를 내는 것을 떠올려 보라.

하지만 다급하게 만들어진 연합정당이라는 특징은 시간이 지나면서 큰 문제점을 나타내게 된다. 이 당이 언제 어떻게 분열될지 모른다는 공포감 때문에, 사회가 바뀌면서 새로이 만들어야 할 정당의 정책적·노선적 정체성에 대한 고민을 극구 회피했다는 것이다.

2012년과 지금 2024년의 한국 사회를 비교해 보자. (제도적으로는 아직 부족한 점이 많지만) '보편적 복지국가'가 필요하다는 인식은 이제 보편적으로 확산되었다. 노동자의 권리를 지키려는 사람들의 인식도 보편적으로 퍼졌다. 따라서 이 두 가지 관점만을 가지고는, 정의당이 굳이 독자적인 진보정당 '정의당'으로 존재하고 지지받을 동기가 크게 줄어들었다. 반대로 정치(특히 진보정치)가 마주해야 할 한국 사회의 새로운 현안과 갈등도 두드러졌다. 여성과 성소수자가 사회적으로 겪는 경제적·사회적·문화적 차별과 폭력에 대해 어떤 목소리를 낼 것인가? 인공지능이 대두되고 기후위기가 심각해진 지금, 산업과 에너지 구조를 어떻게 바꿀 것이며 이로 인해 위태로워지는 노동자들의 생활은 어떻게 지켜야 하는가? 10년 사이에 여러 전쟁과 무역충돌을 겪으면서 한반도를 비롯한 세계 곳곳의 갈등이 격해진 지금, 한국은 어떤 외교대응 전략을 갖춰야 하는가? 민주당이 의회에서 압도적인 다수당이지만 사회 변화에 미적지근한 분야가 많은 상황에서, 정의당은 민주당에 대해 어떤 태도를 가지고 대립하거나 협력할 것인가?

지금 돌아보면 정말 안타깝게도, 정의당의 역대 지도부뿐만 아니라 당내 주요 정치세력들이 모두, 서로 토론하고 노선을 합의하는 것에 매우 게을렀다. '연합정당' 정의당의 정치인과 활동가들은 이런 새로운 현안과 갈등에 대해서 자신의 과거 배경, 경험에 따라 서로 생각이 갈라졌다. 그러나 당 지도부는 그에 대해 토론을 시작하는 순간, 의견의 차이를 좁히지 못한 사람들이 정의당 지지를 철회하거나 탈당하여 당이 쪼개질 것을 걱정했다.

따라서 정의당의 노선에 대한 당내 논쟁이 벌어졌을 때, 지도부는 토론을 제기하는 목소리를 축소시키고 갈등을 무마하는 방향으로만 대응하기 바빴다. 이런 대응방침은 늘 '지도부가 정무적인 판단을 거쳐 결정했다'는 명목으로 관철되었다. 앞서서 보았던 정의당의 당내 '여성주의 논쟁'이 벌어졌을 때 지도부의 대응이 그러했고, 조국 법무부 장관 임명 당시의 심상정 지도부 입장, 박원순 서울시장 사망 직후 류호정, 장혜영 의원의 '피해자 편에 서겠다, 조문하지 않겠다' 발언에 대한 김종철 지도부의 애매한 입장도 같은 태도에서 비롯된 것이라고 할 수 있다. 정의당이 앞세우는 정강정책과 한국 사회의 비전을 담는 문서인 정의당 강령은 2015년에 최종 개정[1]된 이후 10년째 개정되지 않고 있다. 걷잡을 수 없는 내부 갈등에 빠져들 것을 두려워한 나머지 종합적인 강령 토론과 개정에 나서지 못하고, 대신 대통령 선거와 국회의원 총선거를 앞두고 '정의당 20대 대선 강령'(2021)[2], '2023 혁신재창당 정의당 사회비전'[3]이라는 이름의 임시 강령을 도입하는 데 그쳤다.

[1] https://www.justice21.org/newhome/about/info02.html
[2] https://www.justice21.org/newhome/board/board_view.html?num=146253
[3] https://www.justice21.org/newhome/board/board_view.html?num=161365&page=1

당 지도부는 노선 결정을 차일피일 미루고, 당내 여러 정치세력들은 당의 노선에 대한 자신들의 의견을 강하게 제기하는 것에만 몰두하거나 침묵하기만 할 뿐 누구도 대화를 위한 토론에 나서거나 토론을 진지하게 제안하지 않았다. 이런 갈팡질팡한 상황에서도 사람들이 정의당이라는 틀 안에서 묶여 있던 것은, 정의당의 물질적 기반이 그나마 탄탄했기 때문이다. 2020년 이전까지는 지지율과 당원 숫자가 조금씩 늘어나고 있었고, 곧 준연동형 비례대표제가 도입되어 국회의원 의석수도 (원래의 지지율에 비례하게) 증가할 것이라는 기대가 컸다. 이렇게 확대된 정의당의 물질적 기반을 이용해서 각자가 생각하는 정치적 가치관(그 내용은 서로 달랐을 것이다)을 실현시킬 수 있다는 믿음이 있었을 테다.

하지만 그 기대는 2020년 총선에서 거대 양당의 비례위성정당 2개가 떡하니 생기면서 무너졌고, 물질적 기반의 확대는커녕 30억 원의 부채만 함께 떠안게 되었으며, 그 재정적 문제 때문에 정의당의 모든 대중정치사업과 홍보사업이 멈춰 버렸다. 그에 따라 당원 숫자와 정당 지지율이 떨어지는 것도 분명하게 확인되었다. 정의당의 물질적 기반이 해체되기 시작하는 순간, 생각이 달라도 너무 달랐던 당내 정치세력들을 하나로 묶었던 '연합정당'은 유지될 수 없는 운명이었다.

2.5.3. 해체되는 진보정당, 다시 시작해야 할 정의당

해체의 시작: 2022 대통령 선거, 2022 지방선거

2022년 대통령 선거를 앞두고 정의당은 오랜만에 제대로 된 내부 의제토론을 거칠 수 있었다. 2회 연속 대선 출마를 준비하던 심상정 후보는 기존의 진보적인 의제를 대중적인 언어로 희석시켜서 풀어내려는 정책을 펼쳐 보였다. '휴식할 권리' 개념을 도입하여 주장했던 주4일제 근무제 도입, 고용된 임금 노동자를 넘어서 1인 자영업자나 특수계약노동자 등을 모두 포괄하는 노동법('일하는 시민 기본법') 도입 같은 과제가 그런 내용이었다. 반대로 도전자의 입장이었던 이정미, 김윤기 등 다른 정의당 후보들은 코로나-19 팬데믹 시기의 교훈인 공공영역 강화, 조세를 통한 부의 균등분배, 산업구조의 불평등 해소와 같은 '큰 틀에서의 사회 구조 변혁'을 직접 건드리는 정책을 제시했다. 이들의 정책노선 대결에 더해서 '늘 믿을 만한 리더 심상정이냐, 이정미·김윤기 등 새로운 리더십이냐?'라는 대결구도도 사람들의 관심을 끌어모았다. 정의당은 역대 가장 치열한 경선을 통해서, 대선 5개월 전에 아주 근소한 차이로 심상정을 후보로 선출했다.✌

✌ 이정미, 김윤기, 황순식, 심상정의 4명이 출마했고, 당원투표를 통해 후보를 결정했다. 결선투표에 진출한 후보는 두 전직 당대표인 이정미와 심상정이었다. 2021년 10월 12일 개표된 결선투표에서 6,044표(득표율 51.1%):5,780표(48.9%)의 아주 근소한 차이로 심상정이 대통령 후보로 결정되었다.

　지금 돌이켜봤을 때, 2022년 대통령 선거는 정의당 구성원들의 해체가 시작되는 계기였다. 그런데 그 계기는 앞시 밀했던 정책노선 차이가 아니었디(그 사실이 니무 기가 막힌다). 성의당 해체의 신호는 뜬금없게도, 심상정이 '중도사퇴 할 것이냐 말 것이냐'에 대한 입장 차이에서 나타났다. 대통령 선거일인 2022년 3월이 다가올수록 윤석열(국민의힘 후보)이 이재명(더불어민주당 후보)을 크게 이길 것으로 예측되는 상황에서 "심상정이 이재명과 단일화하여 윤석열을 막아야 하지 않겠느냐"는 민주당 지지자, 이른바 '민주화 원로'들, 일부 시민사회운동단체들의 압력이 전방위적으로 나타났다. 정의당 내부에서조차 이에 대한 갑론을박이 대두되었다. 정작, 더불어민주당과 이재명 캠프는 단일화 제안을 공식적으로 제기한 적이 한 번도 없었는데도!

정의당 내부에서 심상정 사퇴 여부에 대한 논쟁은 곧 (진보) 정당정치에 대한 관점의 차이를 여실히 보여 주는 사건이었다. 사퇴를 주장하는 측은 '그나마 국민의힘에 비해 개혁적인 태도를 가진 민주당 행정부가 이어져야 진보정당의 입장이 조금이나마 반영되고 정의당의 효용성이 지속될 수 있다'는 생각이었다. 사퇴를 반대하는 측은 '민주당 행정부의 실정을 이미 경험한 입장에서, 정의당은 민주당·국민의힘을 모두 넘어서는 진보적 사회를 바라는 사람들을 위해 독자 정당으로 존재해야 효용성이 지속될 수 있다'는 생각이었다. 정의당-민주당의 공조가 파괴될 수밖에 없는 배경을 앞서서 살펴보았던바, 정의당의 입장에서 '이재명의 당선을 위해 심상정이 사퇴하는 것'은 자신의 존재 이유를 영원히 부정할 잘못된 선택임이 분명했다. 그러나 당내에서조차 사퇴 압박이 계속 들어오는 불안한 상황에서, 심상정이 독자적 캠페인으로 존재감을 확보하고 지지율을 끌어올릴 수 있을 리 없었다. 이재명과 윤석열에 대한 이른바 '최악의 비호감'이 지배적라서 '제3후보'가 큰 지지를 끌어모을 수 있었던 대선 상황에서조차도!

선거일을 2달 앞둔 2022년 1월 중순에 심상정이 4일이나 칩거에 들어갔던 것에는 이런 배경이 있었을 것이다. 당내 주요 인사들이 모인 채로 갈등만 벌이고 캠페인을 제대로 펼치지 못했던 선거대책위원회는 후보 칩거를 계기로 정리되었고, 칩거 종료 이후에는 '후보 직속 선거종합상황실' 실무진을 구성했다. 그제서야 심상정 캠프와 정의당은 후보직을 사퇴하라는 당 내외 압박을 뿌리치고 선거 캠페인에 온전히 집중할 수 있는 체계를 갖출 수 있었다. 이제 정의당이 생각하는 한국 사회의 모습을 제대로 보여 주고, 윤석열과 이준석(당시 국민의힘 대표)이 툭툭 던지는 극우적 메시지를 정의당 차원에서 제대로 뒤엎을 준비를 시작했다.

하지만 이미 때는 늦었다. 3개월의 시간이 허비되는 동안 전국적인 선거 구도는 이미 '윤석열이 대통령이 되는 세상에 대한 두려움 vs 이재명이 대통령이 되는 세상에 대한 두려움'으로 짜여 버렸다. 그중에서도 윤석열의 "여성가족부 해체" 7글자 메시지로 대표되는 성평등 정치 억압의 메시지에 대한 열광과 공포가 대통령 선거를 지배했다.

이재명 캠프는 누가 자신을 지지할 것인지 재느라 대선 캠페인 내내 성평등 정치에 대한 입장을 피하다가, 박지현('추적단불꽃' 활동가, 당시 이재명 후보 선거대책위원회 디지털성범죄근절특별위원장 이후 더불어민주당 비상대책위원장을 역임한다)의 거리 연설이 선거일 1~2주쯤 전부터 호응을 얻기 시작하자 뒤늦게 윤석열의 (여성주의에 대한) 백래시를 막자는 입장을 대대적으로 앞세우기 시작했다. 정의당으로서는 당연히 분통 터질 일이었다. 성범죄를 저지른 민주당 정치인들과 그들을 비호하고 오히려 피해자들을 가해하던 민주당 구성원들을 단호하게 비판하며 성평등 정치를 앞세우던 정의당이 있으니. 그러나 어떻게 하겠는가. 윤석열과 이준석의 백래시가 당장의 실질적 위협으로 느껴지던 유권자들에게, 민주당이 아닌 정의당을 지지해 달라고 설득할 수 없었다.

2022년 3월 9일에 실시된 대통령 선거에서, 정의당 심상정 후보는 803,358표, 득표율 2.37%를 기록했다. 5년 전 대선 득표율(6.17%)의 절반에 미치지 못했다. 윤석열과 이재명의 표 차는 약 15만 표였다. 향후 국민의힘과 더불어민주당 내에서의 지분을 확보하려던 안철수(국민의당)와 김동연(새로운물결)은 단일화 후 사퇴했는데, "노욕에 찌든" 심상정이 사퇴하지 않았기 때문에 윤석열이 당선되었다는 비난이 쏟아졌다. 그러나 또 한편에서는 윤석열의 백래시를 걱정하며 차마 심상정에게 투표하지 못한 유권자들이 (매 공직선거가 끝났을 때마다 늘 그랬듯) 심상정 캠프에 '지못미(지켜 주지 못해 미안해) 후원금'을 밤새 후원했다.

하지만 유권자들의 선의의 "지못미"는 아무것도 지켜 주지 못했다. 유권자들의 속사정이 어떻든, "정의당을 지지하는 사람이 절반 넘게 줄어들었다"는 여의도 정치평론가들의 평가는 정의당이 망했다는 사형 선고처럼 정계에 떠돌았다. 심상정은 물론이고, 독자 출마 노선과 성평등 대선 캠페인을 줄기차게 주도했던 장혜영과 류호정(당시 국회의원) 때문에 정의당이 망했다는 날 선 공격이 당 내외에서 쏟아졌다. 대선에서의 지지율을 본 언론과 정치평론가들은 정의당에 대한 관심을 끊었고, 바로 3개월 뒤의 지방선거를 준비하던 정의당 후보들은 무관심 또는 싸늘한 시선 아래 선거를 치러야 했다.

2018년 지방선거에서 정의당은 총 37명의 지방의회 의원을 배출했으나, 2022년에는 그 숫자가 9명으로 급감했다. 진보정당 정치가 지역정치를 바꾸기를 꿈꾸며 오랫동안 줄기차게 출마했던 경륜 있는 정치인들, 대선에서 얻은 정의당에 대한 지지를 바탕으로 진보적 가치를 실현하는 정치를 시도하려던 젊은 첫 출마 정치인들이 모두 바스스 무너져 내렸다. 이대로는, 미래가 없는 것만은 분명했다.

'우리가 꿈꾸던' 정의당의 모습, 알고 보니 모두 달랐다

2022년 지방선거까지 끝난 이후, 정의당 내의 모든 정치인과 정치세력들이 그제서야 모두 동의한 것이 한 가지 있다. 이제는 생존을 위해서라도 정의당의 노선 진로를 확실하게 정해야 하겠다는 것. 그러나 이를 어쩌나. 그렇지 않아도 서로 생각이 다른 민감한 주제일진대, '이대로라면 망한다'는 다급함까지 겹친 상태에서 토론을 시작하면 망한 이유를 각자 상대방 탓으로 돌리고 감정적으로 충돌하다가 영원히 갈라서기 마련이다. 이미 너무 많은 시간을 무사안일하게 흘려 버렸던 것이다.

2022년 6월 지방선거가 종료되고 여영국 대표를 비롯한 지도부가 조기퇴진한 뒤, 이은주 원내대표가 꾸리는 약 4개월의 비상대책위원회(비대위)를 거쳐 10월 중앙당과 각 시·도당 지도부를 선출하는 전국동시당직선거를 진행하기로 했다. 비대위에 주어진 화두는 '정의당을 어떻게 혁신재창당할 것인가?'를 연구하는 것이었다. 정의당이 어떤 부분에서 의견 표출하기에 미진했고, 어떤 정책과 담론을 더 이야기해야 하는가? 정의당의 지역·부문조직 구성이 어떤 점에서 허약했고 어떻게 바뀌어야 하는가? 이런 건설적인 논의가 이뤄진 뒤, 거기서 도출된 과제를 두고 당직선거에서 당대표 후보들이 각자의 솔루션을 내놓으며 경쟁해야 할 상황이었다.

이 건설적 논의의 기회는 처음부터 혼란에 빠졌다. '비례대표 국회의원 총사퇴 권고에 대한 당원총투표'를 실시하자는 논의가 떠오르면서, 7월부터 9월까지의 모든 당내 논의를 빨아들인 것이다. '당을 이 상태로 만든 비례대표 국회의원들의 총사퇴가 혁신재창당의 전제조건'이라고 생각한 당원들이 등장했는데, 정의당이 가진 당원총투표 제도(당권자 5%가 발의하면 모든 당원이 참가하는 총투표를 실시)를 이용하여 이를 공론화한 것이다. 이 당원총투표는 발의정족수(910명)를 간발의 차이로 넘긴 939명의 발의로 실시되었다. '비례총사퇴 당원투표'는 위기의 책임이 누구에게 있는가, 어느 국회의원을 지킬 것인가, (만약 가결이 된다면) 누가 의원직을 승계할 것인가 등등의 전혀 본질적일 수 없는 논쟁만 유발하고 말았다. 정의당이 지지를 잃은 것이 단순히 2020년부터 임기를 시작한 국회의원들만의 책임이라고 단편적으로 판단할 수 있을지는 의문이었다. 어쨌든 9월 4일에 발표된 개표 결과 찬성률이 40.8%로 총사퇴 권고안은 부결되었고, 당원총투표를 주도적으로 기획하거나 비례대표 승계 대상이었던 국회의원 후보는 부결되자마자 선도적으로 탈당하기 시작했다.

이 혼란 속에 치러진 2022년 10월의 당직선거를 통해, 이정미 당대표의 지도부가 탄생했다. 당대표 후보 시절의 이정미는 정의당의 혁신재창당이 '이런 방향으로 이뤄져야 한다'는 방향성을 제시하기보다는, 더 많은 당원을 가입시키고 당원들의 마음을 하나로 모아 낸다는 대원칙을 제시하는 것을 더 중요하게 여겼다. 이정미가 대통령 후보 경선 시절에 내놓았던 여러 사회 구조 개혁의 의제가 있었지만, 그는 당대표 선거 당시에는 이를 굳이 앞세우지 않았다. 아마도, 그는 총선 전까지 약 1년이라는 시간 동안 당내 여러 정치세력이 함께 모여서 재창당의 방안에 대해서 심도 있는 토론을 하고 합의를 만들면 될 것이라고 판단했던 것 같다.

그러나 그러지 못했다. 각 당내 정치세력을 대표하는 인원들이 모여서 혁신재창당과 관련한 논의기구를 구성했으나 의견교환과 토론만 이뤄졌을 뿐, 합의나 협상이 전혀 이뤄지지 않았다. 그 사이에 정의당은 '노동자당원 한마당', '여성당원 한마당' 등 당원조직 사업, 서울 강서구청장 보궐선거(2023년 10월) 선거운동 등을 열심히 진행했으나 전당적 사무역량을 쏟은 것에 비해 성과는 전혀 충분하지 못했다. 시간에 쫓긴 이정미 지도부와 정의당 전국위원회는 결국 급작스러운 결정을 내린다.

2023년 11월 6일, 전국위원회는 '정의당 혁신재창당 관련 선거 연합정당 추진의 건'을 인준한다. 그 내용은 다음과 같았다. "정의당은 22대 총선에서 기후위기와 불평등 해소, 지방 자치분권, 기득권 양당정치 극복 등 당의 비전과 가치에 함께 할 수 있는 세력들과 유럽식 선거연합 정당을 추진한다. 이 선거연합 정당은 정의당을 플랫폼으로 하여 추진하고 민주노총 등 노동세력, 녹색당 등 진보정당, 지역 정당 등 제3의 정치세력과 연합정당 운영방안 등에 대한 협의를 진행한다."✌ 즉, 더불어민주당과 국민의힘에 모두 정의당 7기 제5차 전국위원회 회의 안건 공지 중. https://www.justice21.org/newhome/board/board_view.html?num=161104

반대하면서 진보적 가치관을 앞세울 모든 정당이 정의당을 중심으로 선거연합을 하여, 지역구 및 비례대표를 공동 출마하자는 제안으로 수렴되었다. 이 안건이 통과되고, 이정미 대표단은 사퇴하고 선거연합정당을 만들기 위한 '선거연합신당추진 비상대책위원회'가 세워졌으며, 인권변호사이자 민변(민주사회를 위한 변호사 모임) 사무차장 출신이었던 평당원 김준우가 비대위원장으로 옹립되었다.

김준우 비대위원장이 취임 일성으로 남긴 "세상을 사랑하는 또 하나의 방식, 정의당"이라는 외침은 분명 많은 사람의 마음을 대변하는 맞는 말이었다. 그러나 정의당의 '선거연합정당' 방안에 동의하지 못한 모든 정의당 정치인들이 탈당하기 시작했다. 그제서야 사람들은 깨달았다. 우리가 꿈꾸었던 정의당의 모습은, 우리가 세상을 사랑하려던 방식은, 알고 보니 모두 달랐다는 것을.

2024 총선: 각자의 꿈, 각자들 잘 실현했나요?

처음으로 선도적으로 탈당한 세력은 '정의당 비례대표 국회의원 총사퇴 권고' 당원총투표를 발의하고 '복지국가 확대를 위한 민주당과의 적극적인 연대와 협력'을 주장하던 '새로운진보'라는 이름의 세력이었다. 이들은 '사회민주당'을 결성하여 2024년 총선을 준비했으나 독자적인 지지를 얻어 내지 못하고, 더불어민주당의 비례위성정당 '더불어민주연합'에 참여했다. 처음부터 꾸준히 민주당에 협력적인 태도였던 것에 비해서는 너무 적은 1명의 비례대표 국회의원 후보 몫이 사회민주당에 배정되어, 한창민(사회민주당 대표) 1명을 국회의원으로 당선시켰다. 마찬가지로 더불어민주연합에서 1석을 할당받아 당선시킨 기본소득당, 3석의 후보를 할당받아 그중 2명을 당선시킨 진보당에 비해 얼마나 유의미한 존재감을 보여 줄지는 아직 알 수 없다.

다음으로 탈당에 나선 세력은, 더불어민주당, 국민의힘과는 독립된 '제3정당 정치세력'을 만들자고 주장하던 세력이었다. 이들은 2024년 총선을 앞두고 거대 양당을 모두 반대하는 세력들이 모두 모여 제3정당을 구성해서 정계 개편을 주도할 것이라고 생각했고, 정의당이 이 제3정당의 주요세력으로 결합하여 제3정당의 정치적 노선을 진보정치에 맞게 재구성하자고 주장했다. 나도 초기에는 이 주장에 찬성하여 모임에 결합했으나, 시간이 지날수록 총선 스케줄에 쫓기고 다른 정당 소속 세력과의 합종연횡에만 다급하게 나서는 모습이 보이자 생각을 바꾸고 모임에서 나왔다. 초기에 참여했던 주요 정치인 중에서도 이런 흐름에 동의하지 못하여, 장혜영(당시 국회의원)처럼 정의당에 남아서 당 개혁을 하겠다는 사람들, 또는 이기중(당시 정의당 부대표)처럼 자신의 실패를 인정하고 정계 은퇴를 결정한 사람들이 있었다.

아무튼 이 세력의 결말은 더욱 슬펐다. 정의당의 총선 대응 방침이 '녹색정의당' 창당으로 기울자 이들 역시 탈당을 시작했으나, 처음부터 이 세력들은 하나로 모이지 못했다. 비교적 신진 정치인이 중심[조성주(전 정의당 정책위원회 부의장), 류호정(당시 국회의원) 등]이었던 '세 번째 권력'이 있었고, 지역활동이나 부문활동에 집중한 정치인이 중심[이동영(전 정의당 서울시당 위원장), 배복주(전 정의당 부대표) 등]이었던 '대안신당당원모임'이 있었다. 이들은 이준석을 중심으로 한 국민의힘 소속 반-윤석열계 정치인들과, 이낙연 등을 중심으로 한 더불어민주당 소속 반-이재명계 정치인들이 모여드는 제3정당에 '동등한' 창당세력으로서 참여하려고 했다. 그러나 배복주의 결합을 이준석이 강력 반대하는 상황을 두고 두 세력은 또 합쳐지지 못했다. '세 번째 권력'은 이준석과 일부 더불어민주당 출신이 모인 '개혁신당'에 참여했다가, 이준석계가 당을 장악하면서 자신들이 어떤 영향력도 발휘할 수 없게 되자 연이어 총선에 불출마하고 당을 떠났다. '대안신당당원모임'은 이낙연이 주도하는 '새로운미래'에 참여했으나, 역시 당내 영향력을 거의 배제당한 채로 새로운미래의 총선 패배 이후 연이어 당을 떠났다.

'진보정당의 미래에 대한 고민'을 한다는 미명 하에, 진보정당 당원 후배들의 깊은 고민을 이해하지도 않은 채 개인이 독단적으로 정치행보를 결정한 경우도 있다. 신장식(전 정의당 사무총장)은 과거 음주운전 이력 문제로 2020년 총선 당시 정의당으로부터 후보 사퇴를 권고당한 후 실질적인 정계은퇴 상황에서 시사평론가로서 라디오 프로그램(TBS 〈신장식의 신장개업〉, MBC 〈신장식의 뉴스하이킥〉) 진행자를 맡다가, 조국(조국혁신당 대표)의 제안을 받고 조국혁신당의 1호 영입인재가 된다. 신장식은 선거운동 배복주는 장애인운동 단체이자 여성운동 단체인 '장애여성공감'의 활동가였고, 정의당 부대표 시절에도 장애인권과 성평등 정치를 중요한 의제로 내걸었다. 이준석은 자신의 지지자와 대척점에 있는 배복주의 결합을 결사 반대했다. 이 과정에서 이준석은 배복주와는 별개의 활동가인 그의 배우자(박경석 전국장애인차별철폐연대 대표)를 노골적으로 비난하는 일도 서슴지 않았다.

신장식은 2020년 총선 비례대표 후보로 당내 경선에 참여하여 비례대표 후보 순번 6번을 배정받았으나, 그가 1차례의 음주운전과 3차례의 무면허운전을 했다는 사실이 경선 종료 직후 드러나면서 여론의 질타를 받았다. 이로 인해 정의당 전국위원회에서 후보 사퇴 권고를 결의했고, 신장식은 자진사퇴했다.

「신장식, "12척의 배를 달라… '윤석열의 강' 넘겠다"」, CBS 라디오 〈김현정의 뉴스쇼〉, 2024.03.06.

강석영, 「[총선, 이 사람] 신장식 후보 "정의당 대체할 진보 강소정당 만들겠다"」, 『매일노동뉴스』, 2024.04.04.

시기 조국혁신당의 역할에 대해서 말하길, 더불어민주당과는 "[선거에서] 시너지가 있는 '따로 또 같이' 협업, 역할 분담"을 할 것이라고 하면서 동시에 "정의당을 대체하는 진보적 강소정당"이 되겠다고 밝혔다. 정의당에 몸담은 이들(특히 과거의 그 자신)의 역할을 자의적으로 축소시키면서 존재감을 확보한 그는 조국혁신당 당원들의 압도적인 지지를 받아 비례대표 순번 4번으로 출마하고, 국회의원에 당선된다.

그런가 하면 정의당 현직 국회의원이자 현직 원내대표였던 배진교는, 그 자신이 당 지도부임에도 불구하고 (녹색)정의당이 총선 방침을 거부하고 불출마했다. 이래저래 2년 반이라는 긴 기간 동안 원내대표를 지냈던 그는 정의당 국회활동의 전략을 총지휘하는 역할이었으니, 정의당의 국회활동이 미진하거나 분명한 비전을 가지지 않은 것이 사실이라면 다른 국회의원들보다도 그가 먼저 비판을 받아야 마땅했다. 하지만 그는 당의 지도부 인사로서 마땅히 표명해야 할 당의 진로에 대한 이견을 내는 데 미진했으며, '윤석열 행정부 심판을 위해 최선을 다하겠다'는 실질적인 내용이 없는 메시지만 지속해서 냈다.

그가 총선을 앞두고 유의미한 의견을 밝힌 적이 두 차례 있었다. 2024년 2월 14일 갑자기 원내대표를 사직한 때와, 3월 14일 갑자기 지역구(인천 남동구 을) 불출마를 선언한 때이다. 두 경우 모두 선언 전후의 문맥을 파악했을 때 "윤석열 행정부 심판을 위한" "[비례위성정당 참여, 후보 단일화를 비롯한 민주당과의] 강력한 연합정치 추진"을 당내에서 논의하기 어려워졌기 때문에 결단을 내렸다는 것인데, 이는 논의를 주도하는 역할을 맡은 당 지도부가 할 말은 아니리라. 개인의 정치적 입지를 위해 본인의 지도부 역할을 망각하며 행동했다고 평가할 수밖에 없다.

정의당의 선거 결과를 마지막으로 정리하자. 선거연합정당을 만들기로 일단 결정했으니 여러 진보정당(노동당, 녹색당, 진보당) 및 사회운동단체에 동참 논의를 제안했으나, 총선을 앞두고 불과 1~2달 동안 여러 정당이 공감대를 형성하고 선거연합정당에 참여한다는 것은 애초에 불가능한 일이었다. 결국 녹색당만이 참여하기로 결정했다. 정의당은 2024년 1월 14일 당대회에서 녹색당과의 선거연합정당 구성을 승인했고(당시 대의원이었던 나는 '정의당의 사회 비전이나 공약이 제대로 준비되지 않은 상태에서 선거연합만을 위한 선거연합정당 구성은 녹색당에도 무례한 일'이라는 요지의 반대토론에 참여했다), 25일 당명을 '녹색정의당'으로 바꿨다.

녹색정의당은 녹색당·정의당 출신 정치인과 시민사회단체·정책전문가 출신 영입인사를 모아서 총선 후보를 구성했다. 나순자

(전 보건의료노조 위원장), 허승규(전 녹색당 부대표, 안동시의원 후보), 이보라미(전 전라남도의회 의원), 권영국(인권변호사), 조천호(기후학자, 전 국립기상과학원장), 김준우(인권변호사, 녹색정의당 상임대표) 등으로 구성된 비례대표 후보들이 결정되었다. 녹색정의당의 비례대표 당선 가능성이 낮았기 때문에 많은 정치인이 경선 후보로 참여하지는 않았지만, 오히려 그 덕분에 모든 사회분야를 가장 조화롭게 다룰 수 있는 최적의 후보군이 마련되었다는 아이러니가 있었다.

서울 마포구의 두 선거구에는 녹색당 부대표 출신의 김혜미(마포구 갑), 정의당 국회의원인 장혜영(마포구 을)이 녹색정의당 후보로 함께 출마했다. 같은 지역에 활동 기반을 가진 두 당 출신 후보가 함께 출마한 유일한 사례였고, 동시에 두 당 출신 당원들이 같은 지역구를 기반으로 공동 선거운동을 펼친 유일한 사례이기도 했다.

비례대표 국회의원 당선을 위해 얻어야 하는 정당투표 전국 득표율 3%를 달성하기 위해, 녹색정의당의 모든 당원들이 마지막까지 최선의 노력을 다했다. 하지만 그 노력은 실패했다. 녹색정의당의 정당투표 득표수는 609,313표, 득표율은 2.14%였다. 정의당의 지역구 당선인 역시 없었다. 바로 직전의 유일한 지역구 국회의원인 심상정(경기 고양시 갑)은 득표율 18.41%(28,293표)로 3위를 기록했다. 마포구 갑의 김혜미는 득표율 2.03%(2,033표)로 후보 4명 중 개혁신당 후보를 살짝 앞선 3위를 차지했다. 3명의 후보가 출마한 마포구 을에서 장혜영은 득표율 8.78%(10,839표)로 3위를 차지했다.

　총선 후 녹색정의당은 다시 정의당으로 환원되었고, 5월 27일 신임 당대표 권영국을 선출했다. 국회의원이 없어져서 국고보조금이 급감한 정의당은 당직자들의 권고사직을 받아 5분의 1 규모로 사무직원을 줄이고, 여의도 당사를 구로구 구로디지털단지 인근으로 축소이전했다. 새 당사 개소식은 8월 26일이었다.

조금이 급감한 정의당은 당직자들의 권고사직을 받아 5분의 1 규
모로 사무직원을 줄이고, 여의도 당사를 구로구 구로디지털단지

2.6. 정당정치만으로는 사회를 바꿀 수 없다

진보정당 당원이자 활동가로서의 조현익의 경험. 그리고 진보정당인 정의당의 경험. 이 두 가지를 놓고 보았을 때, 결국 두 가지 결론을 내릴 수 있다.

첫째, 정당정치는 사회를 바꾸는 중요한 수단이 된다. 정당은 여론조직활동과 정책개발활동, 의회 내부에서의 정치활동과 각 지역과 부문별 활동 등을 모두 포괄할 수 있는 조직으로, 개인이 당원과 활동가로서 다양한 사람들과의 협업을 통해 사회 변화를 만들어 낼 수 있는 조직이다. 그것이 정당활동의 매력이다.

둘째, 그러나 정당정치만으로는 사회를 바꿀 수 없다. 정당이 여론을 조직하고 정책적 성과를 낼 수 있는 가능성은 그저 정당이 잘하고 못하는 것에 달린 것이 아니다. 당 내외의 정치환경, 사회환경에 따라서 정당이 가진 운신의 폭은 크게 넓어지거나 좁아질 수 있다. 그로 인해서 한 명의 정치인·활동가 또는 한 정당이 긍정적인 업적을 남기지 못한 채 사라지는 것을, 그저 해당 개인과 정당의 잘못이라고만 탓을 돌리는 것은 너무 가혹하다.

정의당에서 활동하는(했던) 사람들뿐만 아니라, 모든 진보정당, 모든 정당에서 한국 사회와 정치에 대해 진지하게 접근하고 고민하며 활동하는 사람들이라면, 이 결론에 모두들 어느 정도 수긍하지 않을까 한다. 이런 매력에 빠져서 열심히 활동하거나, 이런 좌절감에서 헤어 나오지 못하고 끝내 정당활동을 그만둔 많은 사람들이 떠오른다. 열정적이었던 이 사람들이 계속해서 (진보)정당을 통해 사회를 바꿀 수 있게 하려면, 어떤 환경이 갖춰졌어야 할까? 그래서 이런 질문이 떠오른다. "사회는 (진보)정당정치를 바꿀 수 있을까?" 이 고민은 4장의 내용으로 넘기도록 하자.

3.

사회는 그래픽 디자인을 바꿀 수 있을까?

그래픽 디자인에 관심이 있는(스튜디오 하프-보틀의 잠재적 클라이언트라고 할 수 있는?) 분들은 1장의 내용대로 "그래픽 디자인이 사회를 바꿀 수 있을까?"라는 질문에 관심이 있을 테다. 물론 그래픽 디자이너들 역시 디자인/디자이너의 사회적 역할에 대해 고민하는 때가 종종 있다. 하지만 디자이너로서 그래픽 디자인 산업에서 일하다 보면, 반대의 질문에 더 자주 부딪히게 된다. "이노무 한국 사회에서 디자인 해 먹겠나?!"

…… 아니지, 내가 그래도 명색이 정의당 정당활동가인데 장 제목을 지렇게 지어 버리면 "정의당이 세상을 바꾸려고 앞장서서 설득해야지, 자기가 먼저 화를 내 버리면 어떡하나"는 지적을 받아 마땅하다. 그래서 조금 더 생산적인 논의를 이어갈 내용으로 제목을 바꿔 보련다. "사회는 그래픽 디자인을 바꿀 수 있을까?"

그래픽 디자인은 하늘에서 떨어진 천재 디자이너가 일필휘지로 붓을 훅 그어 버리며 작업하는 영역이 아니다. 그래픽 디자인은 창작 산업의 일부로서 사회 속 다른 사람들에게서 제작 의뢰를 받고, 사회 속 대중이 작업물을 어떻게 인식하고 받아들일지 연구하며, 사회 속 다른 업계에서 통용되는 생산 및 유통 방식에 맞춰 작업물을 만들어 내는 영역이다. 따라서 사회가 그래픽 디자인 작업 환경에 영향을 미치고, 또 그래픽 디자인 작업 결과물에도 틀림없이 적지 않은 영향을 끼친다. 지금부터는 그 이야기를 해 보려고 한다.

미리 말씀드리면 이 장에서는 그래픽 디자인이라는 분야 그 자체, 그래픽 디자인이라는 창작 작업과 창작물이 사회로부터 받는 영향을 이야기하고자 한다. 이 장에서는 그래픽 디자인 창작 산업 내부의 노동권, 업무상 스트레스, 경제 흐름 등을 이야기하지는 않을 것이다. 디자이너로서 살아가는 사람들의 직업에 대한 자조적인 유머는 워낙 많이 알려져 있고, 단행본 형태의 책에 그 내용을 담기 위해서는 더 엄밀한 통계, 인터뷰 등의 조사를 거쳐야 하므로 지금 내가 다룰 수 있는 내용은 아닐 것 같다.

3.1. 디자인은 디자이너 혼자 만들지 않는다

3.1.1. "형태는 기능을 따른다."

그런데 어떤 기능을 따라야 하나?

"형태는 기능을 따른다Form follows function"는 말이 있다. 이 말은 미국의 건축가 루이스 설리번Louis Sullivan(1856~1924)이 말했다고 알려진 디자인계 격언으로, 건축물이 담을 기능에 따라서 건축물의 형태, 구조, 장식 등이 만들어져야 한다는(만들어질 수밖에 없다는) 주장이다. 기차역이라면 대합실과 편의시설과 플랫폼의 기능을 담아야 하고, 미술관이라면 미술품 전시 및 관람의 기능을 담아야 하고, 의회 의사당이라면 본회의장(대회의실)과 여러 소회의실과 사무국/의원 사무공간이 기능을 담는 방식으로 설계가 달라진다는 뜻이다.

이런 주장은 건축을 비롯하여 여러 분야의 디자인에 영향을 끼쳤다. 현대 한국의 대단지 아파트나 마천루에서 보이듯 공간 사용의 기능에 '방해'되는 여러 장식을 제거하는 이른바 기능주의functionalism 건축 사조를 일으키기노 했다. 또 제품 디자인에서는 사용에 필요한 '본질적 요소'를 두드러지게 하고 나머지 요소를 제거하는 미니멀리즘minimalism 사조가 나타났는데, 20세기 후반 디터 람스Dieter Rams가 주도한 브라운Braun의 전자기기, 스티브 잡스와 조너선 아이브Jonathan Ive가 주도한 1990~2010년대 애플의 전자기기가 그 후손이라고 할 수 있겠다.

더 나아가면 그래픽 디자인에도 이 영향이 진득하게 남아 있다. 간단한 행사 홍보용 웹포스터를 만들 때에도 우리는 디자이너에게 "내용이 잘 안 들어오니까, (내용 전달이라는 기능에 충실하게 다른 번잡한 것을 빼고) 폰트는 심플하게 한두 가지만, 색상도 심플하게 한두 가지만 쓰자"는 피드백을 전달한다. 웹페이지나 앱 서비스를 제작하는 사용자 경험 디자인에서도, 상품을 멋들어지게 보이게 한다든가(특정 정보 전달), 대출 신청 버튼을 쉽게 누르도록 하는(특정 행동 유도) 기능을 중심으로 형태를 짜기 마련이다.

"형태는 기능을 따른다"는 말은 얼핏 보면 (특히 그 기능을 중시할 클라이언트와 이용자 입장에서) 지극히 당연한 원칙처럼 느껴진다. 그러나 과연 그럴까? 이 문장은 중요한 격언이기도 하지만 동시에 한 세기가 넘은 지금까지도 엄청난 논쟁을 일으키거나 비판을 받기도 한다. 논쟁의 초점은 크게 두 가지다. 첫째, 기능을 따르지 않는/방해하는 형태, 즉 장식적 요소는 그저 도태될 요소일 뿐인가? 둘째, 기능이 중요하다는 것은 그렇다 쳐도, 그 '기능'이라는 것을 대체 누가 어떻게 정하는 것인가? 우리가 이 책에서 좀 더 자세히 살펴보려는 것은 둘째 비판이다.

가장 유명하고 논쟁적인 예시를 살펴보자. 미국 뉴욕 구겐하임 미술관Solomon R. Guggenheim Museum의 현재 건물(이하 '뉴욕 구겐하임')은 1943년부터 프랭크 로이드 라이트Frank Lloyd Wright에 의해 설계되어 1959년에 완공되었다. 경력 초창기에 루이스 설리번의 건축설계 회사에서 일했던 라이트는 "형태와 기능은 영혼까지 하나로 묶여야 한다Form and function should be one, joined in a spiritual union"[1]는 더욱 급진적인 의견을 가졌다. 뉴욕 구겐하임 특별전시실은 그의 생각을 반영한 아주 놀라운(또는 끔찍한) 형태이다.

특별전시실은 바닥 면이 원형인 7층 빌딩('로툰다rotunda'라고 불린다)이다. 관람객은 엘리베이터로 로툰다 7층으로 올라간 다음 한 층씩 내려가며 전시를 볼 수 있다. 일반적인 미술관이라면 층마다 별도의 전시실이 꾸며져 있고 관람객은 계단을 타고 아래층으로 내려가며 전시를 연이어서 볼 테다. 그런데 뉴욕 구겐하임은 개별 전시실이나 계단 없이, 7층부터 1층까지 건물 외벽의 안쪽을 따라서 거대한 나사못처럼 거대한 나선형 경사로가 설치된 형태다. 관람객은 이 경사로를 따라 내려가며 외벽 안쪽에 붙어 있는 작품을 연이어서 감상한다. 관람객 입장에서는 경사로를 따라서 체감상 1개 층 안에서 특별전시 전체를 줄줄이 관람한다.

라이트가 뉴욕 구겐하임의 설계에 대해 직접 설명한 적은 별로 없지만 『뉴욕 타임즈 매거진New York Times Magazine』의 기사 속 그의 발언[2]을 보면, 그는 미술관의 기능을 극대화하기 위해서 "연속된 하나의 층, 하나의 거대한 공간one

[1] https://www.guggenheim.org/teaching-materials/the-architecture-of-the-solomon-r-guggenheim-museum/form-follows-function
[2] https://www.pbs.org/kenburns/frank-lloyd-wright/guggenheim-critics

great space on a single continuous floor" 안에서 모든 전시 작품이 유기적으로 연결되어 보여야 한다고 생각한 듯하다. 관람객 입장에서는 동선의 혼란이나 전시의 끊김 없이 계속해서 볼 수 있다는 엄청난 기능적인 장점이 있다. 계단을 오가기 어려운 휠체어 이용자나 노약자에게도 아주 훌륭한 구성이라고 할 수 있다.

하지만 개관 당시 공간을 비판적으로 평가한 기사✌ 속 지적을 비롯하여, 이 공간이 잃어 버린 '기능적인 손해'도 만만치 않게 크다. 큐레이터 입장에서는 공간 분리가 전혀 되지 않으니, 여러 전시실마다 서로 다른 주제로 구성하는 등의 시도를 할 수 있는 '기능'이 사라졌다. 작품을 선보이는 작가 입장에서는 닫힌 공간 안에서 상영해야 할 영상, 닫힌 공간 안에서 진행할 퍼포먼스 예술을 선보일 '기능'도 사라졌다. 관객 입장에서도 동선상 전시 앞부분에서 보았던 작품을 다시 보기 위해 경사로를 거슬러 올라가기가 쉽지 않다(경사로 통로를 타고 계속 '밀려 내려오는' 관람객들을 거슬러 올라가기란 쉽지 않다). 경사로 폭의 제한이 분명하다 보니 관객은 작품에서 멀리 떨어져서 여러 각도에서 관람할 수 없고(그러다간 난간에 걸려 떨어진다), 참여 작가 역시 커다란 조각·설치 미술 작품을 선보일 수 없다.

뉴욕 구겐하임 운영진이 선택한 라이트의 건축물은 그가 생각하는 미술관의 기능을 극대화한 수작이 분명하다. 그러나 뉴욕 구겐하임은 동시에 미술관에 필요한 어떤 '기능'을 인정하지 않기도 했다. 관람객이 자기 나름의 방식대로 작품을 감상하는 것, 작

✌ 앞의 기사.

가가 자기 나름의 방식대로 작품을 만들어 설치하는 것을 불가능하게 막았다. 뉴욕 구겐하임은 어떤 '기능'을 채택할지 선택했고, 그에 맞는 디자인을 채택했다.

나는 그래픽 디자인 작업을 할 때, 완성된 작업물이 보여 줄 '기능'을 고려해서 디자인을 기획하고 작업하는 편이다. 앞서 1장에서 스튜디오 하프-보틀의 작업을 소개한 글을 다시 살펴보면, 그 작업물의 사회적 의미뿐만 아니라 감상자들에게 전달할 기능 중심으로(?) 자랑한 내용이 많은 것을 확인할 수 있을 테다. 그러니까 나도 "형태는 기능을 따른다"는 격언에 어느 정도 충실한 셈이다. 하지만 이런 질문이 떠나지 않는다.

형태는 기능을 따른다. 그런데 어떤 기능을 따라야 하나? 그 기능은 누가 정하고, 어떻게 정해지는가? 이 점 때문에 모든 디자이너와 디자인 작업물은 사회적인 영향력을 피할 수 없고, 또 자신이 속한 사회의 현황을 예민하게 바라볼 수밖에 없다.

3.1.2. '기능'을 정의하는 사람들 (디자이너 말고)

앞서 길게 살펴본 뉴욕 구겐하임의 사례는 디자이너(건축가)인 프랭크 로이드 라이트가 미술관의 '기능'을 정의하고 그에 맞게 설계하는 작업까지 주도적으로 진행한 사례다. 하지만 디자이너들은 잘 알고 있다. 무릇 그렇게 디자이너 단독으로, 디자이너가 모든 기획을 주도적으로 할 수 있는 프로젝트는 흔치 않다는 것을. 어떤 디자인 프로젝트에서 구현할 '기능'을 정의하는 다른 사람들을 생각해 보자.

제일 먼저, 디자이너에게 작업을 의뢰하는 클라이언트가 떠오른다. 클라이언트가 디자인 작업을 맡길 프로젝트를 정하는 것부터가 자신에게 필요한 '기능'을 정의하는 과정이다. 또 작업을 맡길 디자이너를 선정하는 것이 곧 '기능'을 구현할 방법을 정하는 과정이라고 할 수 있다. 클라이언트는 의뢰를 맡길 후보들의 작업 포트폴리오를 살펴보고 어떤 방식의 작업을 하는지 살펴보며, 자신이 상상하는 작업물을(즉 '기능'을) 잘 구현해 줄 것 같은 작업자를 고르게 된다. 이런 점에서, 포트폴리오를 살펴보지도 않고 그냥 무작정 아는 디자이너에게 의뢰를 맡기는 클라이언트는 자신의 본분을 제대로 지키지 않는 것이다!

클라이언트는 디자이너와의 첫 미팅에서 "이런 이런 작업을 해 달라"는 요청을 하게 된다. 프로젝트의 주제와 내용과 목표를 설명하고, 제작해야 할 작업물의 종류(포스터, 배너, 로고 등)와 시간과 예산을 설명한다. 대다수 디자이너는 이 단계에서 클라이언트가 정의하는 이 작업물의 기능을 파악한다. 공연 포스터를 예로 들면, 클라이언트인 담당자와의 대화를 통해 그가 (1) 공연 그 자체의 분위기를 드러내는 것, (2) 제목·일시·장소 등 공연의 주요 정보를 전달하는 것, (3) 관람객이 많이 오도록 시선을 끄는 것 등등 중에서 어떤 기능을 제일 원하는지 파악할 수 있다. 물론 복수의 목표를 한꺼번에 이루는 것이 제일 좋긴 하겠지만[이순재가 출연하는 연극 〈맥베스〉 포스터에서 이순재 얼굴을 전면에 내세운다면 그것은 (2)와 (3)의 목표를 동시에 생각하는 설계이렷다] 그럼에도 불구하고 클라이언트가 특히 신경 쓰는 목표가 무엇인지 파악하는 것은 중요하다. 그에 맞춰 디자인 구상이 들어갈 테니.

클라이언트와 디자이너가 작업하는 과정 역시 그 자체로 '기능'을 정의하는 측면이 있다. 작업 시안을 보고 피드백을 주고받는 과정에서 이른바 '마이크로매니징Micro-managing', '매크로매니징Macro-managing'의 정도가 다르다. 예를 들어 클라이언트가 포스터 첫 시안을 보고 제목이 잘 드러나지 않는다고 느낀다고 해 보자. "글씨를 이만큼 키울 수 있겠느냐, 색깔과 타입페이스를 이렇게 바꿔 달라"고 세세하게 지시하는 경우(마이크로매니징)가 있는가 하면, "제목이 좀 더 강조되면 좋겠는데, 그렇게 보이도록 디자인을 어떻게 바꾸면 좋을까?"라고 큰 목표를 제시하는 경우(매크로매니징)가 있다.

이 차이는 중요하다. 이 포스터의 기능은 클라이언트 입장에서 제목을 크게 보여 주는 것, 또는 독자의 입장에서 제목을 각인시키는 것 중에서 무엇인가? 전자라면 일단 제목 글씨를 키우는 조건을 만족시킨 뒤에 나머지 디자인 요소들을 재배치해야 한다. 후자라면 글씨를 키우는 것 이이에도 제목 글씨에 인상적인 특징을 남길 다른 방법을 궁리할 것이다. 가장 최악의 사례는 클라이언트가 아예 (다른 디자이너가 만든) 예시를 가지고 와서 이것과 똑같이, 글씨 내용만 자기 작업에 맞게 수정해서 만들어 달라고 하는 것이다. 그에게 필요한 포스터의 기능은 공연에 대한 본질 내용을 담는 것 따위가 아니라, 고작 '나는 이런 디자인 스타일도 따라 할 수 있다!'라는 자기만족감뿐일 테다.

그다음으로 디자인 프로젝트의 '기능'을 정의하는 사람에 대해서, 나는 '클라이언트가 이 프로젝트를 보여 주고 싶은 고객', 간단하게 '타깃 고객'이라는 표현으로 설명하고 싶다. 이 공연의 타깃 고객은 연령/성별/직업군 등이 어떠한가? 우리가 브랜드 아이덴티티 로고를 디자인할 브랜드는 누구에게 어떤 기능과 의미와 서사를 전달하는가? 이 책의 내용은 어떤 사람들의 취향을 타고 읽힐 것인가? 클라이언트와 디자이너는 이런 타깃 고객을 상상하면서 디자인할 대상의 기능을 설정할 수 있다.

사실 타깃 고객층 그 자체가 '기능'을 정의한다고 할 수는 없다. 정확하게 표현하면, 클라이언트와 디자이너가 해당 타깃 고객층에 대해서 어떻게 생각하느냐, 즉 그들이 떠올리는 타깃 고객층의 캐릭터, 페르소나, 프로토타입에 따라 작업물의 기능이 달라질 테다. 아르바이트 일자리 중계 서비스의 광고 홍보물을 기획한다고 해 보자. 타깃 고객의 페르소나를 '돈을 벌기 위해 알바 일자리를 찾는 사람들'이라고 설정하느냐, '나쁜 알바 일자리에 호되게 당하고 나와서 새 일자리를 찾는 사람들'이라고 설정하느냐에 따라 컨셉과 기획과 디자인의 기능이 모조리 달라질 것이다. 알바몬이 2015~2016년에 내걸었던 TV 광고 "최저시급 5,580원"✌, "알바당 창당"✌✌ 광고가 그런 사례다. 이처럼 극적인 변화가 일어날 수 있기에, 타깃 고객층을 정의하는 과정은 디자인 작업 과정 초기에 클라이언트와 디자이너가 가장

✌ https://www.youtube.com/watch?v=8lYXfG9HOmc
✌✌ https://www.youtube.com/watch?v=QSmUYmYNgwQ

활발하게 토론을 주고받는 과정이 되기도 한다.

타깃 고객이 말 그대로 '고객'을 지칭하는 것만은 아닐 수도 있다. 클라이언트 실무자 입장에서 실제 고객보다도 더 신경 쓰면서 만족시켜야 하는 대상이 있다면, 그가 바로 타깃 고객이라고 할 수도 있겠다. 대기업에서 진행하는 프로젝트 중에는 임원진이나 기업 총수가 유독 신경을 써서 세세한 것까지 지시하며 챙기는 경우가 있는데, 이 경우 클라이언트 실무자의 마음속에서는 실제 프로젝트 고객보다도 임원진과 총수가 타깃이 될 것이다. 지역 관공서의 프로젝트 중에서는 주민이 아닌 기관장이, 정당이나 시민사회운동 단체의 대외 홍보 프로젝트 중에서는 조직의 원로나 정파가 실질적인 타깃 고객이 되어서 이들에게 비난을 받지 않는 것이 실무진의 최우선 목표가 되어 버리는 경우가 많다고 한다. 이런 사례들은 보통 나쁘게 평가받아야 하겠지만, 언제나 그런 것은 아니다. 결혼식 청첩장 디자인은 청첩장을 받을 예비 하객들이 타깃 고객이라고 생각할 수도 있지만, 가장 중요하게 생각해야 하는 타깃 고객은 역시 결혼하는 당사자인 부부 아니겠는가. 그들이 만족하는 디자인이 최고의 디자인일 테다.

3.2. 디자인 작업 방식을 좌지우지하는 사회 환경

3.2.1. 디자인을 과잉 생산하게 만드는 세상

"이미지 과잉의 시대"라는 말이 종종 나온다. 학술적으로 엄밀하게 정의된 개념은 아니지만 우리 모두 일상 속에서 자주 느끼는 일이다. 휴대전화 카메라와 편집 프로그램이 대중화되어 사진·영상 이미지를 생성하기가 너무 쉬워졌고, 인터넷(특히 소셜 미디어)을 통해서 너무 많은 다양한 시각적 이미지를 늘상 접하기 때문이다. 이른바 '짤'이나 '밈meme', 메신저 서비스의 이모티콘이 일상적인 의사소통 수단으로서 언어를 대체하여 쓰이기도 한다.

이런 시대에는 그래픽 디자인 작업을 의뢰하려는 수요도 함께 늘어나기 마련이다. 업계의 관계자로서는 환영할 일이다. 그러나 이것이 과연 세상에 좋은 일인지, 회의적일 때가 많다. 디자인 작업을 맡기고 수행하는 것은 스튜디오 입장에서는 시간과 공력을, 클라이언트 입장에서는 시간과 돈을 많이 들여야 하는 일이다. 또한 이 그래픽 디자인을 독자에게 보여 줘야 하는 입장에서도 그의 시선을 구태여 빼앗아 피로를 안겨 줘야 하는 일이다. 광고 노출이 점점 많아지면서 소셜 미디어에 뜨는 각종 그래픽 디자인 광고물을 바라보는 것 자체가 피곤해졌음을 떠올려 보라! 그래서 스튜디오 하프-보틀은 막 처음 의뢰가 들어온 프로젝트를 살펴보며 수락 여부를 결정할 때 "이 프로젝트에 그래픽 디자인 작업이 꼭 필요한가? 필요하다면 이유는 무엇인가?"라고 자문한다.

소셜 미디어의 시대가 처음 찾아왔을 때 종종 들어왔던 의뢰가 이른바 '카드뉴스'를 제작하는 작업이었다. '뉴스'라는 어원에서 알 수 있듯, 이 양식은 2010년대 중반 언론사에서 현장 사진과 짧은 글을 중심으로 몇 장의 '카드'를 만들어 뉴스를 소개하면서 탄생했다. 휴대전화에서 오른쪽으로 쓱쓱 밀어 넘기며 텍스트와 사진을 몰입감 있게 볼 수 있다는 특징이 있다. 그런데 이 장점 때문에 어원과 다르게 뉴스 이외의 모든 광고, 생활정보, 공지사항, 일반적인 웹 게시물이 카드뉴스 형태를 빌려 제작되면서 카드뉴스의 범람이 일어났다.

커뮤니티 게시판에나 올라갈 법한 낚시성 광고 같은 (내용이 혐오스러운) 것들을 제외하더라도, 카드뉴스 작업 의뢰를 가만히 보다 보면 이미지를 불필요하게 많이 생산하여 공해를 유발하는 것 아닌가 하는 의심이 생기는 경우가 많다. 스튜디오 하프 보틀에 종종 의뢰가 들어오는 카드뉴스 작업은 보통 행사 안내(공연 또는 시민사회운동 관련) 또는 공익적 정보 전달(노동법 사례 소개 등)의 기능을 가진다. 이처럼 소개글이 길어질 수밖에 없는 내용을 소셜 미디어에 올릴 때는, 글을 본문에다가 따로 올리고 일종의 표지 또는 포스터 역할을 할 이미지를 1~2장만 제작하여 같이 올리는 것이 맞겠다.

하지만 우리가 보는 많은 카드뉴스를 떠올려 보자. 본문 텍스트를 가득 적어 넣은 10장가량의 이미지를 굳이 따로 만들어서 올리는 경우가 많다. 표지 이미지 따로, 본문 따로 읽는 것이 아니라, 텍스트 내용을 카드뉴스 안에 어떻게든 집어넣어서 몰입감 있게 읽히고 싶은 마음이 반영되었다고 할 수 있다. 이해는 하지만, 다시 한번 질문을 던져 보자. 정말 이것이 그렇게까지 디자인 작업을 해서 전달해야 할 일일까? 그 답은 카드뉴스 작업을 맡기는 클라이언트들이 더 잘 알 것이다. 한국에서 통상적인 카드뉴스 1종, 즉 10장 정도의 이미지를 만드는 디자인 작업비는 웬만한 A2 판형의 포스터 또는 책 표지 1종의 디자인 작업비에 비해서도 더 낮게 책정된다. 디자이너뿐만 아니라 클라이언트조차도 글 내용을 어떻게든 욱여넣어서 생성되는 디자인 작업물(이미지)의 양을 불리는 것이 그다지 중요한 작업은 아님을 잘 알고 있는 셈이다.

최근에는 간혹, 시각장애인들이 배제되지 않도록 카드뉴스 속 텍스트의 내용을 그대로 이미지 대체 텍스트image alt text✌로 게

✌ 이미지를 설명하는 내용으로서 이미지에 연동하여 입력한 텍스트. 글씨와 이미지를 뚜렷하게 보기 힘든 시각장애인을 위한 기능으로 컴퓨터·스마트폰이 특정 웹페이지의 내용을 음성으로 읽어 줄 때, 이미지 부분은 이미지 대체 텍스트로 읽어 준다. 이미지 대체 텍스트의 기능을 가장 인상적으로 접할 수 있는 예시로, 웹페이지 창작 중심의 활동을 하는 예술 집단 '새로운 질서 그 후…'가 진행하였던 '대체 미술관' 프로젝트에 대한 소개를 읽어 볼 만하다. https://stibee.com/api/v1.0/emails/share/GjYYh2HJB6QMBG73Pg4rwVS_paC8Cc0=

시물 본문에 붙여 넣는 경우도 있다. 이는 장애인을 배제하지 않기 위해 당연히 필요한 작업이다. 다만, 텍스트 원고를 그대로 카드뉴스에 넣었다가 다시 텍스트 원고를 붙여 넣어 게시할 것이라면, 이

디자인 작업이 애초에 필요한지 궁금해진다. 이미지 과잉 시대에 텍스트를 불필요하게 이미지로 만드는 작업은 과연 필요할까.

우리가 그래픽 디자인 작업을 의뢰하고 창작하는 이유는 특정한 내용이나 감각을 더욱 인상적으로 전달하기 위해서다. 하지만 디자이너는 물론이고 클라이언트조차도, 이미지 과잉의 시대 속에서 우리는 깊이 고민할 새 없이 '일단 이미지로 만들고 봐야 한다'는 압박을 받을 때가 많다. 페이스북이 이미지보다 영상을 우선해서 띄워 주기 시작하면 영상을 찍기 시작하고, 유튜브와 인스타그램이 숏폼 영상을 밀어주면 그 영상의 길이를 1분으로 줄여서 짧게 짧게 만들기를 요구받는다. 아, 영상과 썸네일 화면의 비율도 가로로 길었던 것에서 세로로 긴 것으로 바꿔서 따로 만들어야 한다.

채널이 다양해짐에 따라 같은 내용에 대해서 여러 번의 디자인 작업을 해야 할 경우도 생긴다. 포스터에서 전통적으로 쓰이던 A열 규격 종이(A2, A4 등)의 가로세로 비율은 인스타그램에서 위아래 일부가 잘린 채로 게시되는 제한이 있기 때문에, 똑같은 내용의 실물 종이 포스터와 온라인 게시용 포스터를 따로 2번 제작해야 한다. 웹페이지 디자인에서도 여러 사이즈의 스마트폰과 태블릿 기기가 등장하면서 다양한 화면 크기에 대응하여 페이지 디자인이 달라지는 반응형 웹responsive web 디자인이 필수적으로 자리잡았다. 최적의 사용성과 인상 깊은 모습을 보여 주기 위해 디자인 레이아웃이 완전히 달라져야 하기 때문에, 똑같은 내용의 웹페이지를 화면 비율에 따라 3~4개씩 따로 디자인하고 제작해야 한다.

물론 전부 필요한 작업들이다. 그럼에도 불구하고 여전히 카드뉴스를 바라볼 때와 비슷한 질문은 남는다. 같은 내용과 같은 디자인 톤으로 다종다양한 이미지를 만들어야 하는 것이, 이미지 과잉 시대에 공해를 남기는 것은 아닌가.

3.2.2. 생성형 인공지능과 '대화 없는' 디자인

그래픽 디자인 창작자들이 많은 양의 디자인을 빠르게 생산해야 하는 상황을 가속시키는 최근의 또 다른 추세가 있다. 생성형 인공지능Generative Artificial Intelligence[✌]의 등장으로 격변을 맞이

[✌] 공통된 정의를 내리기는 어렵지만, 그래도 최대한 압축적이면서 포괄적인 정의를 제시한 IT 솔루션 서비스 업체 IBM의 '생성형 인공지능' 정의를 가져온다. "생성형 AI는 사용자의 프롬프트 또는 요청에 따라 텍스트, 이미지, 비디오, 오디오 또는 소프트웨어 코드와 같은 독창적인 콘텐츠를 생성할 수 있는 인공지능입니다. 생성형 AI는 인간 두뇌의 학습 및 의사 결정 과정을 시뮬레이션하는 알고리즘인 딥 러닝 모델이라고 하는 정교한 머신 러닝 모델에 의존합니다. 이러한 모델은 방대한 양의 데이터에서 패턴과 관계를 파악하고 인코딩한 다음, 이 정보를 사용하여 사용자의 자연어 요청이나 질문을 이해하고 관련성 있는 새로운 콘텐츠로 응답하는 방식으로 작동합니다." https://www.ibm.com/kr-ko/topics/generative-ai

한 분야는 한두 곳이 아니겠다만, 그중에서도 그래픽 디자인 영역에서 생성형 인공지능은 너무 많은 도구를 디자이너와 기획자들에게 쥐여 주는 공포스러운 면이 있다. 많은 사람이 생성형 인공지능을 두고 마치 어도비 포토샵, 일러스트레이터 같은 도구가 처음 등장했을 때처럼 일의 능률을 크게 올려 줄 것이라고 환영하거나, 일자리를 줄일 수 있다고 걱정한다. 그러나 나는 그래픽 디자인이라는 작업 영역의 존폐에 대한 근본적인 회의를 느낀다. 생성형 인공지능의 남발이 그래픽 디자인의 사회적 역할을 축소, 퇴보시키

고 앞으로 훌륭한 디자인 작품이 탄생할 싹을 없애 버리는 결과를 만들 것이라고 생각한다.

그래픽 디자인 작업에 쓰일 만한 생성형 인공지능 서비스의 경우들을 몇 가지 떠올려 보자. 서비스 홍보가 되지 않도록 서비스 이름은 구태여 밝히지 않는다. 나는 이걸 덜 써야 한다고 주장하는 입장이라니까!

먼저 프롬프트에 입력한 주어진 상황을 그대로 사진이나 이미지로 구현해 주는 서비스가 있다. "안경을 쓴 한국계 남성 의사가 머리에는 초록색 두건을, 목에 청진기를 두르고 의사 가운을 입은 채 수술용 장갑을 왼손에 착용했고 이제 오른손에 장갑을 착용하려고 한다"고 입력하면 그에 해당하는 사진 느낌의 이미지를 출력해 주는 것이다. 더 나아가서 좀 더 주관적인 인상을 입력할 수 있는 서비스도 있다. "웹 개발자 일자리 교육 프로그램 홍보물에 배경으로 쓸 수 있는, 개발자들의 모습이 등장하는 주황색 톤의 일러스트를 그려 줘"라고 입력하는 것이다. 이런 방식의 입력을 통해서 정적인 이미지뿐만 아니라 움직이는 영상을 생성하는 서비스도 있다.

타이포그래피 성격에 가까운 작업에 대한 생성형 인공지능 서비스도 있다. 포스터 또는 발표 자료를 만들려고 할 때, 작업물에 들어갈 몇 덩이의 텍스트나 이미지 자료를 입력하면 자동으로 몇 가지 추천 배치를 보여 준다. 글자와 이미지의 크기, 타입페이스 등도 인공지능이 선택하여 임의로 정해진다.

특정한 오브제를 중심으로 하는 이미지를 재생성하는 경우도 있다. 촬영 스튜디오에서 찍은 어떤 물체(보통은 어떤 상품)의 사진을 업로드한 뒤 뒷배경 이미지나 보이는 각도, "탁자 위에 놓여 있을 때"와 "잔디밭 위에 놓여 있을 때" 같은 명령을 입력해서 여러 상황에 대한 상품의 이미지를 자유자재로 표현할 수 있다. 이것을 사람에게도 적용해서, 특정한 캐릭터를 가진 인간 모델을 생성하여(실제 인간의 사진 이미지를 이용할 수도, 문장으로 입력받은 조건에 맞춰서 처음부터 생성형 인공지능이 만들어 낼 수도 있다) 다양한 배경 속에서 특정한 물체를 가지고 여러 동작을 취하는 이미지를 생성할 수도 있다. 이상적으로 치면, 판매할 물건을 촬영한 사진 몇 장만 있으면 어떤 배경과 배치와 모델을 적용시켜서라도 광고 이미지를 생성할 수 있는 셈.

생성형 인공지능이 개입하는 이 모든 디자인 작업 툴이 향하는 두 가지 방향이 있다. 첫째, 기존에는 기획자 또는 중간관리자 역할에 해당했을 사람들이 실무자(손으로 직접 작업을 만들거나, 촬영팀 또는 인간 모델을 섭외했을 사람들)와 논의하고 지시를 내린 후 결과물이 제작되길 기다렸을 일을, 기계(인공지능)에 직접 지시 내리는 일로 바꿔 버리는 것이다. 둘째, 앞서 말한 기획자 또는 중간관리자가 원래 생각하던 종류의 결과물이 기계로부터 한번 생성되면, 그것으로 작업이 끝나 버린다는 점이다. 기획자와 실무 디자이너가 작업물이 개선할 점에 대해 피드백을 주고받고 새로운 아이디어를 발굴하는 그 과정이 없어지는 것이다.

전반적으로 그래픽 디자인 작업 과정의 시간을 단축시키고, 작업 과정에서 작업자 및 프로젝트 이해당사자 사이의 대화를 줄여 버리는 이 과정. 이게 과연 괜찮을까? 1장에서 스튜디오 하프-보틀의 작업물을 설명할 때, 여러분은 클라이언트와 디자이너, 기획자와 (손을 쓰는) 제작 실무자 사이의 대화와 논의가 작업에 어떤 새로운 장을 열어 낼 수 있는지 확인했을 것이다. 생성형 인공지능을 이용해서 작업하면 그 논의의 과정이 하나 줄어든다. 기획자에게 제작 실무자는 논의와 협업의 대상이 아니라 오로지 명령하고 생산물(생성물)을 받아 내는 대상이 되어 버린다.

나 역시 개인적으로 생성형 인공지능 기술 자체를 부정하지 않고, 필요하다면 내게 기술적으로 부족한 것을 메꾸기 위해 적극적으로 활용하는 편이다. 나는 소위 '누끼 따기'✌를 잘하지 못해서 따로 유료 인공지능 서비스를 사용한다. 또 사진에 불필요한 얼룩을 지우고 주변 배경과 유사하게 덮어씌울 때 어도비 포토샵에 있는 생성형 인공지능이 적용된 "내용 인식 채우기Content-Aware Fill" 기능을 사용한다.

✌ 배경 부분의 이미지를 드러내서 투명하게 만들고 중심 인물·사물의 이미지만 남기는 작업.

하지만 자신이 상상하는 이미지를 손으로 직접 만드는 과정에서 생성형 인공지능을 보조도구로 사용하는 것과, 자신의 생성을 명령으로 내려서 이미지 결과물만 받아 내는 것은 엄연히 다르다. 배가 고플 때 밥솥이든 전자레인지든 도구를 써서 밥을 차려 먹는 인간과, 누군가에게 "밥 차려라"라고 명령하고 받아먹기만 하는 인간의 차이랄까. 내 앞에 밥(디자인 작업물)이 차려지기까지의 과정을 이해하거나 (편리한 조리도구나 생성형 인공지능을 써서라도) 밥 차리기를 직접 해 본 경험이 있는 사람, 그리고 나른 누군사

(생성형 인공지능)에게 빨리 밥을 만들어 오도록 시키는 것에만 익숙한 사람. 이 두 사람 중에서, 누가 새로운 요리(디자인)를 기획하고 만들어 내는 걸 더 잘 할 수 있을까? 나는 전자라고 생각한다.

생성형 인공지능이 그저 '빠르고 값싸게 생산하는 도구'로서 무비판적으로 주목받으며 그래픽 디자인 창작 산업 곳곳에 확산된다면, 그래픽 디자인이 지닌 창조적 가능성이 잊힐 수 있다. 그 가능성이란 (1장에서 살펴보았듯) 그래픽 디자인이 협업자끼리의 대화와 토론을 통하여 더 나은 작품을 만들, 그리고 사회를 변화시킬 방법을 제시할 가능성이다. 지금까지의 그래픽 디자인 업계는 이 가능성을 염두에 두고 제작자들에게 일정한 시간과 자원과 '기다림'을 투여하는 것을 미덕으로 삼았다. 물론 현실은 이상과 달라서, 작업물 의뢰는 촉박하게 들어오고 클라이언트가 제시한 기획과 구성을 재검토하는 시간을 충분히 확보하지 못한 채 시간에 쫓겨서 디자인 작업물을 툭툭 만들어야 하는 암울한 상황이 훨씬 많았지만.

생성형 인공지능이 그래픽 디자인 작업을 하는 것에 익숙해지면, 암울한 상황은 더욱 가속화될지도 모른다. 그저 상부의 기획자 집단이 기획한 어떤 콘텐츠를 기계(생성형 인공지능)에 던져 주면 기계가 바로바로 적당한 작업물을 뱉어 내는 것, 그런 수동적인 수단이 되어 주는 것이 곧 그래픽 디자인의 본질처럼 되어 버릴 수도 있다. 이는 그래픽 디자이너의 일자리가 그저 줄어드는 것보다도 더욱 문제적인, 그래픽 디자인 창작 산업의 존재 의의를 퇴색시킬 수 있는 사항이다. 한국 사회에서 이처럼 '생각하지 말고

시키는 대로 일하도록' 역할을 강요하는 사례가, 굉장히 많지 않았던가.

3.3. 한국 정치의 현실이 반영된 정치 산업 디자인

앞서 사회적인 상황과 (디자이너 이외) 사람들의 인식이 그래픽 디자인 작업에 미치는 영향에 대해, 아주 두루뭉술한 이야기를 담았다. 이제 마지막으로, 4장으로의 연결고리를 겸하여, 한국 정치와 연관된 각종 그래픽 디자인 작업물에 한국 정치의 현실이 어떻게 반영되고 있는지 살펴보고자 한다. 사회가 그래픽 디자인을 바꾸는(디자인 결과물에 영향을 끼치는) 실증적인 사례로서 가장 쉽사리 상상할 수 있는 내용일 테니, 이번 장을 마무리하는 구체적인 사례 설명으로도 적당할 것 같다.

3.3.1. 지방정부 로고 · 슬로건은 어쩌다 연호처럼 쓰여 버렸나

한국 지방정부의 이상한 풍습 하나가 있으니, 선거를 통해 정부 수장이 바뀔 때마다 지방정부 아이덴티티 로고와 슬로건이 바뀐다는 점이다. 지금 스튜디오 하프-보틀의 사무실이 위치한 서울

특별시와 마포구의 사례를 떠올려 보자.

서울특별시는 2002년 'Hi Seoul'이라는 브랜드 아이덴티티를 처음 도입한 이후 2006년(Hi Seoul: Soul of Asia), 2015년(I·SEOUL·U), 2023년(SEOUL MY SOUL)에 각각 이를 개정했다. 공교롭게도 이 시기는 모두 시장 교체 시기와 일치한다. 2002년과 2006년은 각각 이명박, 오세훈의 시장 취임 직후이다. 그리고 '시민 공모'와 여론조사의 과정을 거쳤던 2015년과 2023년은 박원순, 오세훈 재선 임기 시작 1년 뒤로 동일하다. 두 시장이 초선 임기를 보궐선거 당선과 함께 즉시 시작해서 겨를이 없었음을 감안하면, 두 시장은 자신의 온전한 임기를 시작하자마자 새로운 브랜드 아이덴티티 공모 작업을 준비해서 시작했음을 유추할 수 있다.

마포구의 사례는 더욱 가관이다. 마포구는 2015년 "함께 꿈꾸는 마포, 교육문화 도시로 가자!"라는 캘리그래피 슬로건 아이덴티티를 만든 이후 2018년("소통과 혁신으로 더 크고 행복한 마포"), 2022년("새로운 마포 더 좋은 마포")에 각각 이를 개정했다. 이 두 슬로건은 신임 구청장 유동균과 박강수의 취임 직후에 등장했는데, 공교롭게도 아이덴티티에 소속 정당의 색감인 하늘색(더불어민주당), 핫핑크·군청색(국민의힘)을 사용하기도 했다. 이 색감이 좀 더 노골적으로 들어간 것은 2017년부터 사용된 지방정부 마포구의 상징 로고 'MAPO'인데, 공교롭게도 이 로고에 쓰인 하늘색은 당시 구청장(박홍섭, 더불어민주당)의 당 색깔이었고, 2022년 박강수의 취임 이후에는 굳이 이 로고를 핫핑크 색상으로 바꿔서 사용하고 있다.

이런 점 때문에 나는 우스갯소리로 지방정부의 로고와 슬로건을 '연호'라고 칭한다. 그저 지방정부의 수장이 바뀌었다는 이유로 바뀌는 것이 마치 왕이 죽고 새로 즉위할 때마다 '태종 18년에서 세종 원년으로 넘어가는' 것 같기 때문이다. 주민들이 사는 지역의 상징, 그 감성과 생활 방식을 시각적으로 드러내는 기능을 가져야 할 그래픽 디자인은 정착되는 데까지 십수 년이 걸리기 마련이며, 그 디자인이 드러내야 할 본질적인 내용은 정부 수장 한 명이 바뀐다고 갑자기 달라지지 않아야 한다. 지방정부의 로고와 슬로건을 지역 주민과 타 지역 손님들에게 보여 주기 위해서 만드는 것이라면 말이다. 한국 지방정부의 상징은 사실, 그저 정부 수장을 잠재적인 타깃 고객으로 여기며 그들의 만족감을 위해 만들어지는 것은 아닐까?

사실 '연호'만 바꾸는 것은 그나마 다행이다. 프로축구 시민구단인 충남아산FC는 본래 상징색이자 홈경기 유니폼 색상으로 노랑과 파랑을 쓰다가, 2024년 시즌 첫 홈경기부터 난데없이 빨간색 유니폼을 대대적으로 사용하고 있다. 오랜 역사를 가지고 이어 가야 할 구단 및 서포터즈의 상징을 구단 운영진이 아무런 통보 없이 바꾸는 것은 아주 이례적이며 문제적인 일이다. 하필 구단주 박경귀(아산시장), 명예 구단주 김태흠(충청남도지사)이 모두 빨간색을 상징으로 쓰는 국민의힘 소속이고, 문제의 첫 홈경기 때 이 두 사람이 빨간색 유니폼을 입고 시축을 했던 것 때문에 세간에서는 충남아산FC가 아산시청 및 충남도청의 정치적 압력을 받은 것 아니냐는 의혹이 생기기도 했다.

3.3.2. 선거운동 디자인 작업의 또 다른 클라이언트, 선거관리위원회

공직선거운동 기간에 많은 사람이 피로감을 느낀다고 한다. 선거운동원 무리의 춤사위와 유세차량에서 울리는 로고송, 펄럭이는 거리 현수막과 흩날리는 후보자 명함에 피로감을 느끼는 것이 당연하다. 그래서 선거운동을 최대한 짧게 하고 싶다는 마음이 당연하고, 또 선거캠페인 디자인 작업을 맡았던 스튜디오 하프-보틀의 입장에서는 죄송스러운 마음마저 들기도 한다. 하지만 디자인 작업을 진행하는 입장에서 보면, 이 문제는 한국의 선거운동 제도가 근본적으로 '어느 유권자도 타깃 유권자로 설정하지 못하도록 하는' 것 때문에 발생하는 것처럼 느껴지기도 한다.

디자이너 입장에서 공직선거운동 캠페인 관련 작업은 마치 두 곳의 클라이언트를 상대하는 느낌이 든다. 하나는 당연히 작업을 의뢰한 후보와 선거캠프고, 또 한 곳이 바로 공정한 공직선거가 되도록 관리하는 국가기관인 선관위다. 이게 무슨 소리인가? 한국의 선거제도는 특정한 후보 또는 선거캠프가 할 수 있는 선거운동을 엄격하게 규제한다. 한국 〈공직선거법〉과 〈중앙선관위가 제정하는〉 〈공직선거관리규칙〉에는 선거운동을 할 수 있는 기간, 할 수 있는 사람, 사용할 수 있는 방법을 상세하게 규정하고 이를 제외한 모든 종류의 선거운동을 금지한다. 그 기준은 어이없을 정도로 상세하다.

예를 들어서 예비후보로 등록된 사람은 1m×1m 이내 크기의 팻말을 들고 거리 인사를 할 수 있는데, 이는 "예비 후보자임을 나타내는 표지물을 착용하거나 소지하여 내보이는 행위"로서 〈공직선거법〉이 허용하기 때문이다. 그런데 만약 예비후보가 이 팻말을 바로 뒤의 벽에 기대서 땅에 내려놓고 거리 인사를 하면, 이는 〈공직선거법〉이 금지하는 "선거에 영향을 미치는 시설물을 설치한 것"으로 간주되므로 불법 선거운동이 된다. 그래서 이 팻말을 사용할 때에는 반드시 목줄에 걸어서 '착용'하거나 손으로 들고 있어야 한다.

이처럼 꼼꼼한 선거운동 관련 법규 때문에, 선관위는 디자이너에게 작업할 매체(벽보, 거리 현수막, 선거사무소 외벽 현수막, 어깨띠와 단체옷, 우편으로 배달되는 공보물, 유세차량과 로고송과 피켓 등)와 배포 방법을 지정해 주는 일종의 클라이언트 역할을 맡아 버린다. 후보자 명함을 90×50mm의 규격에서 벗어난 다른 크기로 만들어서 정책 내용을 조금 더 많이 담아 볼까? 불가능하다. 유권자가 거주하는 지역이나 유권자 연령, 성별에 따라 내용을 다르게 적은 공보물을 우편으로 보내거나 집마다 방문하여 우편함에 꽂아 넣을까? 불가능하다. 선거캠프와 디자이너는 이런 한계 안에서 작업해야 한다.

만들 수 있는 디자인 작업물의 종류가 제한되는 것뿐만 아니라, 작업물을 배포할 방법이 극히 제한적인 것도 문제가 된다. 한국에서 공식 선거운동이 허용되는 기간은 선거일 전 13일(대통령 선거만 예외로 22일)이다. 그나마도 2013년부터 선거일 4~5일 전에 사전 투표가 실시되어 사전 투표 참가자를 향한 선거운동은 불과 8~9일 사이에 이뤄져야 한다. 선거운동 기간을 따로 지정하지 않는 독일과 미국이나, 훨씬 긴 선거운동 기간을 보장하는 프랑스 (120일)와 영국(의회 해산 이후 선거일까지, 통상 35일 내외)의 사례에 비해 시간이 너무 짧다. 그나마도 유권자 거주지 호별 방문, 정당 대중집회, 경쟁 후보자 합동연설회 등의 유세 방법이 모두 금지되어서 캠프가 홍보물을 배포하기 위해서는 '임의의 지나가는 사람'에게 보여 주거나 나눠 주는 방법만 가능한 꼴이다. 이 역시 다른 국가들에서는 제한이 아예 없거나 어느 정도의 규제가 있는 정도일 뿐이다.✌

✌ 선거운동 규제에 관한 이상의 내용은 〈공직선거법〉, 〈공직선거관리규칙〉, 그리고 국회입법조사처가 발간하는 『입법과 정책』 제7권 제1호(2015년 6월호)에 수록된 「한국 선거의 선거운동 자유 증대를 위한 입법 제도에 관한 연구」(박이석, 157~179쪽)의 내용을 참고했다. https://www.nars.go.kr/report/view.do?cmsCode=CM0007&brdSeq=16495

이처럼 디자인 작업물의 제작과 배포를 짧은 기간에 특정한 방식으로만 하도록 엄격하게 제한한 탓에, 선거운동 캠페인 디자인 작업물을 만들 때에는 타깃 고객의 특성(특정 성별, 거주 지역, 세대, 직업군 등등)을 설정하여 작업하는 것이 불가능해졌다. 오로지 '지나가는 모든 유권자'들의 시선을 끌어들이고 비호감을 사지 않도록 하는 것을 주요 목표로 삼게 된다. 틀에 박힌 웃는 얼굴과 점잖은 포스, '자산 가격 상승'처럼 노골적으로 이미 드러난 욕망을 더욱 부추기는 내용, 그러면서 사회적으로 드러난 갈등 현안에 대해서는 두루뭉술하게 넘어가는 내용. 이런 뻔한 선거운동 캠페인 디자인이 탄생하는 배경이 바로 이것이다.

3.3.3. 펄럭이는 현수막, 흩날리는 명함

선거운동 캠페인 관련 디자인 작업의 대상이 되는 매체 중에서도, 특별히 거리 현수막과 명함에 대해 살펴보자. 이 두 가지 매체는 캠프에서 실시간으로(?) 기획하고 게재/배포할 수 있는 유이한 매체라는 점에서 주목할 만하다. 선거벽보와 우편 공보물은 선거운동이 시작되기 전에 인쇄를 완료해서 선관위에 제출해야 하기 때문에 중간에 수정이 불가능하고, 다른 선거운동 매체에는 슬로건이나 정책공약 등 자세한 사항을 집어넣기가 아주 어렵다. 하지만 거리 현수막과 명함은 선거운동 기간 중에도 수시로 내용을 바꿔서 다시 제작할 수 있을 뿐만 아니라 〈공직선거법〉에 저촉되지 않는 장소라면 길거리 어디에서든 게재/배포할 수 있다.

따라서 선거운동 기간에 모든 후보 캠프의 기획회의는 매일매일 상황에 맞춰서 거리 현수막과 명함 매체를 활용할 전략을 집중적으로 논의한다. 거리 현수막을 어떤 내용으로 만들어서 어디에 게시할지, 명함을 어떤 내용으로 제작해 어떤 장소에서 유세하며 배포할지, 이런 것을 논의하는 것이다.

거리 현수막과 명함이 실시간 선거전략 대응을 위해 필수적인 매체라고 하지만, 반대로 말해서 '실시간 선거전략 대응을 위해 써먹을 수 있는 매체가 이 두 종류뿐이라는 점'은 한국 민주주의에 아주 치명적인 (악)영향을 남기기도 한다. 두 매체를 접할 유권자 입장에서, 일종의 사용자 경험 디자인 문제로 접근해 보자.

거리 현수막과 명함은 많은 내용을 담아서 전달하기 어려운 매체다. 먼저 읽을 수 있는 시간이 너무 짧다. 거리 현수막은 차량

운전자가 잠깐 정차하거나 휙 지나가는 찰나에 읽는 매체이고, 명함도 길거리를 지나가는 사람들이 유세단을 만나서 건네받을 때 잠깐 읽고 지나가는 매체이다. 물론 명함을 받아서 주의 깊게 읽으며 걸어가는 사람도 많지만, 그보다 더 많은 유권자가 명함을 거부하고 지나가거나 받은 후 길바닥에 버린다.

매체의 크기도 공약이나 정견의 구체적인 내용을 담아내는 것이 거의 불가능할 만큼 작다. 90×50mm 크기의 명함은 물론이고, 거리 현수막 역시 마찬가지다. 차도 위의 운전자나 건너편 보행자의 입장에서는 멀리서 보게 되므로 현수막이 작게 보일 수밖에 없고, 그렇다고 가까이 다가가서 읽으려니 (벽보와 달리) 차도 한가운데에서 읽어야 하므로 애초에 불가능하다.

이처럼 짧은 순간에 한두 줄도 안 되는 내용을 유권자에게 읽혀야 하는 매체를 이용해서, 유권자에게 필요한 후보의 정견, 정책공약 등 정보를 전달하는 것이 과연 가능할까? 물론 2010년 지방선거에 출마(서울 관악구의원)한 이기중(당시 진보신당, 이후 정의당 부대표 역임)이 사용했던 명함 "솔로들이여 힘냅시다!"[8]처럼, 그

[8] 2010년 6월 지방선거를 앞둔 4월 14일 연인끼리 짜장면을 먹는다는 '블래데이' 특별 명함이다. 앞면에는 "솔로들이여 힘냅시다!"라는 구호와 함께 이기중이 혼자 짜장면을 슬프게 먹는 사진을 넣고, 뒷면에는 "외로운 솔로들을 위한 정책제안"이라는 이름으로 1인 가구용 임대주택 도입, (혼자 가도 민망하지 않은) 독립영화 상영관 신설, (커플이 아니어도 즐길 수 있는) 인디예술 페스티벌 도입의 공약을 설명했다. 집에서는 연애 못 한다고 지탄받고 사회적으로는 결혼 안 한다고 사회문제처럼 취급받던 2010년 당시 솔로 청년들의 마음을 사로잡은 이 명함은 인터넷 커뮤니티에서 '짤방화'되어 크게 유행했다. 생애 첫 구의원 출마에 2인 당선 선거구에서 출마했던 이기중은 득표율 19.18%, 2위와 1.72%p 차이로 아깝게 3위를 기록해 낙선한다. 이미지는 https://cafe.daum.net/kimkidoo/J5Rm/2?listURI=/kimkidoo/J5Rm 참조.

어려운 와중에도 아이디어를 짜내서 정보성과 홍보성을 모두 잡아내는 대단한 작품도 있다. 하지만 그런 작품을 만들기란 아주 어렵다. 결국 명함과 거리 현수막의 내용은 보통 두루뭉술하게 포장되거나, 또는 시선을 끌기 위해 자극적으로 채워지는 경우가 부지기수다. 그렇지 않아도 매체 특성상 명함은 받기 귀찮고 거리 현수막은 보행자의 시야를 가려서 짜증을 유발하기 마련인데, 내용마저도 그러니 유권자에게는 더욱 무의미하거나 짜증을 일으킬 뿐이다.

2022년 들어 선거운동 기간이 아닌 평시에도 정당마다 거리 현수막을 걸어서 정견을 드러내는 일이 제도적으로 양성화되었다. 이 정당 거리 현수막이 눈살을 찌푸리게 한다는 주장이 언론 기사를 통해 수시로 등장하곤 한다. 상대 정당을 비아냥거리며 깎아내리거나 그저 자극적인 내용만 내걸어서 눈살을 찌푸리게 한다, 서울역이나 강남역 같은 주요 장소에 수십 개의 정당들이 각자 현수막을 내걸어서 미관상 보기가 아주 안 좋다, 이런 주장들이다. 그래픽 디자이너의 디자인 평론적 관점이나 직업 윤리적(?) 관점에서 바라보았을 때도 '정당 현수막 혐오론'에 동의하게 되는 점이 있다.

그러나 질문을 바꿔서, 그런 내용이 정치 메시지의 주류가 될 수밖에 없도록 사회적으로, 제도적으로 그래픽 디자인 환경을 만들어 버린 것은 아닌지 깊게 고민해 봐야 할 것이다. 평시와 선거운동 기간에 거리 현수막(이나 명함)이 아닌 다른 매체를 사용하도록 허용할 수는 없을까? 정당이 더 진중하고 깊이 있는 정치 메시지를 충분히 힘 있게 담아낼 수 있도록 다른 매체를 쓸 수는 없을까? 그래픽 디자이너 입장에서 바라보는 한국 선거제도, 한국 정치 산업의 여건은 이토록 처참하다.

4.

사회는 (진보)정당정치를 바꿀 수 있을까?

노무현이 1990년대 민주당에 우호적이지 않았던 부산에서 민주당 당적을 가지고 계속해서 출마하고 낙선하던 시절, 그가 남긴 "농부는 밭을 탓하지 않는다"라는 말은 정치인이 갖출 자세를 꼬집은 격언처럼 여겨졌다. 농부(정치인)가 밭(유권자의 민심)을 늘 겸손한 마음가짐으로 성실하게 갈아야 농사를 잘 지을 수 있듯, 정치인이 계속 낙선하더라도 자신을 선출하지 않는 유권자 탓을 하지 말고 그들의 마음을 얻기 위해 계속 노력해야 한다는 뜻으로 해석되었다.

그러나 이 말을 했던 1990년대의 노무현이 멋지고 대단한 정치인인 것과 별개로, 2024년 지금 모든 유권자와 정치인이 노무현의 생각처럼 정치를 바라볼 필요는 없다. 유권자가 밭에 있는 흙처럼 그저 정적이고 수동적인 존재는 아니기 때문이다. 유권자도 정치인처럼 주체적인 농부로서, 정치인과 함께 정치의 토양을 다져서 자신에게 필요한 사회 변화의 결실을 수확할 수 있다.

3장에서 우리는 사회(적 인식과 환경과 구조)가 그래픽 디자인에 어떤 영향을 미치는지를 생각해 보았다. 직업이 그래픽 디자이너인 나의 입장에서 이런 고민을 계속하다 보면, 내가 몸담은 또 다른 분야인 (진보)정당정치에 대해서도 자연스레 똑같은 고민을 하게 된다.

한국 유권자들의 정치에 대한 인식, 한국 정치 환경과 제도적 구조, 문화 등이 한국 (진보)정당정치에 어떤 영향을 끼칠까? 나를 비롯한 많은 유권자들이 한국 정당정치를 비판하고 '지적질' 하는 데 거리낌이 없다. 그러나 혹시, 우리 유권자들의 사소한 행동 하나하나가 쌓여서 정당정치가 퇴보하도록 조장한 측면은 없을까? 또 진보정당이 쪼그라드는 상황을 아쉬워하는 사람들이, 진보정당의 귀환에 힘을 보태기 위해 고민할 거리는 없을까? 4장에서는 정당활동가 조현익의 입장에서, 이런 고민을 풀어 보려고 한다.

4.1. 창작자의 시선에서 고민하는 정치의 속성

4.1.1. "〈전국투표전도〉 시리즈를 바꿉니다"

스튜디오 하프-보틀이 2024년 3월에 발행한 『세상은 망했는데 눈 떠보니 투표일?! 전국투표전도 2024』(이하 『세망눈투 2024』)의 1장 제목은 "〈전국투표전도〉 시리즈를 바꿉니다"이다. 2018, 2020, 2021년에 발행되었던 〈전국투표전도〉 시리즈는 정치 분야 책자의 대목이라고 할 수 있는 2022년(3월 대통령 선거와 6월 지방선거)을 통으로 건너뛰었고, 제작을 잠정 중단했다. 이 시리즈가 원래의 기획 취지였던 '고민하는 유권자를 위한 투표 가이드북'의 역할을 전혀 살리지 못했다고 생각했기 때문이다. 그러다가 2024년 대대적인 내용 개편을 기쳐서 시리즈를 재개한 것이나.

〈전국투표전도〉 시리즈가 처음 만들어졌던 2018년과 시리즈를 대대적으로 개편한 2024년, 그 사이 기간을 되돌아보면 정치를 바라보는 한국 유권자들의 관점이 크게 바뀌었던 것 같다. 첫 번째 변화로, 유권자가 요청하는 정보의 종류가 달라졌다. 2018년 당시만 해도 지역별 정치·사회적 이슈, 선거철에 감안할 정세 판단 내용을 책에 아카이빙 하는 것만으로도 충분히 많은 사람의 호응을 얻었다. 그러나 다음 책이 나올 때마다 책 내용을 읽어 보지도 않고는 책 소개만 보고서 "공정하지 못하다, 편향적이다"라는 우려 내지 공격의 피드백이 많이 들어왔다. 예를 들어서 의정활동 관련 통계를 모으는 데 "친문 성향 단체인 참여연대의 (통계)자료를 인용했다"는 점에 대한 우려, 또는 "시민단체 활동가나 현직 정치인이 작가로 참여했으면서 누구를 지지할지 뻔한데 공정한 책인 척한다"는 비방이 개인 메시지로 쏟아져 들어왔다. 책이 독자에게 '어느 당을 지지하라!'고 강요할 것이라는 선입견, 또는 그런 종류의 책을 과거에 많이 봐서 이 책도 그럴 것이라는 선입견에 둘러싸인 메시지들이었다.

두 번째 변화로, 사람들이 정치에 무관심해지는 이유가 과거와 달라졌다. 과거 정치에 대한 무관심의 맥락은 '한국 사회에서 다른 사람들이 죽어 가거나 뭐라고 억울함을 호소하건 간에 나만 혼자 잘 살면 된다'는 마음의 발로에 가까웠다. 그런데 2024년 현재 정치에 관심을 놓은 사람들의 맥락은 다르다. 이미 대부분의 사람들은 세월호 참사, 박근혜 대통령 탄핵과 초기 문재인 행정부의 개혁 정책 등을 경험하며 사회의 모습과 자신의 삶 사이에 깊은 연관이 있다는 것을 체감했다. 이들은 자기 자신과 사회 공동체의 문제를 강하게 연결시켜서 생각하지만, 한국 정치가 한국 사회의 시급한 주제(급변하는 기술사회, 기후위기 대응, 젠더 폭력과 성평등, 사회적 불평등 등)를 외면하고 있기 때문에 정치와 공동체에 대한 관심을 끊고 있다. 물론 내가 사람들의 마음을 모두 꿰뚫어 볼 수는 없

전국투표전도 2018
나의 선택을 돕는 지방선거 가이드

Chapter 04 —
전라권 & 제주도

전국투표전도 2018
나의 선택을 돕는 지방선거 가이드

Chapter 02 —
수도권 & 강원도

서울특별시 _29면
인천광역시 _4면
경기도 _6면
강원도 _43면

사진 촬영=조현익(스튜디오 하프-보틀)

민주당계 정당

보수주류 정당

보수개혁 정당

충청권 제3정당

지만, 스튜디오 하프-보틀이 〈전국투표전도〉 시리즈를 들고 북페어에 참가했을 때 관람객들로부터 공통적으로 들었던 푸념이 그런 것이었다. "누구를 뽑든 희망이 없는 듯하지만…… 그래도 이런 책이 나오니까 다행이네요" 같은.

앞에서 짚은 두 가지 변화를 정리하면 이렇다. 2018년부터 2024년 사이 유권자들의 생각 지형은 이렇게 바뀌었다. 어떤 유권자들은 정치가 곧 '내 편인 당을 지지하고 내 편이 선거에서 승리하도록 유리한 정보를 퍼뜨리는 행위'라고 생각해 '내 편'의 미디어를 적극적으로 탐독하고 '남의 편' 미디어를 적극적으로 배척하려 든다. 이것은 사회 공동체에 대한 고민보다는 자신이 믿는 잣대로 사회 만사를 평가하는 태도라고 할 수 있다. (이들에게 〈전국투표전도〉 시리즈는 필요하지 않다.)

또 다른 유권자들은 사회 공동체에 대한 관심이 많지만, 그렇기 때문에 '사회 공동체에 관심을 가지지 않는' 한국 정치에다가 관심을 둘 수 없게 되었다. 이들은 정치가 방치한 세상이 이미 돌이킬 수 없이 망한 것 같다고 걱정하며 함께 고민을 나누고 토론할 사람들을 찾고 있다. 〈전국투표전도〉 시리즈는 이들의 걱정과 함께하는 책이 되어야 했다.

그리하여 『세망눈투 2024』는 이런 내용으로 변경되었다. 기존 〈전국투표전도〉 시리즈는 과거 선거의 역사(인포그래픽 디자인)를 주요 내용으로 다루고 선거일 직전에 주목할 사회적 주제를 짧게 정리하는 수준에서 다뤘다. 『세망눈투 2024』는 과거 선거 역사와 인포그래픽 디자인을 모두 제거하고, 사회적 주제를 더욱 깊게

Studio Half-bottle
세상은 망했는데 눈 떠보니 투표일?!
전국투표전도 2024
조현익 글   키박 그림

머릿글이자 1장:
〈전국투표전도〉 시리즈를 바꿉니다.

전국동시지방선거 투표일을 60일 앞둔 2018년 4월 11일, 스튜디오 하프-보틀은 스튜디오의 이름으로 발행하는 첫 출판물인 〈전국투표전도 2018〉 제작비 마련을 위한 텀블벅 크라우드펀딩을 열었습니다. 프로젝트 소개의 머리글을 다시 꺼내봅니다.

"현명하게 투표하고 냉철하게 분석하기 위해 우리에게 필요한 것은 가장 기초적인 데이터입니다. … 그래서 디자이너가 할 수 있는 가장 효과적인 투표 캠페인은, 유권자의 판단에 도움이 될 데이터를 그래픽의 힘으로 정리하는 것입니다. 지금까지의 지역별 지방선거 결과를 인포그래픽으로 정리하자. 2018년 지금의 전국적인, 그리고 각 지역의 선거 이슈를 살펴보자. 이를 바탕으로, 이번에 선거 결과를 주목할 지역을 알아보자."

그로부터 만 6년을 하루 앞둔 2024년 4월 10일은 국회의원 총선거 투표일입니다. 이제 스튜디오 하프-보틀은 지금까지 3권의 《전국투표전도 20XX》 시리즈(2018, 2020, 2021)로 이어져 내려온 6년 전 주제의식이 수명을 다 했다고 판단하여,

새로운 주제의식과 구성으로 〈세상은 망했는데 눈 떠보니 투표일?! 전국투표전도 2024〉를 만드려고 합니다.

편집 디자인=조현익(스튜디오 하프-보틀), 일러스트레이션=키박

파고들었다. 2018년부터 2024년까지 우리가 '세상이 망했다'고 느꼈던 사건들을 모아 보고 이를 몇 가지 주제로 재구성한 것이다.

정치·행정·사법, 국제·외교·안전보장, 경제·산업·노동·환경, 사회·인권·교육·문화의 4개 대주제 안에서 43가지 소주제, 295개 사건을 모은 후 각 소주제에 대한 주관적인 해설을 덧붙였다. 예를 들어 경제·산업·노동·환경 분류의 1번 주제는 "모두 더위에 쪄 죽고 물에 빠져 죽을 겁니다"이고, "한반도 기상 관측 이래 최고 기온 기록: 서울 39.8℃, 홍천 41.0℃"라는 한 줄 문장을 2018년에 일어난 관련 사건 중 하나로 수록한다. 『세망눈투 2024』가 선거를 맞아 사람들끼리 토론할 거리를 마련하기 위해, 저자 조현익의 시선

으로 어쩌다 세상이 이렇게 망했는지 살펴보고 그 내용을 정리한 것이다.

4.1.2. 문제 해결에 앞서, 문제를 정의하고 발굴하기

『세망눈투 2024』는 '세상이 망했다고 생각하는 이유', 즉 각자가 생각하는 이 세상의 문제점을 독자들과 함께 풀어놓고 토론하고자 했다. 이것은 그래픽 디자이너가 클라이언트와 처음 작업 미팅을 할 때 으레 하는 일이기도 하다. 클라이언트가 생각하는 현재 상황이 어떤지, 기존에 사용하던 그래픽 작업물의 한계는 무엇인지 물어보고, 이번 디자인 작업을 통해 해결할 문제가 무엇인지 함께 정하는 것 말이다.

문제 정의를 먼저 하지 않으면 디자인 작업의 구상 방향을 설정하기 어렵고 아이디어를 떠올리기 힘들어진다. 만약 클라이언트와 디자이너가 생각하는 문제 정의가 서로 다르다는 걸 알아채지 못한다면 나중에 더 큰 문제가 생긴다. 두 번째 미팅 때 디자이너가 철저한 고민 끝에 들고 온 시안이 클라이언트의 고민과 완전히 달라서 대판 씨운다. '개고생'한 디자이너는 우울한 심념에 짐기고, 작업 일정은 늘어진다.

디자인 작업에서 이런 잘못이 발생하면 그냥 디자이너와 클라이언트만 '개고생'하면 된다. 그런데 한 사회 안에서 어떤 현상에 대한 문제 정의가 제대로 이뤄지지 않으면, 이것은 사회 전체에 커다란 불행이 될 것이다. 몇십 년째 한국 사회의 화두인 저출생(지출산)※ 현상을 예로 들어 보자.

※ 전통적으로 쓰였던 '저출산'이라는 표현은 아이를 생산하는(출산하는) 행위에 집중하는 어감이 있다. 그 때문에 '저출산 대책'이 결혼과 출산 장려에만 집중했다는 비판이 있었다. 이에 대한 반성을 담아서 최근 '저출생'이라는 표현이 통용되고 있다. 아이가 생겨나지 않는 현상의 이유, 즉 아이가 만들어지거나 성장하기 어려운 사회적 환경을 살펴보자는 의미이다.

기성세대가 한동안 "젊은이들이 결혼을 늦게/안/못 하는 것이 문제다"라고, 또 한동안은 "젊은이(특히 여성)들이 아이 낳고 기르는 일을 귀찮아하는 것이 문제다"라고 문제를 잘못 정의해서, 행정부가 추진하는 '단체미팅'이나 '아이가 주는 행복감을 알리는 공익광고'처럼 온갖 이상하고 효과 없는 솔루션이 나왔다. 시간이 조금 지나서 "연애와 아이 양육을 하고 싶어도 필요한 시간과 돈이 부족해서 문제다"라는, 한 발 앞으로 나아간 문제 정의가 등장하긴 했지만, 그나마도 문제 정의의 초점이 어긋나서 이미 결혼했거나 아이를 양육하는(즉, 원래 형편이 그나마 나았던) 가정에 지원을 집중하는 잘못된 솔루션이 나왔다.

'정책 대상자'가 될 젊은 세대는 이 문제를 전혀 다르게 정의한다. "연애와 양육을 하다 보면 승진 기회와 일자리를 잃을 것이 분명하다"는 문제 정의. "내가 자랐던 집안의 과거사나 내가 겪은 학대(물리적 학대나 너무 가혹한 교육 등)를 되돌아보면, 결혼과 양육이 행복을 주지 않을 것 같다"는 문제 정의. "연애를 하다가 폭력을 당할까 봐, 내가 키운 아이가 성범죄 같은 폭력에 노출될까 봐 연애와 양육을 못 하겠다"는 문제 정의. 더욱 나아가서 "기존 인구가 이미 과밀한데 인구를 억지로 증가시키려는 것은 잘못"이라는 문제 정의까지. 이런 문제 정의들을 두고 기성세대와 함께 대등하게 터놓고 토론할 수 있었다면. 정치가 그런 토론의 판을 마련해서 유권자들이 '합의된 문제 정의'를 만들 수 있었다면. 저출생 현상의 현황은 사뭇 달랐을 것이다.

이로써 분명해진다. 정치의 역할은 문제를 직접 해결하는 것이 아니다. 같은 사회에 속한 사람들이 합심하여 문제를 해결할 수 있도록, "이것이 지금 우리 사회가 마주한 문제다!"라고 문제를 정의하고 공감을 이끌어 내는 것이 정치의 역할이다. 사회와 공동체에 관심이 많지만 정치에는 관심을 놓아 버린 수많은 사람이 2024년 현재의 한국 정치에 바라는 역할도 이런 것일 테다. (선거를 앞두고 이런 역할을 누군가가 해 주길 바라는 사람들을 떠올리며, 나는 『세망눈투 2024』 책 내용의 기획과 구성을 짰다.)

한 사회가 정치를 통해서 문제 정의를 일단 확실하게 하면, 그 문제를 실제로 해결하는 과정은 의외로 쉽게 진행할 수 있다. 여러 정책전문가와 관료들이 구체적인 정책과 집행 사항을 제안하고, 의회가 꼼꼼하게 심의하고 행정부가 집행하는 것은 일사천리로 진행할 수 있다. 실제로 한국의 관료집단은 윗단에서 '해결과제'라고 정해서 내려보내는 사안이라면 (아무리 터무니없는 과제가 내려오더라도) 효율적이고 효과서으로 처리하기 위해 일사불란히게 움직이는 것으로 유명하지 않은가!

최근 '새로운 정치'를 만들겠다는 사람들 사이에서 유행처럼 번진 말이 있다. "문제를 만드는 정치가 아니라, 문제를 해결하는 정치를 만들자." 어떤 의미인지는 알겠다. 사회에서 사람들이 겪는 문제가 있을 때 그것을 정치를 통해 해결하자는 공감대를 표현하는 말일 테다. 하지만 정치가 문제를 정의하는 역할을 건너뛴 채로 문제를 해결하는 역할만 중요하게 바라본다면, 정치는 그저 유권자 개개인이 느끼는 불편과 문제에 대해 '민원을 받아서 행정부에 전달하는 역할'을 벗어나지 못할 것이다. 나는 그들이 스스로 말하는 '새로운 정치'에 대해, 부디 좀 더 깊게 고민해 보길 바란다.

4.1.3. 민의를 받드는 대신 민의를 '만드는' 정당

지금까지 내가 경험한 (정의당을 비롯한) 진보정당의 정당정치, 동료들의 정치활동은 늘 한국 사회의 문제를 발굴하고 문제를 새로이 정의하려는 시도였다고 기억한다. 2000년대부터 노동자, 농민의 문제를 발굴했던 것. 시간이 지나면서 노동자 중에서도 조직될 기회가 없었거나 '이런 사람도 노동자라고 봐야 해?'라고 질문을 들어야 했던 사람들의 문제로도 시선을 넓혔던 것. 지역과 성별과 장애에 따른 보이지 않는 계급 문제를 새로이 정의한 것. 이들을 개별적인 문제로 따로따로 대응하지 않고 공통된 접점을 찾아 엮고자 시도했던 것. 기후위기 대응을 위한 정치의 문제를 새로 발굴한 것. ……. 이처럼 하나하나 열거하자면 끝이 없이 이어질 것이다.

그러나 이런 시도들이 결실을 맺기는 쉽지 않다. 정치활동을 하는 사람들도 사람인 만큼 선거에 승리해서 자신의 활동이 자신에게 보람 있는 결실(더 많은 일을 할 권한과 안정적인 생계를 꾸릴 돈)로 돌아오기를 바란다. 그런데 내가 지금까지 경험한바, '문제를 새롭게 발굴하고 정의하기' 활동으로 한국 선거에서 결실을 얻기란 쉽지 않다. 관련하여 내게 가장 큰 충격으로 남은 2022년 대통령 선거를 돌이켜보면, (정의당 심상정 후보를 비롯해서) 여러 정당과 후보들이 각자 연구한 (사회) 문제들을 열심히 꺼냈건만 선거캠페인 기간 초기에 미디어에서 가장 많이 회자된 정책공약 발언은 이런 것이었다.

- "[스타트업 청년들의 요구는] 게임 하나 개발하려면 1주일에 52시간이 아니라 120시간이라도 바짝 일하고, 이후에 마음껏 쉴 수 있어야 한다는 것.": 2021년 7월 윤석열(국민의힘 대통령 후보)이 『매일경제』와 인터뷰하며 한 발언.
- "이재명을 뽑는다고요? 이재명은 심는 겁니다.": 2022년 1월 이재명(더불어민주당 대통령 후보)의 유튜브 쇼츠 영상 속 발언. 민주당 청년선거대책위원회의 유권자 의견 수렴 과정에서 나온 '탈모약 건강보험 적용' 공약을 구체적으로 검토하겠다는 내용.

두 사례는 공통점이 있다. 정당이나 후보가 꾸준히 연구하여 나온 정책이 아니라 이른바 '현상'의 의견을 수렴하여 급히 만들어진 정책이고, 이른바 '청년'의 의견을 잘 '받들고' 있다는 것을 보여주려는 발언이다. 두 후보와 캠프 미디어 담당자들 입장에서는 평소에 (사람들을 만나며) 민의를 모으고 연구하기보다는 열심히 민의를 받드는 모습을 보여 주는 것이 훨씬 효과적이라고 생각한 듯싶다. (다만 오랫동안 연구노동을 했을 캠프/정당의 정책 담당자들 입장에서는 썩 달갑지만은 않았을 것 같다.)

이런 사례들을 보면 고민이 깊어진다. 문제를 새로이 발굴하는 정치를 시도하다 보면 필연적으로 또 다른 과제를 맡아야 한다는 사실이 보이기 때문이다. 이미 사람들의 마음에 깊이 배어 있는 민의를 떠받드는 정치세력과 대등하게 맞서기 위해서는, 선거 기간이 되기 전에 미리 (자신이 새로 발굴한 문제와 관련한) 민의를 조직해서 만들어 놓아야 한다는 과제. (과제를 또 맡아야 한다고? 아악, 귀찮아. 힘들어. 피곤해!)

사실 디자이너 입장에서 이런 모습이 낯설지는 않다. 디자인 작업을 외주 받는 디자인 스튜디오나 에이전시를 크게 분류해서 보면 그저 클라이언트가 요청한 설계대로 제작하는 곳이 있고, 클라이언트에게 필요한 작업물의 효과를 더 잘 구현하기 위해서 '개선된' 기획을 제안하고 설득하는 곳이 있다. 후자의 작업이 질적으로나 보람 면에서나 훨씬 좋겠다만, 클라이언트를 설득하여 클라이언트의 새로운 '민의'를 조직하려면 사전에 연구하고 자료를 준비하고 이해를 돕기 위해 프로토타입을 만드는 힘든 과정이 있기 마련이다. 그런 과정이 정치에서도 있는 셈이다.

구체적으로 살펴보자. 일단 (1) 사회문제를 새롭게 발굴하고 정의해야 한다. 그리고 (2) 정의한 내용이 정말로 주목할 사회문제임을 설파해야 한다. 이 내용이 유권자들에게는 당연히 익숙하지도 않고 이게 왜 문제인지 의아하게 느낄 테니, (3) 잘 전달해야 한다. 그리고 한번 전달해서는 사람들이 기억할 리가 없으니 (4) 자주, 가급적 많은 사람과 접촉하며 전달해야 한다. 사람들이 많이 모이는 현장에서든 소셜 미디어나 매스 미디어 채널을 통해서든 말이다.

새로운 사회문제의 존재를 전달하기란 당연히 어려운 일이다. 그러나 유권자에게 메시지를 전달하는 역할을 맡는 정치인이라면 자신만의 전달법을 만들어 놓아야 한다. 쉬운 말과 비유로 전달할 수도 있고(과거 진보정당에서 주로 권영길, 노회찬 전 대표가 이런 역할을 맡았다), 구체적인 사례를 계속 찾아서 전달할 수도 있고(노동인권 전문 '거리의 변호사'로 알려진 권영국 현 정의당 대표가 이런 행보를 종종 보여 줬다), 문제의 심각성을 호소력 있는 연설과 눈물로 보여 줄 수도 있고(과거 강기갑 민주노동당 대표, 정의당에서도 이정미 전 대표, 장혜영 전 국회의원 등이 이런 모습을 자주 보여 줬다), 가장 결정적인 시점에 전달할 수도 있다(2017년 대통령 선거 후보토론회 때 성소수자의 입장을 대변하기 위해 '1분 발언 찬스'를 쓴 심상정 전 대표의 사례).

이렇게 정치인들이 대외적으로 나서서 문제의 존재를 알리는 사이에, 보이지 않는 뒤편에서는 또 여러 일이 진행되어야 한다. (5) 새로운 사회문제에 대응해야 하는 정책적 근거와 정책적 해법을 연구해서 마련해야 하고 (6) 그 사회문제를 당원들, 당원들의 지인들을 통해 계속 설파할 수 있도록 당원들끼리의 교육, 토론과 합의의 시간을 지속적으로 가져야 한다. (7) 이 사안과 관련하여 정당 바깥에서 협업, 연대할 수 있는 사회운동 단체나 정책연구자, 오피니언 리더 등과 관계를 맺고 (8) 협업할 프로젝트를 직접 기획하고 제안하고 함께 진행하는 것도 필요하다.

이 모든 과정을 꾸준히 밟아야 새로운 민의를 형성할 수 있고, 이미 조직된 민의를 바탕으로 다음 선거캠페인에서 상대 정치세력과 그나마 대등하게 맞붙을 수 있을 것이다. 이 수많은 작업들이 진행되려면, 정당이라는 공간을 무대 삼아서 다방면의 재능이 결합하여, 오랫동안 여러 사람의 협업이 이뤄져야 한다. 그러니까 정치인이나 연구자가 활동가 한두 명이 자체적으로 새로운 문제점을 발굴하고 선거철이 되어서야 불쑥 들고나와서는 "나 같은 뛰어난 정치인이 이렇게 발견했으니 모두들 나에게 표를 달라"고 해 봤자 절대 통하지 않는다는 것.

민의를 만들려면, 정당이 그 역할을 맡아야 한다. 어떤 정당은 스스로 민의를 '받드는' 정당을 자임하겠지만, 정말 필요하고 정말 어려운 것은 바로 민의를 '만드는' 정당이다.

4.2. '정치 산업'이라는 개념:
유권자는 경영주 노릇을 잘 하고 있나?

앞서 호방하게 "민의를 만드는 정당이 되도록 하자!"고 제안했지만, 그게 말처럼 쉬울 리가 있나?! 정당을 마치 서비스와 제품을 제공하는 하나의 기업처럼 본다면, 이 하나의 기업 안에도 정치 사업이 굴러가도록 일하는 수많은 조직과 노동자들이 있으며 각자의 '일하는 방식'이 있다. 게다가 여러 기업(정당)끼리 서로 협력하고 반목하고 경쟁하는 상호작용도 생길 것이다. 이런 복잡한 구조 안에서는 그저 몇몇 사람끼리 "이런 정당을 만들자!"라고 다짐하더라도 쉽게 실현되지는 않을 것이다.

나는 '정치 산업'이라는 말을 **종종** 쓴다. 우리가 뉴스를 동해서 접히는 정치 사업의 모습은 주요 정치인(대통령이나 주요 정당의 대표와 원내 대표, 이미 아주 유명한 국회의원 몇몇)의 말과 행동을 통해서만 드러나지만, 그들의 말과 행동을 만드는 뒤편에는 '산업'이라고 불려도 손색이 없을 무잇인가 존재한다. 정당과 정치인이 토론하고 연구하고 유권자의 의견을 모으며 하나의 목소리로 조직하는 일은 모두 엄청난 양의 노동력과 자본과 시산이 투여되는 일이다. 우리가 정치를 제대로 작동하도록 만들고 싶다면, 정치 산업이 건전하게 그 규모를 확대하고 더 많은 업무를 수행할 수 있도록 해야 할 것이다. 이 '산업'과 그 안에서 일하고 활동하는 사람들을 한번 살펴보자.

명심하자. 우리 유권자들은 정치 산업의 고객이자 종사자를 고용하는 고용주이자 그들에게 일을 시키는 경영자 같은 위치에 있다는 사실을.

4.2.1. 정치 산업에서 일하는 노동자의 삶과 고민

정치, 정당활동을 하면 으레 같이 활동하고 협업할 사람들을 수없이 만나게 된다. 특정 분야나 정책에 경험이 많고 전문성을 갖춘 연구자나 활동가는 물론이고, 정당의 열성 지지자로서 뭐라도 도울 방법을 찾다가 자신의 시간과 노동력을 후원하는 사람에 이르기까지. 이런 사람들이 사회적·정치적 사안 하나하나에 달라붙어 정책을 연구하거나 사람들의 억울한 사연을 경청하고 다른 의견을 가진 이들과 토론하는 모습을 한번 살펴보라. 이들의 노동에는 마치 극진한 돌봄을 제공하는 자녀 양육·가사 도우미와 간병인, 재해 현장에 뛰어드는 소방관과 의사·간호사처럼, 간절한 마음과 숙련된 기술이 깃들어 있다.

그런데 불현듯 이런 걱정이 든다. 이처럼 '정치 산업'에서 일하는 노동자들은 어떻게 노동하며 지내나? 돌봄 도우미나 간병인, 소방관과 (응급의료 분야의) 의사·간호사가 늘 인원이 부족하고, 격무에 시달리며 대우에 비해 스트레스를 받을 일이 너무 많아서 퇴직하는 경우가 많다는 이야기는 이제 대중적으로 잘 알려져 있다. 정치 산업의 노동자들은 과연 우리를 위해 질 좋은 노동을 제공할 수 있는, 그런 괜찮은 삶의 여건을 보장받고 있을까? 그들의 고민은 무엇일까? 정의당에서 같이 활동하거나 스튜디오 하프-보틀의 클라이언트로서 만난 (주로 청년 연령대의) '정치 산업 노동자'들의 상황을 떠올려 본다. 이들이 공통적으로 토로했던 고민 몇 가지를 생각해 본다.

첫째. 자신의 전문성을 정치 산업 내부에서 인정받기 어렵다는 점. 정치 산업에서 개인의 능력과 전문성은 정량화하기도 힘들고 다른 사람들에게 인정받기도 어렵다. 정치적인 의견을 수렴하고 위기에 빠진 사람들을 많이 만나러 다니는 것, 좋은 연설문이나 정치 홍보물을 작성하고 연설하는 것, 사회적으로 필요한 논쟁을 제기하는 법안을 발의하는 것…… 등등의 업무들이 얼마나 유효하고 효과적인 노동인지, 기여도는 얼마나 되는지 정량적으로 측정할 방법이 없다. 정량적으로 측정하려다가 오히려 탈이 나기 쉽다. "법안을 많이 통과시키면 일을 잘하는 것이시!"라는 생각에 기존 법안을 쭉 훑어서 맞춤법 틀린 부분에 대한 개정안만 수십 건씩 발의하고 통과시키는 국회의원실이 있을 정도니까.

그러다 보니 정치 산업 노동자들은 자신이 현장에서 전문성 있는 사람인지, 대통령이나 당대표나 상관인 국회의원의 지시에 잘 따르며 업무만 잘 수행하면 되는지, 혹은 스스로 숙련도를 높이고 성장하기 위하여 어떤 일을 해야 하는지, 고민에 빠지는 경우가 많다.

둘째. 자신의 전문성을 정치 산업 외부에서 인정받기도 어렵다는 점. 정당활동가나 전업 정치인이 다른 사기업이나 공공기관이나 사회운동 조직에 취직하려고 할 때, 자신의 정치 산업 경력과 숙련도를 자랑하기가 아주 어렵다. 정당·정치활동을 한 사람은 자기 조직 내부에서 문제를 일으킬 것이다, 또는 자기 조직에 불필요한 정치색을 덧씌울 것이라는 인식이 광범위하게 퍼져 있기 때문이다. 이런 상황에서 새로운 직장을 구하는 정치 산업 노동자들은 자신의 과거 활동 경력을 드러내기도 어렵고, 그런 이유로 이력서 내용으로 보기에는 '경력이 단절된' 이들은 전문성을 인정받기도 어렵다.

그나마도 공직선거에 출마했거나 심지어 당선까지 되어 버린 탓에 경력이 '겉으로 드러난' 정치 산업 종사자라면 더 큰 곤란을 겪게 된다. 경력을 자의적으로 숨기는 것도 어려우니까. 이런 상황에 놓인 전직 노동자들에게는 정치 산업을 악용하려는 검은 손이 접근하기 마련이다. 한국 국회의원이 낙선 이후 "생계가 막막하다"는 이유로 직무 연관성이 있는 사기업의 임원이나 사외이사로 취임하는 사례가 종종 발생한다. 심지어 정의당 출신 전직 국회의원 중에서도 그런 사례가 등장하여, 해당 의원은 정의당의

✌ 2016~2020년 정의당 국회의원을 역임한 추혜선의 사례다. 그는 2020년 4월 총선에서 낙선한 이후, 같은 해 9월 LG U+의 비상임 자문직을 맡았다가 사임한 바 있다. 국회 과학기술정보방송통신위원회 위원이었던 그는 의정활동을 통해 통신사업자인 LG U+ 내부의 노동권 문제를 깊게 다룬 적이 있다.

공식 사퇴 요구와 당원들의 비난에 직면한 바 있다. 이렇게 취직한 이들은 기업을 감사하거나 부당성을 지적하려는 국회와 정당에 대한 일종의 '방패막이'로 쓰일 공산이 크다.

앞의 두 가지 문제로 인해서, 많은 사람이 정치 산업에 몸담기를 힘들어하고 금방 퇴직하곤 한다. 우리 유권자가 산업 내 노동자들의 고민을 함께 고민하고 해소하지 않는다면, 정치 산업에는 유능한 노동자와 숙련된 노동자들이 남아나지 않고, 나쁜 의미에서 권력이나 줄 잘 서기를 탐하는 무능한 사람들만 득세하고 말 것이다. 그런 산업에 미래는 없을 것이다.

4.2.2. 한국 정치에서는 '팔도 비빔면'이 탄생할 수 없다

자유 경쟁이 이뤄지는 시장에는 제품과 서비스가 다양하게 공급된다는 장점이 있다. 집 앞 편의점의 한 벽면을 꽉 차지하는 라면 시장을 보자. 다양한 회사와 브랜드의 이름으로 빨간 국물 라면, 하얀 국물 라면, 비빔라면이 진열되어 있고, 같은 빨간 국물 라면 안에서도 맛의 베이스가 조금씩 다른 라면들이 경쟁한다. '라면'이라는 같은 이름 안에서 이처럼 다양성이 공손할 수 있기에 '라면'이라는 식품과 산업이 지금도 많은 사람에게 사랑받는다.

자유 경쟁 시장의 섭리가 '약육강식', 강자가 약자를 잡아먹어 흡수하는 것이라고 많은 사람이 착각한다. 그러나 그 말대로라면 신라면·진라면·삼양라면 같은 업계 절대강자가 두루 포진한 라면 시장에서, 4% 내외라고 일러진 낮은 시장 점유율에도 불구하고 소수의 마니아를 중심으로 꾸준히 판매되는 팔도 비빔면이나 불닭볶음면, 꼬꼬면은 어떻게 살아남을 수 있었을까.

자유 경쟁 시장의 진정한 섭리는 약육강식이 아니라 "자기 방식대로, 지지받는 만큼 존재하며 사업하는 것"이라고 할 수 있다. 시장 점유율이 5%인 라면이라면 5%에 해당하는 만큼 제품을 생산하고 5%만큼의 매출을 올리면서 사업을 지속한다. 평소에 국물 라면만 먹는 고객들이라도 ('국물 라면 입고할 자리를 차지하고 앉아 있는') 팔도 비빔면을 매장에서 철수시키라며 항의하지 않는다. 혹시라도 여름에 팔도 비빔면이 '땡길' 때가 생길 걸 아니까. 그 와중에 라면 회사는 기술 혁신을 통해 비용을 줄이고, 품질 향상과 신제품 개발과 마케팅을 통해 시장 점유율을 1~2%p라도 조금씩 더 올리기 위해 최선을 다한다. 라면 산업에서는 이처럼 고객에게 좋은 품질의 제품을 계속 제공하면서 자기 방식대로 지지받고 지속적으로 영업하는 회사라면, 누구도 상품을 강제로 퇴출시킬 수 없다. 그래서 '자유' 경쟁 시장이다.

라면 산업과 비교하면, 한국의 정치 산업은 자유 경쟁 시장과 아주 거리가 멀어서 퇴행적인 제품을 양산하기 너무 좋은 환경이다. 한국의 정치 산업에는 '특색 있고 경쟁력 있는' 중소 규모의 정당들이 지속성 있게 '영업'할 수 없도록 막는 몇 가지 제도와 문화가 있다.✌ 라면 산업의 자유 경쟁성과 비교해서 얼마나 가혹한 환경의 산업인지 살펴보자.

✌ 물론 관점에 따라서 "의회에 수십 개의 정당이 몰려 있으면 의회 정치가 안정되지 못한다"라는 의견이 있을 수 있다. 그러나 여기서 내가 언급하려는 내용은 의회에 들어간 정당의 개수가 많아야 한다는 뜻이 아니다. 각자의 규모에 맞게 정당이 다양한 활동 방식으로 지속될 수 있도록 해야 한다는 뜻이다.

- 정당을 설립하기 위해서는 수도에 중앙당을 두고, 17개 광역시·도 중 최소 5곳에 1,000명 이상의 당원을 가진 광역시·도당이 설치되어야 한다. 따라서 특정 지역의 지방자치에 참여하기 위한 지역주민연합체로서의 지역정당 설립은 불가능하며, 모든 정당의 활동은 수도에서 이뤄지는 중앙당의 전국 정치활동에 종속되어야 한다.

- 국회의원 중 약 85%(300석 중 254석), 시·도의회 의원 중 약 90%(872석 중 779석)를 지역구마다 1명씩 선출하는데, 각 지역구에서 한 번의 투표를 거쳐서 1위를 기록한 후보만 당선된다. 1차 투표 후 상위 1, 2위가 다시 경쟁하는 결선투표제가 없기 때문에, 한 지역구에서 수천~수만 명의 지지를 받는 3위 이하 후보는 어떠한 영향력도 발휘하지 못하고 되레 "네놈이 표를 나눠 먹어서 내가 지지하던 2위 후보의 표를 깎아서 낙선시켰으니 책임지라"는 공격을 받는다.

- 국회의원이 많은 정당 또는 이름이 가나다순으로 앞서는 정당이 선거운동과 투표용지에서 무조건 앞 번호를 차지해서 시선을 끌게 유도한다. 전국 모든 매장의 리면 진열대에 무조건 시장점유율 1위, 2위, 3위 제품 순서로 진열하라는 규정이 있는 것과 다를 바 없다. 이 때문에 앞 번호를 받기 위해 선거 직전 국회의원을 다른 정당에 '꿔어주거나' 당 이름을 무조건 '가'로 시작하도록 애쓰는 촌극이 벌어진다. 다른 나라에서는 정당 기호가 일괄 배정되지 않거나, 선거 직전 추첨을 통해 기호를 결정한다. 한국에서도 1967년 총선까지는 기호를 추첨하여

배정했다.

- 돈이 부족하더라도 능력 있는 정치인이 계속 선거에 도전할 수 있도록, 국가가 각 후보의 선거운동 비용을 보전하는 제도가 있다. 그런데 비용을 보전받으려면 10% 이상의 득표[1]를 올려야 한다. 수천~수만 명의 지지를 받은 유의미한 후보라도 선거비용 보전이 되지 않아서 개인 빚을 갚느라 정치 참여를 포기하는 경우가 많다.

- 낙선한 후보는 다음 선거에 출마하기 전까지 정치자금 후원을 받을 수 없다. 따라서 평시에 다른 직업 없이 전업 정치활동에 전념하는 것이 불가능하다.

- 2020, 2024년 국회의원 총선거 때부터 '준연동형 비례대표제'가 도입되어서, 모든 정당이 한 정당의 지역구 당선인 숫자가 적더라도 정당의 전국 득표율이 높다면 그에 비례하여 적정한 비율의 의석수를 보장받게 되었다. 그러나 이 제도가 실행되자마자 국민의힘과 더불어민주당이 선거 코앞에 이른바 '위성정당'[2][3]을 급조하여 제도 취지를 무시하고 타 정당에 배분될 의석수를 강탈하는 문화가 생겼다.

한국의 정치 산업에서는 이런 방식으로 정당과 정치인이 다양한 생각, 다양한 방식으로 정치를 하며 각자의 '시장 점유율'에 맞게 정치 '사업'을 영위하고 계속해서 경쟁할 수 있는 '자유 경쟁 시장'이 무너졌다. 그 자리에는 두어 개의 유력 정당이 남아서 정치 산업을 과점하는데, 과점 시장의 폐해는 대단하다.

✌ 현행 한국 공직선거법에서는 지역구에서 15% 이상 득표하거나 당선된 후보의 선거 비용 전액, 10~15% 득표한 후보의 선거비용 반액을 보전한다. 그 미만을 득표한 후보는 선거 비용 보전이 전혀 안 되고, 후보가 선관위에 납부한 (지역구 국회의원 후보 기준 1,500만 원, 대통령 후보 기준 3억 원) 후보 등록 기탁금도 반환받지 못한다.

✌✌ 2024년 총선의 더불어민주당 상황을 예로 들면, 4월 10일 총선을 앞두고 3월 3일 '더불어민주연합'을 창당했다. 더불어민주당은 지역구 후보만, 더불어민주연합은 비례대표 후보만 출마했으며 더불어민주당은 정당투표에서 더불어민주연합을 투표할 것을 공공연히 홍보했다. 이에 따라 '지역구 0석인 더불어민주연합이 더불어민주당만큼의 지지율(26.69%)을 받아서' 14석의 비례대표 후보를 당선시켰는데, 더불어민주당의 이름으로 비례대표 출마를 했다면 14석이 다른 중소 정당들에게 분배되었을 것이다. 더불어민주연합은 다른 정당 후보들의 참여를 독려하여, 진보당, 기본소득당, 사회민주당의 3개 정당 출신 후보 4명이 더불어민주연합 소속으로 당선된 후 복당했다. 더불어민주연합은 5월 8일 더불어민주당에 흡수합병되었다.

2024년 기준으로, 유력 정당들이 치열하게 다투는 분야(일제 강점기 역사 인식 등)에서는 극심한 대립의 정치가 벌어지면서, 유력 정당들이 여러 반론을 무시하고 공감대를 형성한 분야(상속세 감세, 금융투자소득세 폐지 시도 등)에서는 깊은 논의 없이 민원 처리하듯 속전속결로 처리하며, 유력 정당들이 모두 관심이 없는 분야(인공지능 얼굴 합성을 통한 여성 능욕 성착취물 대량 거래 사건 등)에 대해서는 수천~수만 명의 가해자와 피해자가 존재함에도 논평 하나 제대로 나오지 않는 실정이다.

4.2.3. 정치 산업에 자원을 투입하기 싫어하는 사회

정치 산업은 어찌 보면 사람을 투입하는 만큼, 자본을 투입하는 만큼 그 결과를 '뽑아낼 수 있는' 산업이라고 할 수 있다. 정당이 사회에 어떤 문제가 있는지 새로 발굴하고 정의하기 위해서는, 그 분야에 대해서 특정한 주제를 잡고 연구팀을 꾸리고 연구를 해야 한다. 정당이 어떤 사안에 대해서 의견을 수합하고 민의를 조직하려면 당원이나 유권자를 한 명이라도 더 만나기 위해서 시간을 들이고 사람을 보내야 한다. 이 모든 작업을 더 많이 수행하려면 그야말로 사람이 필요하고, 그 사람에게는 더 많은 시간(연구 시간 및 사람 만날 시간)과 더 많은 돈(연구 비용과 인터뷰 비용 등의 사업비)이 필요하다.

물론 무작정 많은 사람과 돈을 모을 수 있도록 규제를 풀어 놓으면, 정치 산업에 어마어마하게 많은 검은돈이 들어오고 온갖 부정 청탁과 비리가 일어날 것이다. 그래서 정치 산업이 잘 작동하기 위해서는 인사와 회계를 투명하게 관리하고 공개하는 것이 중요하다. 세계 각 나라는 여러 법령을 통해 정당의 정치활동에 필요한 인력과 예산을 지원/후원받고 사용하는 방법을 엄격하게 규제하고 있다.

문제는 검은돈과 부정 비리를 차단하는 방법을 너무 단순하게 생각해서, 정치 산업에 투입되는 자원의 양 자체를 확 줄여 버리는 '간편한 선택'을 할 때 생긴다. 더 나아가서 그저 '돈과 사람이 절대적으로 적게 투입되는 정치가 가장 좋은 정치'라는 인식이 자리 잡히면 더욱 곤란해진다. 시간이 지날수록 국가의 인구·경제 규모도 커지고 사회는 점점 복잡해지는데, 정치 산업에 더 많은 인력과 자본을 투입하자는 사회의 합의는 좀체 만들어지지 못한다. 정치 산업은 과부하에 걸리고 사회는 쇠퇴한다.

한국 정치 산업이 인력 배치에 얼마나 인색한지 살펴보자. 독자적인 정치적 견해와 의사를 드러내며 국가업무를 수행할 수 있는 '국가 공인 정치업무 인력'으로 어떤 사람들이 있을지 떠올려 보면, 의회 의원과 그 부속 직원들을 떠올릴 수 있다. 2024년 현재 한국의 국회의원 정원은 300명에 국회의원 보좌관 정원 2,700명, 광역시·도의회 의원 정원은 872명, 자치구·시·군의회 의원 정원은 2,988명이다. 지방의회 의원들은 의정 활동과 정치 업무를 돕는 보좌관을 둘 수 없다.

이 숫자가 많아 보이는가? 지금부터 정치와 비슷한 속성을 가진 다른 산업계의 기업 임직원 숫자와 비교해 볼 요량이다. 정치와 비슷하게 사람을 계속 대면하고 CS 운영을 하며 동네 단위의 요식업 네트워크를 전국적으로 엮어야 하는 (음식) 배달 대행 서비스 '배달의민족'을 운영하는 (주)우아한형제들의 임직원 숫자는 2,229명이다. 요식업만 상대하는 데도 이 정도다. 의회의 (행정부 견제) 업무인 회계감사와 '경영 자문·컨설팅' 역할을 몇몇 사기업 클라이언트를 대상으로만 진행하는 딜로이트안진회계법인의 임직원 숫자는 2,659명이다. 사기업 클라이언트 상대로는 이런 인력 배치를 아깝지 않게 여긴다.

다음으로는 의회를 벗어나서, 자체적으로 지지지의 민의를 조직하고 정책을 만들어야 할 정당의 인력 배치를 살펴보자. 한국 〈정당법〉은 특이하게도 정당의 유급 사무직원 숫자를 규제하고 있다. 중앙당의 유급 직원은 100명 이내여야 한다. 한국 최대 정당인 더불어민주당 중앙당의 상근 임직원 숫자는 80명에 불과하다. 정당과 비슷하게 회원들의 민의를 조직해야 하는 입장인 기관들과 비교해 보자. 대한상공회의소 임직원 수가 263명(지방단위 상공회의소 임직원 제외), 전국민주노동조합총연맹(민주노총) 임직원 수가 227명(산하 가맹노조연맹 및 회사별 지회 노조 상근자 제외)이다.✌

여기에 더해 〈정당법〉에 따라 각 정당 산하에 설치한 전국 17개 시·도당의 유급 직원은 합쳐서 100명 이내여야 한다. 인구가 수백만 명 단위인 서울특별시나 경상남도 같은 거대 시·도의 지방자치 차원에서 지역별 정치 사업과 정책 연구가 필요할 텐데, 정당이 1개 시·도에 고용할 수 있는 유급 직원의 숫자가 고작 5.9명꼴이다. 이런 인력 할당으로 한 나라를 다스리는 일을 하라는 것은⋯⋯회사(스튜디오 하프-보틀) 사장의 입장에서 내가 저런 격무에 처하진 않을까 걱정되어 공포스러운 일이다.

여기서 잠깐. 어차피 이 정치 산업 인력들은 "'성실한 회사원들'과 다르게 다들 일 제대로 안 하고, 권위와 권세와 특권이나 누리는 사람들 아니냐? 그런 사람들을 뭐 하러 많이 둬야 하냐?" 하고 반문할 수 있다. 한국 사회의 이 오랜 편견 하나를 깨 보자.

2016년 한국을 뒤집어 놓았던 KBS의 다큐멘터리 〈행복의 나라 덴마크 정치를 만나다!〉를 잠시 생각해 본다. 이 프로그램에는 여러 장면이 있었지만 대중적으로 '자전거로 출퇴근하는 국회의원, 보좌관 없는 국회의원'의 이미지가 너무나 강렬하게 남았고, 한국 국회에 '국회의원 특권 줄이기'의 강렬한 압력으로 작용했다. 그렇다면 '특권'이라고 여겨질 사항을 건조하게 배제하고, 두 나라 국회의원의 노동권 차원에서 여러 조건을 비교해 보자. 두 나라는 국회의원이 업무에 집중할 수 있게끔 어떤 대우와 지원을 해 주고 있을까?✌✌

✌️　지금까지 언급한 기업·기관 임직원 숫자는 모두 취업포털서비스 '사람인'에 공개된 2024년 7월 기준 국민연금 등록임직원 수로 표기했다.

✌️✌️　덴마크와 관련한 이하의 내용은 덴마크 국회Folketinget 홈페이지의 "국회의원에 대한 계약조건Folketingsmedlemmernes vilkår", "교섭단체와 정당Folketingsgrupperne og partierne" 부분(www.ft.dk/da/organisation/folketingets-adminstration/folketingets-regnskaber)과 각 정당 당원 가입 페이지에서 발췌했음을 알리며, 구글 번역 서비스의 덴마크어 번역에 의존하여 세부 내용의 차이가 있을 수 있다. 이 책에서는 다른 특별한 언급이 없다면, 2024년 7월의 환율 근사치를 써서 덴마크 1크로네=한국 원화 200원으로 환산했다.

2024년 기준	덴마크 국회의원	한국 국회의원
연봉 기본급	기본 수당 약 1억 6,500만 원. (본토에서 멀리 떨어진 그린란드와 페로 제도의 의원에게는 약 500만 원 추가 지급)	1억 5,690만 원. 기본 수당 약 1억 1천만 원과 입법·특수활동비 약 4,700만 원으로 구성됨.
전임 국회의원 연금	만 65세 이후 지급. 국회 '근속 연수'에 따라 액수가 증가하여 20년 이상 '근속' 시 최대 약 700만 원/월 연금 수령.	없음(2012년 당선인에 대해서부터 폐지).
주거 지원	셸란 섬(수도 코펜하겐이 속한 섬) 이외 지역 출신 의원들에게, 의사당으로 출퇴근할 수 있도록 코펜하겐 시내 주택 무상 임대 또는 호텔 숙박비 지원.	없음.
교통비	정치활동 관련 이동을 위한 버스, 철도, 택시, 지하철 이용료 및 국내·국제선 항공료 전액 지원.	국회사무처 책정 '연간 의원 공무 수행 출장비' 기준 안에서 정치활동 관련 대중교통 이용료, 국내·국제선 항공료 및 자가용 유류비 전액 지원.
교육비	의원 본인의 학습을 위해 임기 중 6년의 기간 동안 총합 약 640만 원의 교육비 지원.	없음.
실업 수당	질병 또는 낙선으로 인한 퇴직 후, 과거 재임 기간에 따라 6~24개월간 국회의원 기본 수당만큼의 '실업 수당' 지급.	없음.

이렇게 놓고 보면, 정치 산업 노동자로서 두 나라가 국회의원을 대하는 관점이 다름을 느낄 수 있다. 한국 국회의원은 애초에 서울에 거주할 수 있고 자가용을 굴리고 교육도 충분히 받았으며 노후 연금이나 (국회의원으로서) 실업을 당하더라도 충분히 생계를 유지할 수 있는, 애초에 '특권 있는 사람'이 국회의원이 될 것임을 가정한다는 인상을 지우기 어렵다. 그러니 그만큼 국회의원이 노동자로서 업무에 집중할 수 있도록 자원을 투여하는 데 인색한 것 아닐까?

덴마크 국회의원은 어떤 사람이 당선되더라도 정치 산업 노동자로서 업무에 집중할 수 있도록, 주거와 교육에 투자하고 '실업 수당'과 연금을 보장한다. 이런 지원이 뒷받침되기 때문에, '자전거 타고 다닐 정도로 경제적으로 소탈한 사람'도 국회의원으로 활동할 수 있는 것 아닐까.

정치 산업에 투입되는 자본, 즉 합법적인 정치자금에 대해서도 한국과 덴마크(이왕 덴마크를 알아보기 시작했으니!)의 상황도 간단하게 살펴보자. 한국과 덴마크에서는 일상적인 정당활동을 지원하기 위해서 국회 의석을 가진 정당들에 일정한 기준에 따라 국고보조금을 지원한다. 정당이 잘 굴러가서 정치(산업)가 잘 이뤄져야 나라에 좋기 때문에 일정한 지원을 하는 것이다.

2022년 한국의 여러 정당에 정당활동 지원을 위해 지급된 국고 보조금의 총액은 약 465억 5,000만 원(대통령 선거와 지방 선거에 따른 선거 보조금 제외)이다. 같은 해 덴마크의 원내 정당 국고 보조금 총액은 약 2억 1천 크로네, 당시 환율(덴마크 1크로네

=182.69원)로 환산하여 약 384억 7,000만 원이다. 세계은행이 집계한 2022년 양국 경제 규모(한국 GDP 약 1조 6,739억 달러, 덴마크 GDP 약 4,002억 달러)를 감안했을 때, 덴마크는 한국에 비해 경제 규모 대비 약 3.46배 더 많은 돈을 국고에서 꺼내 정당활동에 투자하는 셈이다.

국고 못지않게 중요한 정치 산업 투자금 원천은 당원들의 당비일 것이다. 한국의 정당들은 과거 당비를 납부하지 않아도 당원으로 가입할 수 있었으나, 2000년 민주노동당을 시작으로 대다수의 정당이 '진성당원제'를 도입하여 매월 일정한 당비를 납부하는 사람들만 당원으로 가입하거나 당원으로서의 권리를 행사할 수 있도록 하고 있다. 이 제도는 정당정치가 일찍 자리 잡은 유럽 정당들의 제도에서 도입되었으며, 덴마크 정당들 역시 예외가 아니다. 각 정당의 최소 당비 규정은 아주 엄격하다.

덴마크 최대 정당인 사회민주당Socialdemokratiet은 6개월마다 최소 약 5만 원(250크로네), 사회인민당Socialistisk Folkeparti은 가입 지역과 당원의 소득수준에 따라 3개월마다 약 1만 2,000원(60크로네)에서 6만 원(300크로네)의 최소 당비가 규정되어 있나. 이 금액을 선결제하지 않으면 정당 가입이 불가능하다.

한국에서도 정의당을 비롯한 진보정당은 전통적으로 1개월마다 1만 원의 최소 당비를 정해 놓으니, 덴마크 정당들과 비슷한 수준이다. 그러나 한국 최대 정당인 더불어민주당과 국민의힘은 1개월마다 최소 1,000원만 납부해도 권리당원으로 인정되며, 심지어 당비를 내지 않더라도 일반당원으로 가입하고 의견을 표명하는 것이 가능하다. 두 당의 당원으로서 정당에 투자하는 돈의 금액은 덴마크인 당원의 10분의 1, 20분의 1 수준에 불과한 것이다. 마치 한국의 글 원고료와 디자인 작업 단가가 몇십 년째 오르지 않듯, 한국인이 정치 산업 종사자와 조직에 지불하는 돈의 단가는 너무 싸다.

4.2.4. 도박꾼의 장이 되어 버리는 정치 산업

앞에서 살핀 정치 산업의 상황은 전반적으로 암울하기 짝이 없다. 정치 산업 노동자들은 업무에 집중하며 동료와 함께 성장할 수 있는 방법을 찾지 못한다. 정당과 정치인(공직선거 후보)들도 자신과 뜻이 같은 유권자들을 자기만의 방법(마치 팔도 비빔면처럼)으로 천천히 꾸준히 모으는 방식으로는 버틸 수 없다. 사회가 정치 산업에 요구하는 역할은 점점 많아지는데 산업에 투입되는 자원의 양은 절대적으로 부족하다.

이런 상황은 모든 정당, 모든 정치인으로 하여금 일종의 도박꾼이 되도록 유도한다. 그들이 생존할 방법은 무엇이 있겠는가? 아주 냉소적으로 말하면, 선거에서 크게 '한탕'을 치거나 '줄을 잘 서서' 정치 산업에 그나마 남아 있는 자원을 나에게 마구 끌어들이고 그것으로 몇 년간 버티는 방법뿐이다. 거대 정당들이 급조하는 '위성정당'과 거기에 아무 문제의식 없이 참여하는 중소 정당들. 친박연대✿나 조국혁신당✿✿처럼 유명인의 이름을 당명에 대놓고 걸어서 급조한 정당들. 평소 정치 산업에 깊숙이 참여하지

✌ 2007년 10월에 창당된 소규모 정당 '참주인연합'이 2008년 4월 총선을 앞두고 3월 21일 개명한 이름. 당시 한나라당(국민의힘의 전신) 지도부가 신임 대통령 이명박과 대립했던 '친-박근혜(당시 전 한나라당 대표)계' 정치인들을 대거 공천 탈락시키자, 신당 창당을 할 시간이 부족했던 친박계 후보들이 참주인연합에 집단 입당하여 당을 접수하고 당명을 '친박연대'로 개명했다. 정당 투표 득표율 13.2%를 기록하며 14석을 당선시킨 친박연대는 2010년 '미래희망연대'로 개명한 뒤 존속하다가 2012년 한나라당에 흡수 합당된다.

✌✌ 조국(전 법무부 장관)이 2024년 4월 총선을 앞두고 3월 3일 창당한 정당. 더불어민주당과 '경쟁'하지 않기 위해서 지역구 후보를 공천하지 않았으며, 정당투표 득표율 24.45%로 12석을 당선시킨다.

않고 다만 '사이다'스러운 평론만 늘어놓다가 그 인기를 바탕으로 당선되고자 거대 정당에 들어가 출마하는 유명인과 '정치' 유튜브 패널들. 중소 정당에서 출마한 공직선거 후보들에게 대놓고 "당신 사람은 좋은데 당이 작아서 당선이 안 되겠으니 큰 당으로 가면 찍어 주겠다"고 말하는 유권자들. 그리고 이처럼 '한탕'을 노리는 행동에 적극적으로 결합하는 정치 산업 노동자들. 산업이 정당과 노동자들을, 그렇게 만든다.

이 모든 행위에 대해서, 단지 '정치의 원칙을 저버렸다'고 말하는 것은 되레 상황을 너무 안이하게 인식하는 것이다. 이 행위들은 정치 산업을 몰락시킨다. 꾸준하고 진중하게 그리고 나름의 고민을 가지고 정치를 대하는 모든 정치 산업 노동자들과 유권자들이 정치(산업)에서 설 자리를 빼어 간다. 이들의 빈자리에는 도박의 전략을 짜고 도박 속에 유권자들을 끌어들일 '지략가, 정치평론가'들이 들어선다. 그들은 정치 산업의 무대 위에서 사회적으로, 경제적으로, 심리적으로 고통받는 사람들의 형편을 이야기하지 않고, "삼국지에서 조조가 원소군을 내부에서부터 무너뜨렸던 계책이 무엇이었느냐면" 따위의 평론이나 이야기한다. 이들이 정치 산업에 들어와서 그렇지 않아도 부족한 자원을 잡아먹는다.

투자금 유치 한 방을 노리고 허울뿐인 사업계획을 포장해서 발표하는 투자자가 스타트업 생태계를 무너뜨리듯. 전세 보증금 싹쓸이를 노리고 예쁜 신축 오피스텔을 무더기로 구매하고 피해자를 유혹하는 전세 사기 범죄조직이 주택임대차 시장을 무너뜨리듯. 정치 산업은 그렇게 무너진다. 정치와 사회가 그렇게 무너진다. 슬프게도 정치(산업) 환경을 그렇게 만든 것은, 바로 한국 사회의 구조와 (나름의 최선의 선택을 고민했던) 유권자인 내가 보여 줬던 표심과 정치행동이다.

4.3. 유권자가 정치를 대하는 방법에 대한 제안

…… 하지만 바로 직전 내용처럼 우울과 분노가 가득한 마음으로 이 장을 마무리하고 싶은 생각은 전혀 없다(속았지!). 사회/유권자의 행동이 정치 산업과 정당정치를 나쁘게 망칠 수 있다면, 반대로 사회/유권자가 정치 산업과 정당정치의 기능을 최상의 상태로 바꿀 수도 있지 않을까.

지금부터 제안하는 내용은 내가 『세상은 망했는데 눈 떠보니 투표일?! 전국투표전도 2024』의 도입부에 설명한 내용을 이번 책에 맞게 재구성한 것이다. 『세망눈투 2024』에서는 세상이 망한 듯히여 (표심을 정히기에) 고민하는 유권자들을 위해시, '좋은 정치'를 판단하는 기준을 새롭게 업데이트하고 그에 따라 투표를 앉누고 표심을 정할 방법을 고민하자고 제안한 바 있다. 2024년 국회의원 총선거는 끝났지만 이때 제안한 '좋은 정치'의 기준은 (진보)정당정치를, 정치 산업을 복원하는 데에 여전히 유효할 것이다. 물론 이 '제안'이 놓치거나 어긋난 점, 더 좋은 '제안'이 있을지도 모르니, 우리 각자의 '제안'을 열린 공간에서 이야기 나누고 싶나.

개별 정책공약보다,

거기에 담긴 이념과 가치관을 질문하기

한국 사회에는 "좋은 정책공약을 만드는 유능한 정치가 필요하다", 더 나아가 "'허황된 이념과 철학'에서 벗어나 '민생 정책'으로 대결하는 정치가 필요하다"는 인식이 널리 퍼져 있다. 물론 좋은 정책은 세상을 더 좋게 만든다. 그런데, 우리가 어떤 정책이 '좋은 정책'이고 어떤 세상이 '좋은 세상'인지, 깊이 고민해 봤던가? 정책을 설계하려면, 먼저 정책을 통해 만들려는 세상의 모습을 정해야 할 것이다.

이 책 앞부분에서 나는 세상의 문제를 새롭게 발굴하고 정의하는 정치, 민의를 (받들지 말고) 만드는 정당의 역할이 필요하다는 생각을 말했다. 정치 산업이 이렇게 바뀌기 위해서, 우리 유권자가 먼저 '좋은 정책'과 '좋은 세상'의 의미가 무엇인지를 정당과 정치인에게 질문해 보자. 이런 것에 대해 제대로 대화할 수 있는 정치인은 생각보다 적고, 또 생각보다 많을 것이다.

우리의 소원이 '견제와 균형'만은 아님을 보여 주기

처음부터 '도박꾼'의 마음을 가지고 정치 산업에 뛰어드는 사람은 없다고 나는 믿는다. 그들은 각자 실현하고 싶은 가치관과 이념과 정책과 사회의 모습이 있기에 정치 산업으로 뛰어들었을 것이다. 하지만 우리 유권자가 정치에 몰입하다 보면, 지지하는 정당과 정치인에게 '다른 것'을 요구하는 모습을 자주 보게 된다. 그것은 '나를 괴롭히는/내가 싫어하는' 정당과 정치인을 견제하는 역할이다.

물론 견제와 균형은 민주주의 체제의 정치가 잘 작동하게 만드는 중요한 요소다. 그런데 우리가 정치인에게 '잘 견제하고 균형 잘 맞추는' 기술적인 역할만 계속 요구한다면, 이거 괜찮은 걸까? 입법권과 거부권이 팽팽하게 맞부딪힌 2024년 한국 사회를 살아가는 우리는, 어떠한 가치 합의도 없이 견제와 균형만 잘 갖춰진 사회가 얼마나 살아가기 난감한지 잘 알고 있다. 유권자가 가끔, 아니 좀 더 자주, 견제와 균형을 원하는 좀 더 근원적인 이유(자신이 원하는 가치관과 사회의 모습)를 정치 산업 종사자에게 드러내고 전달할 필요가 있다. 정치 산업 종사자를 '고용'하는 유권자로서 우리가 이 정도의 동기 부여는 노동자에게 해 줘야 하지 않겠는가.

정치부 기사와 『삼국지』 멀리하기

'견제와 균형', '정치적 행보와 뒷이야기', '선거 공학', '집권 전략' 같은 기술적 이야기가 정치(산업)의 핵심인 양 퍼뜨리는 매체를 우리는 자주 접할 수 있다. 국회, 대통령실, 주요 정당의 소식을 전하는 '정치부 기사'가 그렇고, 팟캐스트나 유튜브 채널에서 『삼국지』 속 고사와 『손자병법』의 구절을 인용하며 '정국 주도권을 휘어잡을 비법'을 말하는 정치평론 콘텐츠 따위가 그렇다. 솔직히 내용이 생생해서 재미있긴 하다만, 그렇다고 정치의 몸통이 될 수 없는 내용에 몰입하여 꼬리로 몸통을 흔들어 버리는 생각이 자리 잡아서는 안 되겠다. 2024년의 우리는 그 잘못된 사례 하나의 영향력에서 여전히 벗어나지 못하고 있다. 박근혜에게 '청년 보수 정치

인'으로 발탁되었으나 바른미래당✌️이 공중분해 된 이후 사장되

었던 이준석은 2021년 서울·부산시장 재보궐선거에서 국민의힘이 승리한 지 하루도 지나지 않아 선거 결과의 통계적 분석이 막 시작되었던 그때, "20대 남성들이 국민의힘을 지지해서 승리했으며 이들의 표심을 잡아야 한다"는 내용의 페이스북 글을 하나 '띡' 올렸다. 각각 승리감과 열패감에 푹 빠져 있던 국민의힘과 더불어민주당 지지자들이 모두 일제히 '이대남' 담론에 푹 빠졌고, 몇 년간 정치권에서 진지하게 논의되던 성평등 정치와 정책들은 그 순간부터 전국 정치의 논의에서 일제히 사라졌다. '정치인' 이준석이 '정치부 기사'와 정치평론의 '바이럴'을 독식하며 귀신같이 부활한 것은 덤이다.

세상 속 문제와 변화할 지점을 발견하고 서로 토론하기를 원한다면, 여의도 언저리 세상에 탐닉하는 정치부 기사와 '정치평론' 콘텐츠를 멀리하고, 차라리 진짜 세상 속 이야기를 싣는 사회부, 경제부, 국제부, 문화부 기사와 콘텐츠를 더 많이 살펴보자. 이를 통해 세상이 어떻게 바뀌었으면 좋겠다는 인사이트가 생기거든 비로소 그 인사이트가 정치에서 잘 적용되는지 확인하기 위해 정치부 기사를 살펴보자.

사회의 룰과 인식, '큰 그림'을 바꿀 용기

법 제도를 바꾸는 것, 선거에 이겨서 사회를 주도할 권력을 가지는 것. 이 모든 것은 정치 산업에서 중요한 목표이지만 중간 목표일 뿐이기도 하다. 세상은 법 제도와 권력에 따라 달라지기도 하지만, 결국 이를 통해 사회의 규칙과 인식, 사람들이 사회에 대해 생각하는 '큰 그림'이 바뀌어야 세상이 바뀔 것이다.

그래픽 디자이너로서의 나는 포스터 작업을 하면서 종종, 작업물에 들어갈 글씨 크기나 구두점의 모양, 세세한 색감과 그래픽 요소 사이의 미묘한 간격 같은 것에 몰입하게 된다. 물론 이 세세한 것을 잘 챙기고 완성도를 높일 줄 알아야 좋은 디자이너라고 할 수 있다. 하지만 포스터 디자인 작업에서 중요한 것은 결국, 완성된 포스터 그 자체, 즉 '큰 그림'을 통해 독자에게 놀라운 느낌을 선사해야 한다는 것이다. 정치 산업 종사자들도, 그리고 그들을 관찰하며 평가하는 유권자들도, '사회를 만드는/바꾸는 정치'라는 '큰 그림'을 잊지 말고 종종 떠올려야 한다. 그걸 마주할 수 있어야 좋은 디자인 작품이, 좋은 정치가 탄생한다.

O. 에필로그 | 이 험난한 내용의 원고 쓰기를 시작하며
(2024년 5월 16일)

이 에필로그는 2024년 5월 16일부터 6월 23일 사이의 기간에 쓰였다. 프롤로그와 나머지 본문의 모든 내용보다도 에필로그를 먼저 쓰고 있다. 출판공동체 편앓이 '조현익의 운동'이라는 제목으로 책을 쓰자고 2024년 초에 제안했을 때, 나에게는 두 가지 찝찝함이 있었다. 첫째, 내가 무슨 대단한 활동을 한 것도 아니고 당사자로서의 경험도 부족한데, '조현익의 운동'이라는 거창한 제목으로 '운동의 개념을 점유'할 수 있는가? ('조현익의 액션'이라는 제목은 나와 편집진이 이 고민을 반영하여 결정된 타협안이다.) 둘째, 이 책이 시중에 판매될 때에는 지금 내가 자리 잡은 활동의 거점들이 풀 한 푸기 남지 않은 황무지가 될 수노 있는데 괜찮나?

5월 16일을 전후하여 지금 내가 몸담은 거점들의 상황을 떠올려 본다.

스튜디오 하프-보틀은 주요 클라이언트인 시민사회운동 조직, 징당 조직, 문화예술 활동 및 출판 관턴 기업·소직들이

2023~2024년 들어 큰 재정적 위기에 봉착한 것의 영향을 받고 있다. 디자인 작업 의뢰가 거의 들어오지 않으며 그나마도 깊이 있는 기획을 담기 어려운 아르바이트 수준의 작업뿐인 실정. 출판물 발행이 적자만 누적시키는 구조를 아직 벗어나지도 못했다. 코로나-19 당시 정부가 급히 마련했던 수천만 원대 소상공인 긴급대출의 원금 상환 시기는 다가왔고, 많은 자영업자들처럼 결국 폐업의 길로 가는 것 아닌지 걱정하고 있다. 번외 아닌 번외 이야기로, 디자인 작업에 컴퓨터 연산을 이용하는 기계적 생성물(아하, 이걸 '인공지능'이라고 부르기 싫어하는 이유도 책 본문에 써야겠구만!)이 범람하자 인간이 하는 디자인 작업 그 자체에 대한 지속 가능성에 의문을 가진 사람들도 많아졌다.

홍우주사회적협동조합은 서울시로부터 위탁받은 기관('서울생활문화센터 서교') 운영권을 2022년 연말에 갑자기 잃었다. 연간 사업계획이 완전히 어그러지니 지난 1년간 사무국 규모도 크게 축소되고 재정 상태도 위태로워졌다. 그에 따라 체질 개선을 위해 2024년 하반기부터 선보일 수익·공익사업을 준비하고 있다. 문화예술인 육성 강연 사업을 열고, 홍대 앞 인디음악 축제를 열고, 홍대 앞의 10년간 변천사와 주요 사건을 정리하는 학문적 연구를 하고, 조합 10주년 기념 공연과 활동간담회를 열 것이다. 지금의 이사회는 앞선 사업이 본궤도에 오르기 전까지 버티기 위해 갖은 애를 쓰고 있다. 사회적 기업 대상 대출 사업을 알아보고, 잠재적 조합원 가입 권유와 기존 조합원 조합비 증액을 요청하는 전화를 부지런히 돌린다.

정의당은 20년 만에 국회의원 없는 정당이 되었다. 2024년 4월 10일 국회의원 총선거 직후의 5월 당대표·부대표 선거는 입후보자가 없어서 한 차례 연기된 끝에야 권영국 당대표를 선출했는데, 그의 취임식이 국회의사당 본관에서 치른 정의당의 (지금 시점에서) 마지막 행사가 되었다. 총선 과정에서 진보좌파적 미래 담론을 내걸고 정치적 부당이익(비례위성정당 참여 등)을 거절한 몇 안 되는 정당이다 보니, 정의당에 남은 당 소속 정치인·활동가는 자부심을 가지고 새로운 활동 방향 성찰에 매진하고 있다. 다만 이런 사람들에게 '니들은 망했다'면서 놀리는 탈당 당원들과 공격적인 유권자의 손가락질이 여전히 무섭다. 또 이런 사람들을 지원할 자본이 정당 안에 남아 있지 않다는 것이 아프다. 당에는 수십억 원의 빚이 남았고, 국고 지원금이 대폭 감소되어 상근직 사무직원 규모가 5분의 1 토막이 났다.

플랫폼P는 2024년 7월 입주 예정인 신규 입주사 모집을 오늘부터 전 지역민을 대상으로 확대하여 오픈했다(이전 2주간은 마포구 1년 이상 거주민을 대상으로만 지원을 받아 우선선발하기 위한 제한 모집이 있었다). 플랫폼P를 지키려는 사람들의 노력은 분명 승리했는데, 그렇다면 이왕 모인 '모두의플랫폼P'(플랫폼P 입주사협의회)는 대체 무엇을 해야 하는가? 목적을 달성했으니 그냥 헤어질까? 앞으로 플랫폼P와 홍대 앞 문화예술계, 출판계의 다른 위기가 생기지는 않을까? 아니면 이왕 모인 것 앞으로 규모를 키우고 뭔가 더 많은 일을 할 수 있을지 살펴봐야 하지 않을까? 아니 그 전에, 센터 폐쇄를 막기 위해 퇴거를 거부하던 입주사들에 구청이 사후 징수한 센터 (부동산) 사용료는 어떻게 해결할 것인가?

많은 사람들은 한 시대가 끝나고 어른들이 퇴장하는데 그 자리를 채울 것이 떠오르지 않는다며 슬퍼하고 있다. '진보정치 철의 여인' 심상정이 4월 11일 정계에서 은퇴하고 '남민전의 전사, 파리의 택시운전사' 홍세화가 4월 18일 지병으로 사망한 것을 이렇게 평가한다.

이 책의 원고는 이런 시점에 쓰였다. 내가 경험하고 있는 그래픽 디자인, 사회, 사회운동 및 (진보)정당정치 업계 전반의 철학과 전망은 혼탁하다. 내가 해 왔던 작업과 활동이 유의미했는지, 지금도 유효한지, 앞으로 어떤 활로를 뚫을지 처음부터 되짚어야 한다. 그런데 이에 대한 답을 다 알면서 '썰을 풀 수 있는' 사람이 세상에 몇 명이나 있겠는가? 되는 대로 '썰을 풀다 보면' 자기가 내뱉은 말에서 힌트를 얻는 경우가 훨씬 많을 것이다. 그래서 에필로그를 먼저 쓰는 지금 시점에서는 앞으로 이 책 본문에 어떤 고민이나 주장이 담길지, 나조차도 전혀 알 수 없다.

이렇듯 부끄러울 원고를 그래도 쓰기로 결정한 내 마음을 아직 잘 모르겠다. 다만 이왕 원고를 쓰기로 마음먹었으니, 이 혼탁한 사회 분위기 속에서 이 책을 가지고 이루려는 목적은 분명히 잡고 가기로 한다.

첫째. 책 판매로 돈을 많이 벌어서 스튜디오 하프-보틀과 출판공동체 편않의 재정 지속성에 보탬이 된다. 이건 필수

마음가짐이라 하겠다.

둘째. 여러 직업적 자아를 가진 사람의 삶에 대해 이야기한다. 예를 들면 '그래픽 디자이너 겸 전업 사회운동활동가 겸 정당인 조현익' 같은 여러 타이틀을 가진 사람들 말이다.

한국 사회는 직업이 여럿인 사람으로부터 '돈을 더 벌려고', '즐거운 일을 찾아서' 또는 '사회에 도움이 되는 일을 하려고' 같은 인상을 받는다. 다르게 표현해 보자: '본업'에서 충분히 돈을 많이 벌거나 재미를 찾을 수 있다면, 또는 세상이 엄혹하지 않아서 '본업'에만 집중할 수 있다면, 굳이 '부업'으로 고생할 필요가 없지 않을까? 음…… 절대로 그렇지 않다.

이런 예를 들어 보자. 웹페이지 디자인을 하는 사람이 더 좋은 작업을 하기 위해 웹페이지 개발에도 관심을 가지고 공부하다 보면 '디자이너 겸 개발자'가 되곤 한다. 이 디자이너는 더 좋은 웹페이지를 만들려는 열의, 동료 개발자와 소통하는 즐거움을 찾다가 자연스럽게 여러 직업적 자아를 가지게 된다. 누군가 그에게 더 많은 월급을 주면서 디자인 일에만 집중하라고 타이른다면? 그는 아마도 월급 인상액만큼 더 비싼 웹 개발 강의를 수강하리라.

한 사람이 가진 여러 직업적 자아를 들여다보면 그 개인에 대해서도 잘 알게 되고 그가 속한 사회에 대해서도 더 깊게 알 수 있다. 어떤 중공업 공장 노동자가 작가를 겸직하며 말하고 싶은 이야기는 무엇인가? 어떤 정치인은 왜 낙선 기간에 택시

운전사가 되었는가? 1902년생 고등학생 겸 사회운동 조직가였던 유관순이 2002년에 태어났다면, 학교에서 어떤 사회운동을 조직했을 것인가?✌️ 이런 사회적 사연들이 한 사람의 직업적 자아에 녹아 있다.

나 역시 내가 이런 직업적 자아를 가지게 된 배경을 잘 몰랐다는 사실을 책 발간 제안을 받은 후에야 처음으로 깨달았다. 그래서 이번 책을 쓰면서 나는 그간 내가 창작한 그래픽 디자인, 내가 경험한 사회운동·정당정치에 어떤 교차점이 있는지 찾아보고자 한다. 이 과정에서 독자들에게 어떤 인사이트를 전달할 수 있길 바란다. 또 비슷한 상황에 놓인 디자이너 및 활동가와 연결되어 대화할 수 있다면, 나 개인에게도 즐거움이 될 것이다.

셋째. 끝난 시대를 슬퍼하지만 새로운 시대를 만들 의지가 있는/ 있었던 사람들에게, 서로 다른 영역에서 참고할 만한 사례를 자료로 남긴다.

앞서 보았듯 2024년 2, 3분기(책 원고가 쓰일 시기)에 걸쳐 혼탁한 사회상을 마주하고 앞으로 어떻게 살 것인지 고민하는 이야기를 이 책에 담고 싶다. 여기서 말하는 '시대'란 여러 분야를 포괄한다. 그래픽 디자인의 사조, 디자인 작업물 생산 방식, 사회운동의 원동력, 경제 성장과 자본 분배의 지속성, 개인 존중과 공동체 상호 도움 구조, 정치체제의 작동 원리 등등. 각차의 분야에서 새로운 시대를 만들기 위해 아이디어와 실행 방법을 고민하는 사람들이 있을 것이다. 그들에게 다른 분야에서 시대를 고민하는 이야기를 전달하면, 거기에서 새로이 통찰을 구하고 새로운 시대를 만드는 데 도움이 될 수 있지 않을까?

이 책 각 장의 제목(지금은 제목만 잡아 뒀다)에는 그런 마음이 반영되었다. 그래픽 디자인과 사회가 서로를 변화시킬 수 있을까? (정당) 정치와 사회가 서로를 변화시킬 수 있을까? 자신이 속한 영역의 현실을 바라보면 한숨만 나올 뿐이다. 그러나 망고보드와 미드저니가 이 땅의 디자인을 다 '죽냈다'고 생각하는 디자이너는, 정당·정치인의 꾸준한 활동 방식을 바라보며 디자인 창작자들이 할 수 있는 의외의 행동을 발견할 수도 있다. 또 대통령과 현존하는 정당들이 이 땅의 정치를 다 '죽냈다'고 생각하는 정치인은, 디자이너들이 새로운 미학 사조를 개발하는 방식을 바라보며 (긍정적 의미의) 정치적으로 대중을 포섭하는 의외의 가능성을 발견할 수도 있다. 같은 업계에서 일하는 디자이너/정치인이라도 그런 정치/디자인을 상상할 수 있는 당신과 상상할 수 없는 당신 사이에는 건널 수 없는 강이 존재한다. 이건 곧 (미안하지만) 새 시대를 만들려는 당신의 직업적 성과 차이로 연결될 것이다. ✌✌

✌ 그러니까 호국보훈의 달 기념이랍시고, 유관순이 지금 시대에 살았다면 '평범한' 학생으로 밝게 웃으며 살았을 것이라는 합성 사진 올리는 것 제발 하지 말자 좀!!

✌✌ 2024년 6월 현재 가장 인기 있고 비평 글을 많이 생산하는 tvN 드라마 〈졸업〉 12회에 나오는 대사를 비틀었다. 성적평가 관련 각종 민원에 시달리던 고등학교 국어교사 표상섭이 사교육 강사로 데뷔하여 그가 하고 싶던 '문학을 본질적으로 감상하기' 강의를 처음으로 할 때 도입부의 발언. 문제 풀이를 위한 독해보다도 그 시대 작가와 같은 눈, 같은 언어, 같은 생각으로 세상을 마주하는 독해를 해야 점수도 상승한다는 내용이다. 이런 내용을 만든 배우 김송일과 작가 박경화에게 박수를.

이 원고를 쓰는 목표는 위와 같이 잡았다. 사실 나도 이 에필로그만 읽어서는 앞으로 쓸 원고 내용이 어떤 방향으로 흐를지 당최 감이 잡히지 않는다. 글을 어떻게든 지루하지 않게 쓰긴 하겠다만, 독자 여러분이 재밌게 책을 다 읽은 후에도 "그런데 이 양반 뭘 말하고 싶었던 거야?" 하고 어리둥절하지 않을까 걱정이다.

그래서 본문조차 쓰기 전에 에필로그부터 먼저 쓰기로 했다. 독자 여러분이 난삽한 본문을 모두 읽으신 뒤에, 이 책을 쓰던 시점에 나의 활동 기반은 이런 상태였고 그래서 이런 고민이 들었고 이런 목적을 가지고 책을 쓰기로 했다는 걸 떠올려 주시길 바랐다. 그렇게 하면 여러분이 이 책을 각자의 배경에 맞게 받아들이고 소화하는 데 도움이 되지 않을까……?

에잉, 이런 잡소리가 다 무슨 소용이냐. 본문을 잘 써야 독자가 잘 읽지! 이제 본문을 쓸 미래의 나를 채찍질하러 간다. 힘내라, 나놈.

어떤 입장에서,
애써 보여 주는 것과 끝내 보이지 않는 것에 대하여

이 책에는 '보여 준다'라는 표현이 아주 많이 쓰이고, 나는 이것이 그의 직업에서 비롯된 것이리라 짐작한다. 몇 개 정도는 지우거나 바꿀 수 있었지만, 대부분은 그대로 둘 수밖에 없었다.

이 책에는 '입장'이라는 단어도 아주 많이 쓰이는데, 나는 그것이 그의 태도에서 비롯된 것이리라 판단한다. 대부분은 지워도 된다고 생각하지만, 나는 지금 이곳에, 두리어 몇 개의 '입장'을 추가하고 있다.

서 있는 곳이 달라지면 보이는 것도 달라진다고?
그렇다면,
보여 주는 것이 달라지면 시 있는 곳도 달라질까?

나는 나의 일과 나의 태도를 점검하고, 이 두꺼운 책에 대한 코멘터리를 이만 줄이기로 한다.

다시 또 한 해를 보내고 맞으며,

지다율 흐름

저자 **조현익**

스튜디오 하프-보틀의 그래픽 디자이너이자 편집인, 여러 사회운동단체의 활동가, 그리고 정의당 서울 마포구지역위원회 운영위원. 개인적인 목표는 스튜디오 하프-보틀을 성장시켜서 더 많은 구성원(직원)이 자기 개성을 뽐내며 일할 수 있는 해방구로 만드는 것이고, 개인적인 바람은 한국 사회가 더 평등하고 조화롭게 변할 수 있도록 정의당이 더 많은 권력을 가지는 것이다.

디자이너로 일하면서 미래를 고민할 때에는 『Designed Matter: 디자인된 문제들』(김동신 외 9인, 쪽프레스, 2022)을 읽으며 다른 디자이너들도 비슷한 고민을 한다는 사실에 위안을 얻는다. 정당이나 사회운동단체 활동이 힘들 때에는 『급진주의자를 위한 규칙』(사울 D. 알린스키 지음, 박순성·박지우 옮김, 아르케, 2008) 또는 『운동은 이렇게』(마이클 왈저 지음, 박수형 옮김, 후마니타스, 2021)를 읽으며 사람 조직의 방법을 다시 되새긴다.

편집자 **지다율**

오랫동안 '시 쓰는 기자'가 되고 싶었다. 지금은 출판공동체 편않에서 책을 만들며 저널리즘스쿨 오도가니를 운영하고 있다. 언제부턴가, 여름마다 『죽음의 한 연구』를 읽는다. 언제쯤, 우리는 『자본』을 통과(痛過)할 수 있을까.

편집자 **김윤우**

출판공동체 편않에서 기획 및 편집 등을 맡고 있다. 크지도 작지도 않은 출판사에서 편집자로 일한다. 『백년의 고독』(1~2권, 가브리엘 가르시아 마르케스 지음, 조구호 옮김, 민음사, 2000)을 읽은 지 10년 만에 『콜레라 시대의 사랑』(가브리엘 가르시아 마르케스 지음, 송병선 옮김, 민음사, 2004)을 읽고 있다.

디자이너 **기경란**

출판공동체 편않에서 기획 및 디자인을 맡고 있다. 그리고 또 어딘가에서 북디자인을 하고 있다. 『디아스포라 기행: 추방당한 자의 시선』(개정판, 서경식 지음, 김혜신·최재혁 옮김, 돌베개, 2023)을 읽고 있다.

언론·출판인 에세이 시리즈 〈우리의 자리〉는

언론·출판 종사자가 각각 자신의 철학이나 경험, 지식, 제언 등을 이야기해 보자는 기획입니다. 언제부턴가 '기레기'라는 오명이 자연스러워진 언론인들, 늘 불황이라면서도 스스로 그 길을 선택하여 걷고 있는 출판인들 스스로의 이야기가 우리 사회의 저널리즘과 출판정신에 어떻게 기여할 수 있을지 계속 고민해 보려고 합니다.

출간 목록

『박정환의 현장: 다시, 주사위를 던지며』

『손정빈의 환영: 영화관을 나서며』

『고기자의 정체: 쓰며 그리며 달리며』

『믿기자의 고심: 기자는 많은데, 언론은?』

『황보람의 저니: 영원한 퇴사』

『오학준의 주변: 끊임없이 멀어지며 가라앉기』

『박소영의 해방: 너머의 미술』

『조현익의 액션: 디자이너인네, 정치합니나만?』

(근간)

『서울·대의 이슈: 혹은 우리의 문제』

『ㅈㄷㅇ의 재고』